야나두 현지 중국어

3단계 트레이닝
기초 중국어

중국어 첫걸음

100일 완성

야나두 × 다락원

야나두 현지 중국어 첫걸음

지은이 다락원&야나두 콘텐츠팀
펴낸이 정규도
펴낸곳 (주)다락원

초판 1쇄 발행 2021년 10월 10일
　　　2쇄 발행 2023년 11월 15일

총괄책임 정계영
기획·편집 서혜린, 이은진, 권민서
디자인 장미연, 손미나
감수 야나두 콘텐츠 연구소

다락원 경기도 파주시 문발로 211
내용문의: (02)736-2031 내선 322
구입문의: (02)736-2031 내선 250~252
Fax: (02)732-2037
출판등록 1977년 9월 16일 제406-2008-000007호

ISBN 978-89-277-2292-2 13720

야나두 현지
3단계 트레이닝
기초 중국어

중국어
첫걸음

100일 완성

야, 너두
중국어 할 수 있엉!

○ 야나두 × 다락원

이 책은

　기초 발음에서 더 이상 진도가 안 나가는 분들!

　쉽고 재미있게 중국어를 배우고 싶은 분들!

　100일 뒤 실생활에서 바로 중국어를 말하고 싶은 분들!

이런 분들을 위해 만들었습니다.

1. 3단계 트레이닝으로 다양한 문장을 익힐 수 있습니다.

많은 기초 학습자들이 중국어는 한국어와 어순이 달라 어렵다고 느낍니다만, 의외로 주어, 술어, 목적어 자리에 단어만 넣으면 문장이 완성되는 언어입니다. 그래서 〈야나두 현지 중국어 첫걸음〉에서는 문법이 아닌 패턴과 표현 중심으로 중국어의 기초부터 실전 회화까지 마스터할 수 있도록 구성하였습니다. 3단계 트레이닝을 통해 중국어 패턴을 익히고 긍정, 부정, 의문 등 다양한 문장으로 내가 말하고 싶은 문장을 만들 수 있습니다.

2. 진짜 중국인들이 사용하는 리얼 중국어를 배울 수 있습니다.

주인공 미나가 중국 생활을 하면서 겪는 다양한 상황 속 대화들로 구성되어 있습니다. 미나는 중국인 동네 주민들과 카페에서 이야기도 나누고 고민 상담도 하고, 혼자 여기저기 돌아다니면서 미션 수행도 합니다. 이렇게 100% 리얼 중국 생활 에피소드로 언제 어디서든 사용할 수 있는 표현들을 배울 수 있습니다.

이 외에 책 곳곳에 알아두면 좋은 중국인들의 언어 습관과 문화에 대한 팁도 숨어있어 간접 중국 생활을 경험할 수 있습니다.

100일 후면 달라진 나의 중국어 실력! 궁금하지 않으신가요? 야나두 현지 중국어 첫걸음으로 중국어 기초 실력을 다져 보세요.

목 차

PART 1 스타트
발음 익히기   17

PART 2 워밍업
기본 표현 익히기   55

PART 3 본운동
3단계 트레이닝   81

PART 4

실력업
특수 표현 말하기   **299**

이 책의 구성과 활용

이 책은 총 5개 파트로 구성되어 중국어의 기초부터 일상 회화까지 공부할 수 있습니다.

Part 1 스타트 **발음 익히기:** 중국어의 이해와 발음·한자, 한어병음까지 공부합니다.

Part 2 워밍업 **기본 표현 익히기:** 기본 회화 표현과 숫자 읽기, 인칭 표현 등을 공부합니다.

Part 3 본운동 **3단계 트레이닝:** 기초 어법과 일상 회화를 3단계 트레이닝으로 공부합니다.

Part 4 실력업 **특수 표현 말하기:** 특수 구문과 그 패턴을 이용한 다양한 표현을 공부합니다.

Part 5 미션톡 **상황별 중국어 회화:** 일상에서 마주하는 상황별 회화를 미션을 통해 공부합니다.

1단계

들어가기

핵심 구조식과 문장을
미리 확인합니다.
학습 목표와 필수단어로
배울 내용을
유추할 수 있습니다.

들어가기

미션과 퀴즈, 핵심 단어를
미리 확인합니다.
본문에서 펼쳐질 내용을
유추할 수 있습니다.

2단계

회화 익히기

현지 중국인들의
일상이 담긴 회화문을
학습합니다.
중국인들의 생생한 표현을
연습할 수 있습니다.

핵심 표현

포인트가 담긴
회화 표현을 학습합니다.
상황별 핵심 표현을
상세한 해설로
익힐 수 있습니다.

3단계

3단계 트레이닝

기본 패턴을 긍정, 부정, 의문의
3단계로 연습합니다.
학습한 문법 개념을 적용하여
연습할 수 있습니다.

패턴 연습

특수 구문 패턴에
단어를 교체하여 연습합니다.
패턴을 다양하게 연습해
실력을 높일 수 있습니다.

4단계

문장 만들기

학습한 문장 패턴으로
새로운 문장을 만듭니다.
중국어 문법개념을
바르게 이해했는지
확인할 수 있습니다.

미션문장 확인

핵심 표현을 받아쓰면서
학습한 내용을 확인합니다.
직접 손으로 쓰면서
한자와 한어병음도
익힐 수 있습니다.

부록

필수 여행 회화

여행 시 꼭 필요한 여행 회화문을
연습합니다. 핵심 패턴으로
정리되어 있어 빠르게 내용을 익힐
수 있습니다.

등장인물

김미나(주인공)

- 22세/한국인
- 대학생
- 왕웨이의 여자친구

왕웨이

- 26세/중국인
- 직장인
- 김미나의 남자친구

김미나의 이웃주민들

장리

- 35세/중국인
- 주부
- 미나의 이웃주민

리쥔

- 40세/중국인
- 사업가
- 미나의 이웃주민

린중밍

- 22세/중국인
- 대학생
- 미나의 학교 친구

100일 완성 실력짱짱 플래너

☑	일차	학습 내용	공부한 날	
	001	중국어, 간화자, 한어병음, 성조, 경성	월	일
	002	단운모 a, o, e, i, u, ü, 성모 b, p, m, f/d, t, n, l	월	일
	003	성모 g, k, h/j, q, x/z, c, s/zh, ch, sh, r	월	일
	004	복운모 ai, ei, ao, ou/an, en, ang, eng, ong, 권설운모 er	월	일
	005	결합운모 ia, ie, iao, iou, ian, in, iang, ing, iong/…	월	일
	006	한어병음 쓰기 규칙 ü, iu, ui, un	월	일
	007	3성, 一, 不의 성조 변화	월	일
	008	만남, 헤어짐 인사 표현	월	일
	009	1~99까지 수 읽기	월	일
	010	감사, 사과 인사 표현	월	일
	011	백, 천, 만 단위 수 읽기	월	일
	012	양사	월	일
	013	인칭대사(1인칭, 2인칭, 3인칭), 지시대사(근칭, 원칭)	월	일
	014	형용사, 형용사술어문	월	일
	015	형용사술어문, 정도부사	월	일
	016	목적어가 있는 동사술어문	월	일
	017	목적어가 문장/구 형태인 동사술어문	월	일
	018	동사 是로 만드는 술어문	월	일
	019	동사 有로 만드는 술어문	월	일
	020	시간 표현, 명사술어문	월	일
	021	소유나 관계를 나타내는 조사 的	월	일
	022	월, 일, 요일의 날짜 표현, 명사술어문	월	일
	023	형용사 앞의 有点儿, 형용사 뒤의 一点儿	월	일
	024	수식을 나타내는 조사 的	월	일
	025	동사 在와 동사 有로 만드는 술어문	월	일

일차	학습 내용	공부한 날	
026	이중목적어 문장	월	일
027	동사의 중첩 표현	월	일
028	형용사의 중첩 표현	월	일
029	동사 2개 이상으로 만드는 연동문	월	일
030	동사 有로 만드는 연동문	월	일
031	겸어문	월	일
032	전치사 跟, 대상부사어	월	일
033	전치사 给, 대상부사어	월	일
034	전치사 在, 장소부사어	월	일
035	전치사 从, 시간·장소부사어	월	일
036	전치사 离, 장소부사어	월	일
037	전치사 往, 방향부사어	월	일
038	전치사 比, 비교문	월	일
039	전치사 跟, 비교문	월	일
040	是…的 구문 1, 강조구문	월	일
041	조동사 想, 희망 표현	월	일
042	조동사 要, 의지 표현	월	일
043	조동사 会, 가능성 표현	월	일
044	조동사 会, 능력 표현	월	일
045	조동사 能, 능력 표현	월	일
046	조동사 得, 의무 표현	월	일
047	조동사 应该, 의무 표현	월	일
048	조동사 可以, 허락 표현	월	일
049	조사 了, 완료 표현 1	월	일
050	조사 了, 완료 표현 2	월	일

스타트
발음 익히기

중국어는 우리말과 비슷하면서도 다른 언어예요.
하지만 뜻과 발음이 비슷한 낱말이 많고 표현 방식에 있어서
우리말과 비슷한 점이 많기 때문에 어렵지 않게 익힐 수 있어요.
이번 파트에서는 중국어를 이해하고,
중국어 발음을 익히며 차근차근 중국어를 시작해봐요.

중국어란? / 성조

중국어에는 우리말에는 없는 '성조'라는 것이 있어요.

과연 무엇일까요?

성조

- 중국어에는 성조라는 것이 있어요. 음의 높낮이를 말합니다.

- 중국어에는 4개의 성조와 경성이 있는데, 성모와 운모가 같아도 성조가 다르면 의미가 달라져요.

- 한자는 저마다의 발음이 있지만, 발음이 같은 한자는 매우 많습니다.

☑ 중국어란?

중국에는 다양한 민족들이 있고, 이들이 사용하는 언어가 모두 달라서, 중국어(中国语)라고 하지 않아요! 전체 인구의 90%인 한족(汉族)이 사용하는 언어라는 뜻에서 한어(汉语)라고 해요!

● 중국어는 汉语(Hànyǔ, 한어)라고 해요.

● 우리가 배우는 중국어는
표준 중국어를 가리키는 普通话(pǔtōnghuà, 보통화)예요.

● 중국어는 복잡한 획수를 간단히 줄인 '간화자'를 공식 문자로 사용해요.

● 간화자(한자)는 표의문자로, 별도의 발음기호가 있어요.
이를 汉语拼音(Hànyǔ pīnyīn, 한어병음)이라고 해요.

● 중국어 발음요소에는 우리말과 달리 음의 높낮이를 나타내주는 '성조'가 있어요.

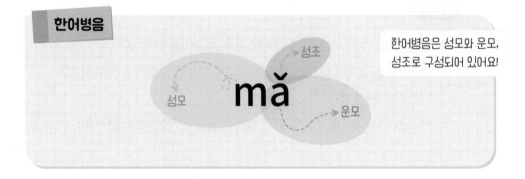

간화자

马　　馬

번체자
우리가 사용하는 한자는
'획순이 복잡하다'는 뜻에서
'번체자'라고 해요!

한어병음

성조

성모　mǎ　운모

한어병음은 성모와 운모,
성조로 구성되어 있어요!

☞ 중국어의 성조

● 음의 높낮이를 말해요.

> 제1성부터 경성까지, 높낮이와 변화가 다르죠.
> 개인의 목소리에 따라 높낮이는 다를 수 있어요.

● 4개의 성조와 경성이 있어요.

● 같은 발음이라도, 성조가 다르면 다른 글자예요.

> 성조는 소리를
> 구분하는 요소예요.

1성	2성	3성	4성	경성
성조 중에 가장 높은 음으로 발음해요.	1성보다 살짝 아래에서 올라만 가는 음이에요.	밑으로 떨어졌다가 올라오는 음이에요.	가장 높은 음에서 가장 낮은 음으로 뚝 떨어지는 음이에요.	짧고 가볍게 발음하는 것으로, 정해진 높낮이가 없어요.
평소 목소리보다 한톤 높여서 길~게 말해보세요.	음의 끝을 잡아서 끌어 올려줘요.	낮은 음에서 더 낮은 음으로 더 떨어졌다가 올라와요.	짧고 강하게 발음해 주세요.	단어의 끝에 오는 경우가 많은데, 앞에 오는 성조에 따라 높이가 달라져요.

연습하기 성조는 운모 위에 표기해요.

1성	suān	시다	1성 + 경성	māma	엄마
2성	tián	달다	2성 + 경성	yéye	할아버지
3성	kǔ	쓰다	3성 + 경성	nǎinai	할머니
4성	là	맵다	4성 + 경성	bàba	아빠

1. 녹음을 잘 듣고 성조가 바르게 표기된 것을 고르세요.

① mātma ⠀⠀⠀⠀⠀⠀mǎma

② yèye ⠀⠀⠀⠀⠀⠀yéye

③ nǎinai ⠀⠀⠀⠀⠀náinai

④ bàba ⠀⠀⠀⠀⠀bāba

2. 녹음을 잘 듣고 알맞은 성조를 써보세요.

① ma ⠀ **②** ma ⠀ **③** ma ⠀ **④** ma

⑤ suan ⠀ **⑥** tian ⠀ **⑦** ku ⠀ **⑧** la

⑨ ye ⠀ **⑩** di ⠀ **⑪** nai ⠀ **⑫** jie

정답

1. ① māma ② yéye ③ nǎinai ④ bàba
2. ① mā ② má ③ mǎ ④ mà ⑤ suān ⑥ tián ⑦ kǔ ⑧ là ⑨ yé ⑩ dì
⑪ nǎi ⑫ jiě

단운모 / 성모 1

중국어 발음은 운모와 성모로 이루어져 있어요.

운모, 성모란 무엇일까요?

운모와 성모

- 아, 에, 이, 오, 우와 같이 우리말의 모음에 해당하는 부분을 운모라고 합니다.

- 성모는 우리말의 자음과 같은 개념으로 중국어에는 총 21개의 성모가 있습니다.

☑ **단운모**
- 우리말 모음에 해당하는 소리예요.
- 가장 기본적인 운모는 a, o, e, i, u, ü가 있어요.

입이 크게 벌어지는 모음

- a, o, e는 i, u, ü에 비해 입을 크게 벌려 발음하는 모음이에요.
- 그래서 소리도 비교적 크게 나지요.

a 　우리말 [아]와 비슷하게 발음해요.

o 　[오]와 [어]의 중간으로 발음해요.

★e 　우리말 [어]보다 목 안쪽에서 발음해요.

입이 작게 벌어지는 모음

- i, u, ü는 a, o, e에 비해 입을 작게 벌려 발음하는 모음이에요.
- 그래서 소리도 비교적 작게 나지요.

✦i 　우리말 [이]보다 입을 옆으로 쭉 늘려 발음해요.
　어떤 성모와 만날 때는 [으]로 발음해요.

> i 에 성조를 표시할 때는 i 위의 점을 없애고 써요. ī 처럼요.

u 　우리말 [우]보다 입술에 더 힘을 주고 동그랗게 만들어 발음해요.

ü 　입술은 [우] 모양으로 하고, 소리는 [위]로 발음해요.

> 어떤 성모와 만날 때는 ü의 두 점을 없애고 u로 써요.

a | bā | là
8, 여덟 | 맵다

o | pò | fó
깨지다 | 부처님

★ **e** | hē | rè
마시다 | 덥다

> 우리말의 [어]보다 더 안쪽에서 나는 소리예요.

i | bǐ | lí
펜, 붓 | 배(과일)

> i에 성조를 표시할 때는 i 위의 점을 없애고 써요.

u | dú | tǔ
읽다 | 흙

★★ **ü** | nǚ | lǜ
여자 | 초록(색깔)

> 성모 n, l과 만날 때는 원래대로 ü로 써요.
> 성모 j, q, x와 만날 때는 ju, qu, xu로 써요.

내용 알기 중국어의 성모를 알아볼까요?

☑ **성모**
- 성모란 한어병음의 첫소리를 말해요.
- 우리말의 자음과 같은 역할을 해요.

입술 소리 두 입술을 붙였다 떼며 내는 소리예요.
* 운모 o[오]를 붙여 연습하세요!

b 우리말 [보]보다 세게 발음해요.

p 우리말 [포]처럼 발음해요.

m 콧소리를 섞어 [모]로 발음해요.

f 윗니를 아랫입술에 댔다가 떼며 발음해요.

영어의 [f]처럼!

혀끝 소리 혀끝을 윗잇몸(안쪽)에 댔다 떼며 내는 소리예요.
* 운모 e[어]를 붙여 연습하세요!

d 발음을 세게 [떠]로 발음해요.

t 공기를 밖으로 뱉으며 [터]로 발음해요.

n 콧소리를 섞어 [너]로 발음해요.

l 우리말 [러]보다 입 안쪽에서 발음해요.

MP3
002-4

> 한어병음을 쓸 때는 단어 단위로 붙여 써야
> 하지만, 여기서는 발음연습을 위해 띄어 씁니다.

| b | bó | bō luó |
| 큰아버지 | 파인애플 |

| p | pà | má pó dòu fu |
| 무서워하다 | 마파두부 |

| m | mǐ | mò lì huā chá |
| 쌀 | 자스민차 |

| ★ f | fú | fó shǒu guā |
| 행복 | 손바닥오이 |

> po와 fo의 발음은
> 크게 달라요.

| d | dà | pāi lì dé |
| 크다 | 폴라로이드 |

| t | tī | tè jià |
| (발로) 차다 | 특가 |

| n | nà | nǐ |
| 그, 그것, 그러면 | 너 |

| ★ l | lù | kě lè |
| 길 | 콜라 |

27

1. 녹음을 잘 듣고 운모가 바르게 표기된 것을 고르세요.

① bā　　　　bē

② mí　　　　mé

③ nǔ　　　　nǔ

④ dù　　　　dì

2. 녹음을 잘 듣고 알맞은 성모를 써보세요.

① □ō　　　② □á

③ □ǐ　　　④ □ǔ

⑤ □è　　　⑥ □ǜ

🏯정답

1. ① bā ② mí ③ nǔ ④ dù
2. ① bō ② pá ③ dǐ ④ fǔ ⑤ tè ⑥ lǜ

성모 2

중국어 성모에는 우리말에는 없는 발음도 있어요.

과연 어떤 소리가 날까요?

성모

- 중국어의 성모는 우리말 자음과 비슷하지만, 혀의 위치나 입 모양, 기류의 세기 등이 조금씩 다릅니다.

- 권설음이라 불리는 혀 말이 소리는 우리말에는 없는 발음이니 잘 연습해보세요.

☑ **성모**
- 성모란 한어병음의 첫소리를 말해요.
- 우리말의 자음과 같은 역할을 해요.

혀뿌리 소리 혀뿌리를 여린입천장에 댔다가 떼며 내는 소리예요.

* 운모 e[어]를 붙여 연습하세요!

> 우리말의 ㄱ(ㄲ), ㅋ, ㅎ보다 더 목 안쪽에서 나는 소리예요.

g 목 안쪽을 좁히며 [꺼]로 발음해요.

k 숨을 뱉으며 [커]로 발음해요.

★ **h** 목 안쪽을 좁히며 [허]로 발음해요.

혓바닥 소리 혓바닥을 입천장에 붙였다 떼며 내는 소리예요.

* 운모 i[이]를 붙여 연습하세요!

> 우리말의 ㅈ, ㅊ, ㅅ보다 입을 더 옆으로 늘려서 소리 내요.

j 입을 옆으로 늘려 [지]로 발음해요.

q 바람이 새도록 [치]로 발음해요.

★ **x** 입을 옆으로 늘려 [시]로 발음해요.

g

ge
개(수효를 세는 말)

gǔ
북(악기)

k

kē
알, 방울

kǎ
카드

h

hé
갑, 상자

hú
호수

j

jī
닭

chuī fēng jī
드라이기

q

qī
7, 일곱

xī chén qì
청소기

x

xǐ
씻다

xǐ yī jī
세탁기

내용 알기　중국어의 성모를 알아볼까요?

혀끝 앞 소리　혀끝을 윗니 뒤쪽에 붙였다 떼면서 내는 소리예요.

＊운모 i [으]를 붙여 연습하세요!

> 혀를 찰 때처럼 해보세요.

z　혀끝을 빠르게 떼며 [쯔]로 발음해요.

c　바람을 세게 내보내며 [츠]로 발음해요.

s　바람을 이어 내보내며 [쓰]로 발음해요.

혀 말이 소리　혀끝을 살짝 말듯이 들어 올려 입천장 안쪽에 놓고 내는 소리예요.

＊운모 i [으]를 붙여 연습하세요!

> 이 소리는 '혀를 말아 내는 소리'라는 뜻으로 '권설음(卷舌音)'이라고도 해요. 그리고 성대에 진동이 느껴지도록 소리 내요.

zh　혀끝을 들어 올려 [즈]로 발음해요.

ch　바람을 막았다 뱉으며 [츠]로 발음해요.

sh　바람을 이어 내보내며 [스]로 발음해요.

★r　혀를 더 말아서 [르]로 발음해요.

> 진동이 있어서 l과 다른 소리가 나요.

z	zú	zì diǎn
	민족	자전

> 운모 i가 성모 z, c, s를
> 만날 때는 [으]로 발음해요.

c	cā	cí diǎn
	닦다	사전

s	sè	sì běn
	색깔	네 권

zh	zhū	cān jīn zhǐ
	돼지	냅킨

> 운모 i가 성모 zh, ch, sh, r를
> 만날 때는 [으]로 발음해요.

ch	chē	chí zi
	자동차	스푼

sh	shū	shí wù
	책	음식

★ r	rè	Rì běn liào lǐ
	덥다	일본 요리

> 나라 이름과 같은 고유명사는
> 대문자로 시작해요.

1. 녹음을 잘 듣고 성모가 바르게 표기된 것을 고르세요.

① | gē | kè |

② | qì | jǐ |

③ | cá | zá |

④ | zhū | shū |

2. 녹음을 잘 듣고 알맞은 성모를 써보세요.

① ☐ū　② ☐ǐ

③ ☐ū　④ ☐ù

⑤ ☐á　⑥ ☐è

 정답

1. ① gē ② qì ③ cá ④ shū
2. ① kū ② jǐ ③ xū ④ sù ⑤ chá ⑥ rè

34

복운모 / 권설운모

중국어 운모에는 여럿의 운모를 합해 소리 내는 것이 있어요.

또 혀를 말고 소리 내는 운모도 있대요. 과연 무엇일까요?

복운모

- 중국어에서는 단운모를 모아 새로운 운모를 만들 수 있습니다.
  우리말의 이중모음처럼 말이지요.

- 이때, a, o, e로 시작하는 운모는 시작하는 부분을 크게 소리냅니다.

- 두 개 이상의 운모가 결합된 형태이지만, 하나의 음으로 들리도록
  발음합니다.

> ☑ **a, o, e로 시작하는 운모**
> - 단운모가 결합한 운모 중에서 a, o, e로 시작하는 운모는 앞쪽을 세게 발음해요.
> - e가 다른 운모와 결합할 때는 [에]로 발음하기도 해요.

앞쪽이 큰 소리가 나는 운모

- a, o, e는 i, u, ü에 비해 입이 더 크게 벌어지는 운모예요.
- 그러므로 앞쪽이 더 크게 소리 나요.

ai 앞부분을 강하게 [**아**이]로 발음해요.

★ **ei** 앞부분을 강하게 [**에**이]로 발음해요. 여기서 e는 [에]로 발음해요.

ao 앞부분을 강하게 [**아**오]로 발음해요.

ou 앞부분을 강하게 [**오**우]로 발음해요. o는 [오]와 [어]의 중간쯤으로 발음해요.

ai

kāi
열다

niú nǎi
우유

ei ★

hēi
검다

여기서 e는 [에]로 발음해요.

kā fēi
커피

ao

māo
고양이

miàn bāo
빵

ou

gǒu
개

ròu
고기

PLUS   성조는 어디에 쓰나요?

성조는 운모 중 가장 크게 소리 나는 부분에 씁니다. 소리는 입이 벌어지는 크기에 비례해서
그 소리가 커지는데, 중국어에서는 a > o = e > i = u > ü 순입니다.

예   āi   ēi   āo   ōu

iā   iē   uā   uō   üē

iāo   uēi   uāi   iōu

iou와 uei는 성모와 만나면 각각
iu와 ui로 줄여 쓰는데, 이때는 무조건
뒤쪽 운모에 성조를 표기해요.

끝에 콧소리가 나는 운모

● 운모의 끝에 오는 n, ng는 성모처럼 보이지만, 운모를 구성하는 역할을 해요.
● n, ng가 오면 콧소리(비음)를 섞어 발음해요.

an　콧소리를 약간 섞어 [안]으로 발음해요.

> 우리말 'ㄴ' 받침보다 더 안쪽에서 부드럽게 소리 내요.

en　콧소리를 약간 섞어 [언]으로 발음해요.

ang　콧소리를 약간 섞어 [앙]으로 발음해요.

> 우리말 'ㅇ' 받침보다 더 안쪽에서 부드럽게 소리 내요.

eng　콧소리를 약간 섞어 [엉]으로 발음해요.

★**ong**　[옹]과 [웅]의 중간쯤으로 발음해요.

혀를 말고 소리 내는 운모

● zh, ch, sh, r처럼 혀를 살짝 말듯이 들어 올려 발음해요. 그래서 '권설운모'라고도 해요.

★**er**　성조에 따라 [얼] 혹은 [알]로 들릴 수 있어요.

an	sān	mán tou
	3, 셋	만두(소 없는 찐빵)

en	mén	nǎi fěn
	문	분유

ang	pàng	fāng biàn miàn
	뚱뚱하다	라면

eng	lěng	wèi shēng zhǐ
	춥다	화장지

ong	hóng	lěng dòng
	붉다	냉동

★ er	èr	ér tóng zhuāng
	2, 둘	아동복

1. 녹음을 잘 듣고 운모가 바르게 표기된 것을 고르세요.

❶ gǎi   gěi

❷ dāo   dōu

❸ màn   mèn

❹ cháng   chéng

2. 녹음을 잘 듣고 알맞은 운모와 성조를 써보세요.

❶ m ▢   ❷ k ▢

❸ s ▢   ❹ t ▢

❺ l ▢   ❻ ▢

정답

1. ① gěi ② dōu ③ mèn ④ cháng
2. ① máo ② kāi ③ sān ④ téng ⑤ lóng ⑥ èr

결합운모

중국어 운모 중에 '결합운모'라는 것이 있어요.

과연 무엇일까요?

결합운모

● 중국어에서는 운모 둘 이상도 결합하여 새로운 운모를 만들 수 있습니다.

● 이때, i, u, ü로 시작하는 운모는 시작하는 부분을 약하게 발음합니다.

● 여럿의 운모가 결합된 형태이지만, 하나의 음으로 들리도록 발음합니다.

i로 시작하는 운모

- i로 시작하는 운모는 맨 처음 소리를 약하고 부드럽게 소리 내요.
- 뒤에 있는 운모와 빠르게 붙여서 하나의 음절로 소리 내는 것이 중요해요.

 ia　[이**아**]를 빠르게 붙여 [**야**]처럼 발음해요.

 ie　[이**에**]를 빠르게 붙여 [**예**]처럼 발음해요.

 e는 [에]로 발음해요.

iao　[이**아오**]를 빠르게 붙여 [**야오**]처럼 발음해요.

 iou　[이**오우**]를 빠르게 붙여 [**요우**]처럼 발음해요.

 성모와 결합하면 iu로 줄여 써요.

 ian　[이**엔**]을 빠르게 붙여 [**옌**]처럼 발음해요.

 a가 있다고 [이안]으로 읽으면 안 돼요!

 in　[**인**]으로 발음해요.

iang　[이**양**]을 빠르게 붙여 [**양**]처럼 발음해요.

 ing　[**잉**]으로 발음해요.

 iong　[용]이 아니라 [이**옹**]을 빠르게 붙여 발음해요.

 이때도 ong 부분은 [옹]과 [웅]의 중간쯤으로 발음해요.

심화 학습

녹음을 듣고 운모가 들어간 단어를 연습해보세요. MP3 005-2

ia	xià 아래	jiā kè 재킷
★ ie	xié 신발	jiě jie 언니, 누나
iao	niǎo 새	kù jiǎo 바짓단
i(o)u	jiǔ 9, 아홉	niú zǎi kù 청바지
★★ ian	diàn 전기	lián mào shān 후드 티
in	xìn 편지	jǐn shēn kù 스키니진
iang	jiāng 강	liǎng jiàn tào 투피스
ing	tīng 듣다	jǐng liàn 초커
iong	qióng 가난하다	xiōng zhēn 브로치

성모와 결합하면 iu로 줄여 써요.

*choker, 목에 꽉 끼는 목걸이나 넥타이 따위를 이르는 말.

내용 알기   중국어의 운모를 알아볼까요?

u로 시작하는 운모

- u로 시작하는 운모는 맨 처음 소리를 약하고 부드럽게 소리 내요.
- 우리말의 이중모음처럼 다음 운모와 붙여 읽어 하나의 소리로 발음하는 것이 중요해요.

ua   [우아]를 빠르게 붙여 [와]처럼 발음해요.

uo   [우오]와 [우어]의 중간쯤으로 발음해요.

uai   [우아이]를 빠르게 붙여 [와이]처럼 발음해요.

 ★ uei   [우에이]를 빠르게 붙여 [웨이]처럼 발음해요.
> 성모와 결합하면 ui로 줄여 써요.

uan   [우안]을 빠르게 붙여 [완]처럼 발음해요.

 ★ uen   [우언]을 빠르게 붙여 [원]처럼 발음해요.
> 성모와 결합하면 un으로 줄여 써요.

uang   [우앙]을 빠르게 붙여 [왕]처럼 발음해요.

ueng   [우엉]을 빠르게 붙여 [웡]처럼 발음해요.

ü로 시작하는 운모

- ü로 시작하는 운모는 몇 개의 운모와만 결합할 수 있어요.

 ★ üe   [위에]로 발음해요.
> ü와 함께 쓰이는 a, e는 모두 [에]로 발음해요!

 ★ üan   [위엔]으로 발음해요.
> a는 [에]로 발음해요.

 ün   [윈]으로 발음해요.

ua	**huā**	**shǒu zhuā bǐng**
	꽃	중국식 토스트
uo	**huǒ**	**cān zhuō**
	불	식탁
uai	**shuài**	**kuài zi**
	멋지다	젓가락
★ u(e)i	**chuī**	**shuǐ cáo**
	(바람 등이) 불다	씽크대
uan	**duǎn**	**suān là tāng**
	짧다	쏸라탕
★ u(e)n	**kùn**	**hún tun**
	졸다	중국식 만둣국
uang	**chuáng**	**yì shuāng**
	침대	한 쌍
★★ ueng	**lǎo wēng**	
	노인	

> 성모와 결합하면 ui로 줄여 써요.

> 성모와 결합하면 un으로 줄여 써요.

> ueng는 성모 없이 단독으로만 쓰이는데, 이때는 u를 w로 바꿔 써요.

> j, q, x와 함께 쓸 때는 ü에서 두 점을 빼고 u로 표기해요!

★ üe	**què**	**xuě yī dòu shā**
	참새	설탕 뿌린 찐빵(동북 요리)
★ üan	**quān**	**juǎn xīn cài shā lā**
	동그라미	양배추 샐러드
ün	**qún**	**xūn jī**
	치마	훈제 닭고기

45

듣고 쓰기

문제를 풀며 운모를 익혀보세요.

1. 녹음을 잘 듣고 운모가 바르게 표기된 것을 고르세요.

① jiā　　　　jiāo

② huà　　　　huò

③ chuán　　　　chuáng

④ xuě　　　　xuǎn

2. 녹음을 잘 듣고 알맞은 운모와 성조를 써보세요.

① x [　　　　]　　　　**②** j [　　　　]

③ l [　　　　]　　　　**④** sh [　　　　]

⑤ x [　　　　]　　　　**⑥** zh [　　　　]

🔖정답

1. ① jiāo ② huò ③ chuán ④ xuǎn
2. ① xiě ② jiàn ③ liǎng ④ shuài ⑤ xióng ⑥ zhuāng

발음 규칙

한어병음을 쓸 때는 실제 발음과 다르게 써야 하는 것이 있어요.

어떤 규칙이 있는지 알아볼까요?

한어병음

- 알파벳으로 중국어 발음을 표기하다 보니 실제 발음과 표기에 차이가 있는 경우가 있습니다.

- 그래서 발음을 익힐 때는 한어병음과 실제 발음이 어떤 차이가 있는지 꼼꼼하게 확인하고 연습하는 것이 좋습니다.

☞ 성모 j, q, x 뒤에 운모 ü가 올 때

- j, q, x 뒤에 ü 혹은 ü로 시작하는 운모가 올 때는 위에 두 점을 없애고 u로 씁니다.

- 왜냐하면, j, q, x 뒤에는 운모 u가 올 수 없기 때문에, 운모 ü 위 점 두 개를 빼고 쓸 수 있어요.

- 하지만, 발음은 원래대로 해야 하는 것, 잊지 마세요.

  > ju는 [쥐]로, qu는 [취]로, xu는 [쉬]로 읽어요!

  예 yóujú   우체국

      qǔkuǎn   예금 인출

      chǔxù   저축(하다)

☞ 운모 i, u, ü가 성모 없이 쓰일 때

- i, u, ü가 성모와 결합하지 않고, 즉 앞에 성모가 없을 때는 가짜 성모를 붙여서 모양을 만듭니다.

- i, u, ü 단독일 때는 그 앞에 y나 w를 덧붙여 쓰지요. 즉 i는 yi로, u는 wu로, ü는 yu로 씁니다. 주의! in, ing, üe, üan, ün의 경우에도 y를 덧붙여 씁니다.

  예 yī 1, 하나   wǔ 5, 다섯   yǔ 물고기

      yīn 그늘   yún 구름

- i, u로 시작하는 결합운모는 i를 y로, u를 w로 바꾸어 씁니다. ü로 시작하는 결합운모는 y를 덧붙여 yu로 씁니다.

  예 chī yào   약을 먹다

      wán yóuxì   게임을 하다

      tīng yīnyuè   음악을 듣다

☑ iou, uei, uen을 쓸 때

- iou와 uei, uen이 성모와 결합하면, 가운데 운모를 생략하고 각각 iu, ui, un으로 씁니다.

- 하지만 발음은 원래대로 해야 더 정확하게 들립니다.

- 이때, 성조는 무조건 뒤쪽 운모 위에 표기해요.

> 운모는 u만 있으니까,
> u 위에 성조를 표기해요.

> 예   jiù   구하다   zuì   취하다   kùn   졸리다

☑ 성모가 없을 때의 쓰기 규칙

> a, o, e로 시작하는 운모는
> 앞에 성모가 없어도 그대로 써요.

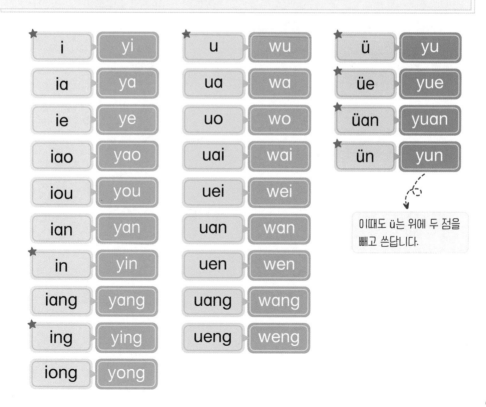

★ i ▸ yi	u ▸ wu	★ ü ▸ yu
ia ▸ ya	ua ▸ wa	★ üe ▸ yue
ie ▸ ye	uo ▸ wo	★ üan ▸ yuan
iao ▸ yao	uai ▸ wai	★ ün ▸ yun
iou ▸ you	uei ▸ wei	
ian ▸ yan	uan ▸ wan	
★ in ▸ yin	uen ▸ wen	
iang ▸ yang	uang ▸ wang	
★ ing ▸ ying	ueng ▸ weng	
iong ▸ yong		

> 이때도 ü는 위에 두 점을 빼고 쓴답니다.

1. 녹음을 잘 듣고 한어병음이 바르게 표기된 것을 고르세요.

① yā　　yiā

② wín　　yín

③ wuǒ　　wǒ

④ yüàn　　yuàn

2. 녹음을 잘 듣고 알맞은 한어병음을 써보세요.

①

②

③

④

⑤

⑥

정답

1. ① yā　② yín　③ wǒ　④ yuàn
2. ① yě　② yán　③ wǔ　④ wǎng　⑤ yuè　⑥ yún

성조 변화

어떤 글자는 원래 성조와 다르게 읽어야 하는 것이 있어요.

어떤 성조 변화가 있는지 알아볼까요?

성조 규칙

- 중국어는 한자마다 고유의 성조가 있지만, 성조가 연속해서 발음될 때 변형되거나 생략되는 예외적인 경우도 있습니다.

- 이는 발음의 편의를 위해 자연스럽게 음이 바뀌었기 때문입니다.

- 또 不bù나 一yī도 원래 성조와 다르게 바뀌기도 하는데, 이때는 바뀐 성조를 표기하기도 합니다.

☑ 3성의 성조 변화

- 3성이 연달아 올 때는 앞의 3성을 2성으로 발음해요.

하지만 쓸 때는 원래대로
3성으로 표기해요!

예 Xiān xǐ liǎn.   먼저 세수를 해요.
→ Xiān xí liǎn.

- 3성 뒤에 1, 2, 4성 또는 경성이 오면 앞의 3성에서 내려오는 부분만 읽어요.

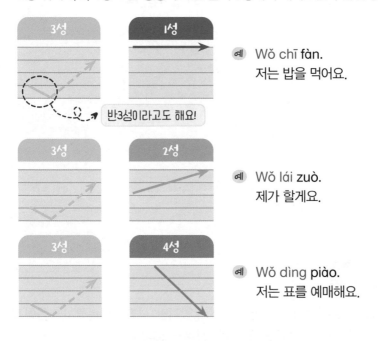

반3성이라고도 해요!

예 Wǒ chī fàn.
저는 밥을 먹어요.

예 Wǒ lái zuò.
제가 할게요.

예 Wǒ dìng piào.
저는 표를 예매해요.

- 3성 여러 개가 연달아 오면 맨 마지막 3성을 뺀, 앞의 3성은 모두 2성으로 읽어요.

예 Wǒ yě hěn hǎo.   나도 잘 지내요.
→ Wó yé hén hǎo.

하지만 쓸 때는 원래대로
3성으로 표기해요!

☑ 一의 성조 변화

● 一는 원래 1성(yī)이지만 뒤에 오는 성조에 따라 성조가 바뀌어요.

● 뒤에 4성이 오면 2성으로 읽고, 2성으로 표기해요.

> 예 qù yí tàng　　한 차례 가다

● 뒤에 1, 2, 3성이 오면 4성으로 읽고, 4성으로 표기해요.

> 예 yì xiē dōngxi　약간의 물건
> 　　yì píng cù　　식초 한 병
> 　　yì bǎ sǎn　　우산 한 자루

● 一가 단독으로, 혹은 서수로 쓰일 경우, 반드시 원래의 성조로 읽어요.

> 예 yī　　　　　1, 하나
> 　　dì-yī　　　 첫 번째

☑ 不의 성조 변화

● 不는 원래 4성(bù)이지만 뒤에 4성이 오면 2성으로 바꾸어 발음하고, 2성으로 표기해요.

> 예 Bú kàn.　　안 봐.

● 뒤에 1, 2, 3성이 오면 원래대로 4성으로 발음해요.

> 예 Bù tīng.　　안 들어.
> 　　Bù xíng.　　안 괜찮아.
> 　　Bù hǎo.　　안 좋아.

53

1. 녹음을 잘 듣고 성조가 바르게 표기된 것을 고르세요.

❶ yíqǐ   yìqǐ

❷ yí kè   yì kè

❸ yì nián   yí nián

❹ yí tiān   yì tiān

2. 녹음을 잘 듣고 변화된 성조를 써보세요.

❶ bu duì   ❷ bu gǎn

❸ bu huì   ❹ bu néng

❺ bu yi dìng   ❻ yi bu xiǎoxīn

정답

1. ① yìqǐ ② yí kè ③ yì nián ④ yì tiān
2. ① bú duì ② bù gǎn ③ bú huì ④ bù néng ⑤ bù yídìng ⑥ yí bù xiǎoxīn

워밍업
기본 표현 익히기

이웃을 만나면 어떻게 인사할까요? 또 물건값은 어떻게 말할까요?

이번 파트에서는 인사 표현과 숫자 읽기, 인칭 표현까지,

중국에서 생활할 때 가장 많이 쓰는

기초 표현들을 익힐 수 있어요.

자, 매일 만나는 일상에서 자주 사용하는 표현들을

천천히 익히며 워밍업해봐요!

인사하기 1

아침에 미나가 이웃 리쥔을 만났어요.

어떻게 인사를 나눌까요?

인사 표현

- 중국어의 인사 표현은 '영어'와 같다고 생각하면 쉬워요.
  'Good morning!'은 早上好! Zǎoshang hǎo!, 'See you again!'은
  再见! Zàijiàn!인 거예요.

- 요즘은 영어식 인사 표현도 널리 사용하고 있어요.

1. 만났을 때

● 기본적으로 你好!라고 인사합니다. 이 표현은 누구에게나 언제든 쓸 수 있습니다.

你好! 안녕하세요!
Nǐ hǎo!

您好! 안녕하세요!
Nín hǎo!

> 您을 넣어 존칭의 의미를 담은 표현이에요.

● 시간대를 사용해서 인사할 수 있습니다.

早上好! 좋은 아침이에요!
Zǎoshang hǎo!

> 간단하게 早!라고만 인사하기도 해요.

下午好! 좋은 오후예요!
Xiàwǔ hǎo!

晚上好! 좋은 저녁이에요!
Wǎnshang hǎo!

● 호칭을 넣어서 인사할 수 있습니다.

> 호칭을 붙여 인사하면 더 친근하게 느껴져요.

阿姨好! 아주머니, 안녕하세요!
Āyí hǎo!

老师好! 선생님, 안녕하세요!
Lǎoshī hǎo!

老板好! 사장님, 안녕하세요!
Lǎobǎn hǎo!

2. 헤어질 때

● 어떤 상황에서든 헤어질 때는 대부분 이렇게 인사합니다.

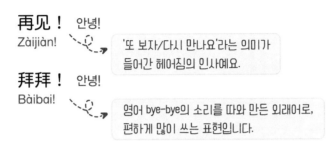

再见！ 안녕!
Zàijiàn!

> '또 보자/다시 만나요'라는 의미가
> 들어간 헤어짐의 인사예요.

拜拜！ 안녕!
Bàibai!

> 영어 bye-bye의 소리를 따와 만든 외래어로,
> 편하게 많이 쓰는 표현입니다.

● 시간을 나타내는 다양한 단어를 넣어 표현할 수 있습니다.

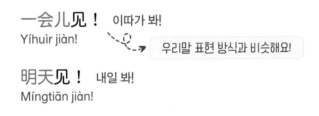

一会儿见！ 이따가 봐!
Yíhuìr jiàn!

> 우리말 표현 방식과 비슷해요!

明天见！ 내일 봐!
Míngtiān jiàn!

● 잠자리에 들기 전에는 이렇게 인사합니다.

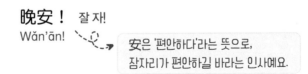

晚安！ 잘 자!
Wǎn'ān!

> 安은 '편안하다'라는 뜻으로,
> 잠자리가 편안하길 바라는 인사예요.

PLUS   새해에는 新年快乐! Xīnnián kuàilè!라고 인사하는데,
우리말의 "새해 복 많이 받으세요!"라는 뜻입니다.

들고 쓰기 | 빈칸에 오늘 배운 문장을 한어병음으로 써보세요.

김미나 ❶

早上好！

_____ hǎo!

좋은 아침이요!

리첸

早！

Zǎo!

좋은 아침!

김미나

阿姨好！

Āyí hǎo!

아주머니 안녕하세요!

장리 ❷

你好！

_____

안녕!

김미나 ❸

再见！

_____

안녕히 가세요!

장리

拜拜！

Bàibai!

바이바이!

김미나

好的，晚安！

Hǎo de, ❹ _____

그래, 잘 자!

🐰 **낱말**

阿姨 āyí 이모, 아줌마

🏯 **정답**

① Zǎoshang ② Nǐ hǎo! ③ Zàijiàn! ④ wǎn'ān!
* a, o, e로 시작하는 음절은 앞 음절과 구분짓기 위해 a, o, e 앞에 '를 써줍니다.

숫자 읽기 1

손가락을 펴서 숫자를 세어보세요.

1부터 99까지 중국어로 어떻게 말할까요?

숫자 표현

- 중국어는 1~10, 그리고 단위를 나타내는 표현만 알면 아주 큰 수도 읽을 수 있습니다.

- 중국인들은 방언(사투리)으로 인한 오해를 줄이기 위해, 손가락도 이용하여 숫자를 표현합니다.

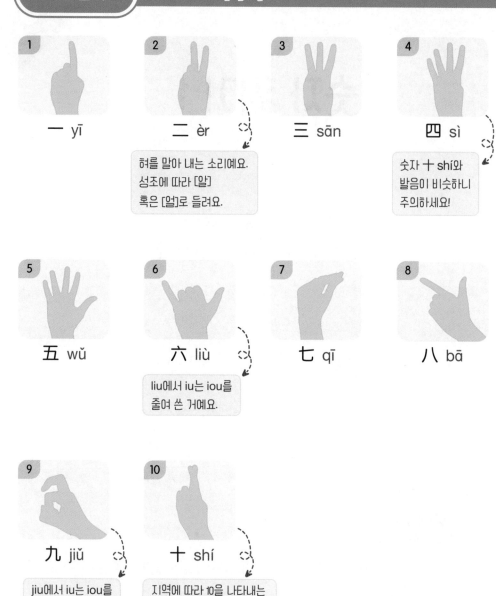

1 一 yī

2 二 èr
혀를 말아 내는 소리예요.
성조에 따라 [알]
혹은 [얼]로 들려요.

3 三 sān

4 四 sì
숫자 十 shí와
발음이 비슷하니
주의하세요!

5 五 wǔ

6 六 liù
liu에서 iu는 iou를
줄여 쓴 거예요.

7 七 qī

8 八 bā

9 九 jiǔ
jiu에서 iu는 iou를
줄여 쓴 거예요.

10 十 shí
지역에 따라 10을 나타내는
손가락 모양이 달라요.

Tip

손가락으로 숫자를 표기하는 것은 지역간 방언(사투리)의 차이에 따른 혼동을 피하고자 하는 목적이
있었습니다. 특히 가격을 말할 때 손가락 표현을 덧붙이면 더 명확히 전달할 수 있었지요.

1. 10 이상의 숫자

● 10~19까지는 십 단위에 숫자인 一를 넣지 않고 十만 붙여 읽어요.

● 20부터는 십 단위 숫자에 十를 붙여 읽어요.

11 十一 shíyī

12 十二 shí'èr

음절이 하나로 읽히는 것을 방지하기 위해 a, o, e 앞에 ' 를 써줍니다.

13 十三 shísān

20 二十 èrshí

연습 하기

23	二十三 èrshí sān		**29**	二十九 èrshí jiǔ
45	四十五 sìshí wǔ		**69**	六十九 liùshí jiǔ
78	七十八 qīshí bā		**99**	九十九 jiǔshí jiǔ

1. 다음 숫자를 중국어로 써보세요.

① 6-6-8-8

② JUNE 31

2. 다음 곱셈의 답을 중국어로 써보세요.

① 2 × 2 =

② 2 × 7 =

③ 4 × 8 =

④ 5 × 9 =

⑤ 7 × 7 =

⑥ 7 × 8 =

⑦ 9 × 3 =

⑧ 9 × 9 =

🏯 정답

1. ① 六-六-八-八 liù-liù-bā-bā ② 三十一 sānshí yī

2. ① 四 sì ② 十四 shísì ③ 三十二 sānshí èr ④ 四十五 sìshí wǔ ⑤ 四十九 sìshí jiǔ
   ⑥ 五十六 wǔshí liù ⑦ 二十七 èrshí qī ⑧ 八十一 bāshí yī

인사하기 2

미나와 왕웨이가 고마움과 사과의 인사를 나누고 있어요.

어떻게 말하면 좋을까요?

감사 · 사과 표현

● 중국어에는 **客套话** kètàohuà(겸양 표현)가 발달해 있어요. 상대의 감사, 사과 표현 등에 대하여 예의상 말하는 표현들을 말해요.

● 예를 들어 '미안해요.'라는 말을 들으면, '괜찮아요.'라고 대답하는 식입니다.

1. 감사 표현

● 감사할 때 두루 쓸 수 있는 표현입니다.

谢谢！ 감사합니다!
Xièxie!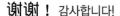

> 이렇게 인사할 땐 두 번 정도씩 얘기해요.

多谢！ 대단히 감사합니다!
Duō xiè!

● 감사 인사를 들으면, 겸손의 말로 대답하면 좋아요.

不客气！ 천만에요!
Bú kèqi!

> 客气가 '사양하다, 예의차리다'라는 뜻이니까,
> '예의차리지 않아도 돼요!'라는 의미예요.

不用谢！ 천만에요!
Bú yòng xiè!

> 간단하게 不谢라고도 말할 수 있어요.
> 이때도 두 번 이상 말해야 더 자연스러워요.

② 사과 표현

● 어떤 상황에서든 사과할 때 널리 사용할 수 있는 표현이에요.

对不起！ 죄송합니다!
Duìbuqǐ!
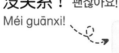

> 对不起는 명확하게 자기 잘못이 있을 때 사용하고,
> 不好意思는 가볍게 미안함을 표현할 때 사용해요.

不好意思！ 미안해요!
Bù hǎoyìsi!

● 사과 인사를 들었을 때, 아량을 보이며 상대방에게 대답하는 표현이에요.

没关系！ 괜찮아요!
Méi guānxi!

> 关系는 '관계, 상관'이란 뜻이에요. 그러니까
> '관계가 없다', 즉 '괜찮다'는 표현이 되지요.

没事儿！ 괜찮아요!
Méishìr!

> 事儿은 '일'이란 뜻이에요. 그러니까
> '일 없다', 즉 '괜찮다'는 표현이 되지요.

 PLUS 　사과 표현

- **请你原谅我。** Qǐng nǐ yuánliàng wǒ.　　　　　　　　　용서해주세요.
- **真过意不去。** Zhēn guòyì bú qù.　　　　　　　　　정말 죄송합니다.

对不起！对不起！

> 가운데 不는 가볍게 경성으로 발음해요!

미안해요! 미안해요!

왕웨이 ①

_____

谢谢！

고마워요!

김미나 ②

_____

不客气！不客气！

천만에요! 천만에요!

왕웨이 ③

_____

对不起！对不起！

죄송합니다! 죄송합니다!

김미나 ④

_____

没关系！没关系！

괜찮아요! 괜찮아요!

왕웨이 ⑤

_____

 정답

① Duìbuqǐ! Duìbuqǐ!   ② Xièxie!   ③ Bú kèqi! Bú kèqi!   ④ Duìbuqǐ! Duìbuqǐ!
⑤ Méi guānxi! Méi guānxi!

숫자 읽기 2

100 이상의 수는 어떻게 말할까요?

백 단위, 천 단위, 만 단위 수를 읽어보아요.

큰 수 표현

- 중국어의 수 표현은 우리말과 비슷해요. 단위 표현도 같은데다가, '숫자 + 단위'로 표현하므로, 우리말 습관처럼 읽으면 됩니다.

- 하지만 우리말과 달리, 단위 수가 0일 때는 반드시 0을 零líng으로 읽어야 합니다.

1. 100 이상의 숫자

- 백 단위 이상의 수를 읽을 때는 단위 앞에 숫자를 넣습니다.

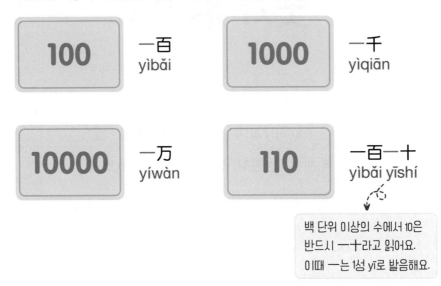

| 100 | 一百 yìbǎi | 1000 | 一千 yìqiān |

| 10000 | 一万 yíwàn | 110 | 一百一十 yìbǎi yīshí |

> 백 단위 이상의 수에서 10은
> 반드시 一十라고 읽어요.
> 이때 一는 1성 yī로 발음해요.

2. 숫자 2가 들어간 수

- 백 단위 이상의 수에서 2는 주로 **两** liǎng(둘, 2)을 사용합니다.

| 200 | 两百 liǎngbǎi | 2000 | 两千 liǎngqiān |

| 20000 | 两万 liǎngwàn | 20 | 二十 èrshí |

> 십 단위에 쓰이는 2는 二을 써요.

3. 큰 수 읽을 때

- 숫자 중간에 0이 있을 때는 단위를 빼고 零만 읽습니다.

608
六百零八
liùbǎi líng bā

- 숫자 중간에 0이 여럿 연달아 올 때는 한 번만 읽습니다.

3003
三千零三
sānqiān líng sān

- 0으로 끝나는 수는 마지막 단위를 생략할 수 있습니다.

830
八百三(十)
bābǎi sān(shí)

- 0으로 끝나는 수이지만 중간에 0이 있으면 마지막 단위를 생략하지 않습니다.

2030
两千零三十
liǎngqiān líng sānshí

마지막 단위를 생략하면
2030인지, 2003인지 헷갈리니까요.

**연습
하기**

50780
五万零七百八十
wǔwàn líng qībǎi bāshí

50040
五万零四十
wǔwàn líng sìshí

1. 다음 사진 속 숫자를 중국어로 써보세요.

RECEIPT

TOTAL **9,840**

Your Balance

Current Balance

350,070

| Day | Week | Month | Year |

Shopping
Credit Card   20,000

2. 다음 수를 셈하여 중국어로 써보세요.

① 六 十 六
  + 十 二

② 三百八十五
 − 两百四十七

③ 八千零一十七 + 八十九 =

④ 三百三十六 + 一千九百零二 =

 정답

1. ① 九千八百四(十) jiǔqiān bābǎi sì(shí) ② 三十五万零七十 sānshí wǔwàn líng qīshí

2. ① 七十八 qīshí bā ② 一百三十八 yìbǎi sānshí bā ③ 八千一百零六 bāqiān yìbǎi líng liù
   ④ 两千两百三十八 liǎngqiān liǎngbǎi sānshí bā

양사 익히기

미나가 쇼핑한 다양한 물건의 양사를

배워볼까요?

양사

- 양사는 사물·사람의 수량을 세는 단위를 말해요. 우리말의 '개', '켤레'와 같은 표현으로, 중국어에서는 수량을 셀 때는 대부분 양사를 생략하지 않고 씁니다.

- 중국어로 '수사 + 양사 + 명사' 순으로 읽습니다.

- 개수를 셀 때 둘(2)은 二èr이 아닌 两liǎng으로 읽어요.

1. 양사

- 사물·사람이나 동작을 세는 단위를 나타내는 단어를 양사라고 합니다.

- 한국어는 **명사 + 수사 + 양사** 순이지만 중국어는 **수사 + 양사 + 명사**로 씁니다.

- 중국어에는 다양한 양사가 있으며, 한국어보다 양사를 많이 사용합니다.

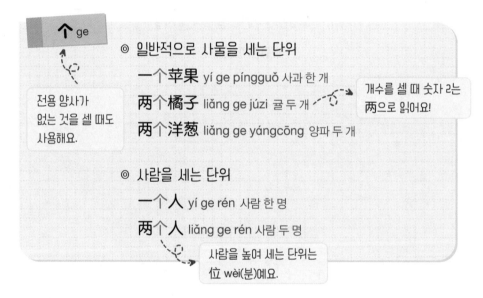

个 ge

전용 양사가 없는 것을 셀 때도 사용해요.

◎ 일반적으로 사물을 세는 단위

一个苹果 yí ge píngguǒ 사과 한 개

两个橘子 liǎng ge júzi 귤 두 개

개수를 셀 때 숫자 2는 两으로 읽어요!

两个洋葱 liǎng ge yángcōng 양파 두 개

◎ 사람을 세는 단위

一个人 yí ge rén 사람 한 명

两个人 liǎng ge rén 사람 두 명

사람을 높여 세는 단위는 位 wèi(분)예요.

本 běn

◎ 책, 노트 종류를 세는 단위

三本书 sān běn shū 책 세 권

两本词典 liǎng běn cídiǎn 사전 두 권

五本字典 wǔ běn zìdiǎn 자전 다섯 권

件 jiàn

◎ 옷을 세는 단위

五件衣服 wǔ jiàn yīfu 옷 다섯 벌

三件外套 sān jiàn wàitào 외투 세 벌

◎ 일, 사건을 세는 단위

一件事 yí jiàn shì 일 한 가지

条 tiáo

◎ 가늘고 긴 것을 세는 단위

两条裤子 liǎng tiáo kùzi 바지 두 벌

一条河 yì tiáo hé 강 한 줄기

双 shuāng

◎ 쌍을 이루고 있는 것을 세는 단위

四双鞋 sì shuāng xié 신발 네 켤레

一双手套 yì shuāng shǒutào 장갑 한 켤레

杯 bēi

◎ 잔, 컵에 담긴 것을 세는 단위

四杯奶茶 sì bēi nǎichá 밀크티 네 잔

两杯水 liǎng bēi shuǐ 물 두 컵

1. 다음 설명에 알맞은 양사를 써보세요.

1 책을 세는 단위

2 컵에 담긴 것을 세는 단위

3 사물이나 사람을 세는 단위

4 옷을 세는 단위

2. 보기의 낱말을 참고하여 알맞은 양사와 함께 써보세요.

> 袜子 wàzi 양말   外套 wàitào 외투   水 shuǐ 물
> 西红柿 xīhóngshì 토마토   裤子 kùzi 바지   杂志 zázhì 잡지

1 외투 두 벌

2 물 한 잔

3 양말 한 켤레

4 잡지 다섯 권

5 토마토 일곱 개

6 바지 세 벌

정답

1. ① 本 běn ② 杯 bēi ③ 个 ge ④ 件 jiàn

2. ① 两件外套 liǎng jiàn wàitào ② 一杯水 yì bēi shuǐ ③ 一双袜子 yì shuāng wàzi
   ④ 五本杂志 wǔ běn zázhì ⑤ 七个西红柿 qī ge xīhóngshì ⑥ 三条裤子 sān tiáo kùzi

대사 익히기

사람, 사물의 이름을 대신하는 말을

알아봐요.

대사(대명사)

● 사람과 사물의 이름을 대신하여 가리키는 말을 '대사'라고 해요.

● 사람을 가리키는 '인칭대사', 사물을 가리키는 '지시대사', 의문문에서
사용하는 '의문대사'가 있어요.

● 대사는 주어, 목적어 등 다양한 성분으로 사용되니, 잘 알아두세요!

1. 인칭대사

● 사람을 대신하여 가리키는 말입니다.

| 1인칭 | 我
wǒ | 나 | 我的妹妹
wǒ de mèimei | 내 여동생 |

| 2인칭 | 你
nǐ | 너 | 你好！
Nǐ hǎo! | (상대방에게) 안녕! |
| | 您
nín | 당신 | 您贵姓?
Nín guì xìng? | 당신 성은 무엇입니까? |

> 존칭의 의미를 담은 표현이에요.

| 3인칭 | 他
tā | 그 | 他是谁?
Tā shì shéi? | 그는 누구예요? |
| | 她
tā | 그녀 | 她是学生。
Tā shì xuésheng. | 그녀는 학생입니다. |

> 사람 말고 사물, 동물을 가리키는 它 tā도 있어요!

● 인칭대사 뒤에 们을 붙여서 복수 형태를 표현합니다.

| 1인칭 | 我们
wǒmen | 우리 | 我们走吧！
Wǒmen zǒu ba! | 우리 가자! |

| 2인칭 | 你们
nǐmen | 너희들 | 你们知道吗?
Nǐmen zhīdào ma? | 너희 아니? |

> 您们이라고는 말하지 않아요!

| 3인칭 | 他们
tāmen | 그들 | 他们好帅！
Tāmen hǎo shuài! | 그들은 정말 잘생겼어요! |
| | 她们
tāmen | 그녀들 | 她们很漂亮！
Tāmen hěn piàoliang! | 그녀들은 (아주) 예뻐요! |

> 남녀가 섞여 있을 때는 他们을 써요.

2. 지시대사

- 무엇을 지시하여 가리키는 말입니다.

| 근칭 | 这 zhè | 이것, 이 | 这三本书 zhè sān běn shū | 이 책 세 권 |

| 원칭 | 那 nà | 그, 그것, 저, 저것 | 那是我的苹果。 Nà shì wǒ de píngguǒ. | 그것은 내 사과예요. |

- 지시대사 뒤에 些을 붙여서 복수 형태를 표현합니다.

| 근칭 | 这些 zhè xiē | 이것들 | 这些书是我的。 Zhè xiē shū shì wǒ de. | 이 책들은 내 거예요. |

| 원칭 | 那些 nà xiē | 그것들, 저것들 | 那些笔是她的。 Nà xiē bǐ shì tā de. | 저 펜들은 그녀 거예요. |

- 지시대사 뒤에 儿을 붙여 위치를 가리킬 수 있습니다.

| 근칭 | 这儿 zhèr | 이곳, 여기 | 这儿很冷。 Zhèr hěn lěng. | 이곳은 (매우) 추워요. |

| 원칭 | 那儿 nàr | 그곳, 저기 | 那儿的东西很好。 Nàr de dōngxi hěn hǎo. | 그곳의 물건은 (매우) 좋아요. |

Tip

儿은 원래 er로 써야 하지만 这, 那 등과 함께 쓰일 때는 앞 단어 뒤에 r만 붙여 한 음절처럼 표기해요.

1. 다음 그림을 보고 알맞은 대사를 써보세요.

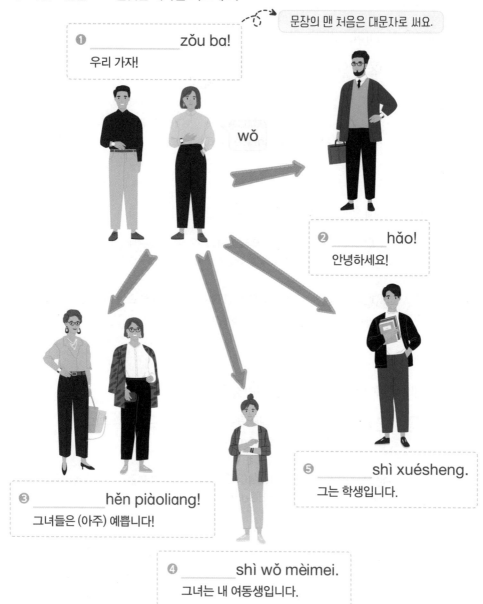

문장의 맨 처음은 대문자로 써요.

❶ _____ zǒu ba!
우리 가자!

wǒ

❷ _____ hǎo!
안녕하세요!

❺ _____ shì xuésheng.
그는 학생입니다.

❸ _____ hěn piàoliang!
그녀들은 (아주) 예쁩니다!

❹ _____ shì wǒ mèimei.
그녀는 내 여동생입니다.

정답

1. ① Wǒmen ② Nǐ / Nín ③ Tāmen ④ Tā ⑤ Tā

본운동
3단계 트레이닝

중국어의 기본 어순은 어떻게 될까요? 중국어 낱말들은 문장
안에서 어떤 역할을 할까요? 이번 파트에서는 중국어의
기본 어순을 익히고, 주요 성분과 그 쓰임을 익힐 수 있어요.
또 3단계 트레이닝으로 긍정문, 부정문, 의문문도 연습할 수 있어요.
자, 꾸준히 연습하며 중국어 실력을 탄탄하게 만들어봐요!

형용사로 말하기 1

형용사

주어	很	술어
그	(매우)	유명하다
他	**很**	**有名。**
Tā	hěn	yǒumíng.

술어로 쓰이는 형용사

- 형용사는 주어 뒤에 술어로 쓰여서 문장을 만듭니다.

- 이때, 습관적으로 형용사 앞에 很hěn을 넣기도 합니다.

- 부정할 때는 很hěn을 쓰지 않고, 형용사 앞에 不bù를 넣어서 문장을 만듭니다.

- 질문할 때는 문장 끝에 吗ma를 넣어서 문장을 만듭니다.

왕웨이

诶，美娜，你听。
Ēi, Měinà, nǐ tīng.

자, 미나야, 들어봐.

김미나

哇，声音很好听，他有名吗?
Wā, shēngyīn hěn hǎotīng, tā yǒumíng ma?

와, 목소리 좋네, 그 사람 유명해?

왕웨이

他很有名。
Tā hěn yǒumíng.

> 단순히 '소리'라는 뜻 외에도 사람의
> '목소리'를 뜻하기도 해요.

그는 유명해.

你很可爱！
Nǐ hěn kě'ài!

너 귀엽다!

김미나

哎呀，我不可爱！
Āiyā, wǒ bù kě'ài!

> 불만이나 아쉬움 따위를
> 나타내는 감탄사예요.

에이, 나 안 귀여워!

왕웨이

可爱哟！
Kě'ài yo!

> 문장 끝에 쓰여 소망이나
> 권유의 느낌을 표현해요.

귀여워!

🎧 **낱말**

听 tīng 듣다 ｜ 声音 shēngyīn 소리, 목소리 ｜ 很 hěn 매우, 아주 ｜ 好听 hǎotīng 듣기 좋다
他 tā 그, 그 사람 ｜ 有名 yǒumíng 유명하다 ｜ 吗 ma ～입니까?(의문) ｜ 你 nǐ 너, 당신
可爱 kě'ài 사랑스럽다, 귀엽다 ｜ 我 wǒ 나, 저 ｜ 不 bù 아니다, ～않다

1단계 긍정   형용사는 단독으로 술어로 쓰여, 혹은 부사어를 추가해서
형용사술어문을 만들어요.

他很有名。   그는 유명해요.
Tā hěn yǒumíng.

我很忙。   나는 바빠요.
Wǒ hěn máng.

2단계 부정   부정부사 不를 형용사 앞에 놓아 부정문을 만들어요. (很은 생략)

他不有名。   그는 유명하지 않아요.
Tā bù yǒumíng.

我不忙。   나는 바쁘지 않아요.
Wǒ bù máng.

3단계 의문   문장 끝에 吗를 써서 의문문을 만들어요.

他有名吗?   그는 유명한가요?
Tā yǒumíng ma?

你忙吗?   당신은 바쁜가요?
Nǐ máng ma?

① 나는 배고파요.   饿 è 배고프다

___

② 나는 목마르지 않아요.   渴 kě 목마르다

___

③ 그녀는 예쁘지 않아요.   漂亮 piàoliang 아름답다

___

④ 당신은 피곤해요?   累 lèi 피곤하다

___

⑤ 그는 바쁜가요?   忙 máng 바쁘다

___

🐌 낱말

很 hěn 매우, 아주 | 不 bù 아니다, ~ 않다 | 吗 ma ~입니까?(의문)

🏮 정답

① 我很饿。 ② 我不渴。 ③ 她不漂亮。 ④ 你累吗？ ⑤ 他忙吗？

형용사로 말하기 2

형용사

주어	부사어	술어
중국 음식	매우	맛있다
中国菜	**很**	**好吃。**
Zhōngguó cài	hěn	hǎochī.

형용사를 꾸미는 부사

- 很hěn(매우)과 같이 술어 앞에서 상태의 정도를 나타내는 역할을 하는 낱말이 '정도부사'입니다. 자주 쓰는 정도부사에는 非常fēicháng(굉장히), 最zuì(가장) 등이 있습니다.

- 很hěn은 습관적으로 사용하는 경우가 많지만, 강하게 발음하면 '매우'의 의미를 나타냅니다.

- 정도를 수식하기 위해 문장 끝에 的de를 쓰기도 합니다.

장 리

都是我自己做的。 '모두', '전부'라는 뜻이에요.
Dōu shì wǒ zìjǐ zuò de.

다 내가 만든 거야.

김미나

嗯。
Ňg.

네.

장 리

美娜，好吃吗? 好는 동사와 결합해 '만족할 만큼 좋음'을 나타내요.
Měinà, hǎochī ma?

미나야, 맛있어?

김미나

嗯，好吃！
Ňg, hǎochī!

네, 맛있어요!

장 리

多么好吃? '얼마나', '어느 정도'라는 의문사예요.
Duōme hǎochī?

얼마나 맛있어?

김미나

非常好吃！
Fēicháng hǎochī!

굉장히 맛있어요!

장 리

哦，这个呢?
Ò, zhè ge ne?

참, 이거는?

김미나

嗯，这个最好吃！
Ňg, zhè ge zuì hǎochī!

오, 이게 제일 맛있어요!

🐟 **낱말**

都 dōu 모두, 다 ｜ 是 shì 그렇다, ~이다 ｜ 自己 zìjǐ 자기, 자신 ｜ 做 zuò (~을) 하다, 만들다
的 de ~의 ｜ 嗯 ňg 응(긍정), ňg 오(감탄) ｜ 好吃 hǎochī 맛있다 ｜ 多么 duōme 얼마나
非常 fēicháng 매우, 아주 ｜ 这 zhè 이, 이것 ｜ 个 ge 개, 명(물건, 사람의 수를 세는 단위)
呢 ne ~은?(되물음) ｜ 最 zuì 가장, 제일

很 정도부사 很을 형용사 앞에 놓아 형용사술어문을 만들어요.

中国菜很好吃。
Zhōngguó cài hěn hǎochī.
중국 음식은 (매우) 맛있어요.

今天很热。
Jīntiān hěn rè.
오늘은 (매우) 더워요.

非常 정도부사 非常을 형용사 앞에 놓아 정도가 심함을 표현해요.

中国菜非常好吃。
Zhōngguó cài fēicháng hǎochī.
중국 음식은 굉장히 맛있어요.

今天非常热。
Jīntiān fēicháng rè.
오늘은 굉장히 더워요.

最 정도부사 最를 형용사 앞에 놓아 정도가 가장 심함을 표현해요.

中国菜最好吃。
Zhōngguó cài zuì hǎochī.
중국 음식이 제일 맛있어요.

今天最热。
Jīntiān zuì rè.
오늘이 제일 더워요.

① 이 영화는 정말 대단해요.   很 hěn 매우

___

② 그는 제일 키가 커요.   最 zuì 가장, 최고

___

③ 기분이 아주 좋아요.   非常 fēicháng 매우

___

④ 콜라는 너무 달아요.   太…了 tài…le 너무 ~하다

___

⑤ 학생은 그리 많지 않아요.   不太 bú tài 너무 ~ 않다

___

낱말

部 bù 편(영화를 세는 단위) │ 电影 diànyǐng 영화 │ 棒 bàng 대단하다, 멋있다 │ 高 gāo 높다, (키가) 크다
感觉 gǎnjué 감각, 느낌 │ 可乐 kělè 콜라 │ 甜 tián 달다 │ 学生 xuésheng 학생 │ 多 duō 많다

정답

① 这部电影很棒。   ② 他最高。   ③ 感觉非常好。   ④ 可乐太甜了。   ⑤ 学生不太多。

동사로 말하기 1

동사

주어	술어	목적어
나	마시다	술
我	喝	酒。
Wǒ	hē	jiǔ.

술어로 쓰이는 동사

● 중국어는 '주어 + 술어 + 목적어' 순으로 말합니다.

● 이 구조는 중국어의 기본 어순으로, 한국어의 기본 어순인
'주어 + 목적어 + 술어'와 다르니 이를 이해하면 중국어 공부가
아주 쉽습니다.

● 동사술어 뒤에 목적어가 없는 문장도 많아요.

장 리

你喝酒吗?
Nǐ hē jiǔ ma?

너 술 마시니?

김미나

我不喝酒。
Wǒ bù hē jiǔ.

저는 술 안 마셔요.

> 접속사로 쓰여 '그러면',
> '그렇다면'을 뜻해요.

장 리

那，可乐怎么样?
Nà, kělè zěnmeyàng?

> '콜라(cola)'를 한자로
> 음역한 외래어예요.

그럼, 콜라는 어때?

김미나

我喝啤酒吧！
Wǒ hē píjiǔ ba!

저 맥주 마실게요!

PLUS 　吧의 다양한 쓰임

吧는 문장 끝에 쓰여서 다양한 어감을 나타내요.

- 명령문에서 바람, 재촉의 어감을 나타냄.

我们走吧！
Wǒmen zǒu ba!

우리 가자!

- 의문문에서 추측, 반신반의의 어감을 나타냄.

今天星期日吧?
Jīntiān xīngqīrì ba?

오늘 일요일이지?

- 확인의 어감을 나타냄.

午餐大概准备好了吧。
Wǔcān dàgài zhǔnbèi hǎo le ba.

점심 준비는 거의 다 됐다.

 낱말

喝 hē 마시다 ┃ 酒 jiǔ 술 ┃ 那 nà 저, 저것, 그러면 ┃ 可乐 kělè 콜라 ┃ 怎么样 zěnmeyàng 어떻게
啤酒 píjiǔ 맥주

1단계 긍정 동사를 술어로 사용해 동사술어문을 만들어요.

我喝酒。

Wǒ hē jiǔ.

나는 술을 마셔요.

张丽做菜。

Zhāng Lì zuò cài.

장리는 요리를 해요.

2단계 부정 부정부사 不를 동사술어 앞에 놓아 부정문을 만들어요.

我不喝酒。

Wǒ bù hē jiǔ.

나는 술을 마시지 않아요.

张丽不做菜。

Zhāng Lì bú zuò cài.

장리는 요리를 하지 않아요.

3단계 의문 문장 끝에 吗를 써서 의문문을 만들어요.

你喝酒吗?

Nǐ hē jiǔ ma?

당신은 술을 마시나요?

张丽做菜吗?

Zhāng Lì zuò cài ma?

장리는 요리를 하나요?

93

1 아이가 책을 봐요.

看 kàn 보다 ｜ 书 shū 책

---

2 그는 음악을 들어요.

听 tīng 듣다 ｜ 音乐 yīnyuè 음악

---

3 저는 그 사람을 몰라요.

认识 rènshi 알다 ｜ 他 tā 그

---

4 그는 방 청소를 안 해요.

打扫 dǎsǎo 청소하다 ｜ 房间 fángjiān 방

---

5 너 숙제하니?

做 zuò 하다 ｜ 作业 zuòyè 숙제

🐾 **낱말**

孩子 háizi 아이

🏛 **정답**

① 孩子看书。　② 他听音乐。　③ 我不认识他。　④ 他不打扫房间。　⑤ 你做作业吗?

동사로 말하기 2

주어	喜欢	목적어
그	좋아하다	중국 영화를 보다
他	**喜欢**	**看中国电影。**
Tā	xǐhuan	kàn Zhōngguó diànyǐng.

문장/구

동사 喜欢

- 喜欢xǐhuan은 '~을 좋아하다'라는 뜻을 가진 단어로, 좋아하는 사물이나 행동을 표현할 때 사용합니다.

- 喜欢xǐhuan은 동사술어문을 만들기 때문에, 뒤에는 좋아하는 것과 관련된 '목적어'를 말해야 합니다. 구체적인 행동을 나타내는 동사구가 오기도 합니다.

- 부정문은 不bù를 喜欢xǐhuan 앞에 써서 만듭니다.

김미나

喂?
Wéi?

사람을 부르는 소리인데, 전화 통화할 때는 '여보세요'라는 뜻이에요.

여보세요?

왕웨이

喂? 美娜，你忙吗?
Wéi? Měinà, nǐ máng ma?

여보세요?
미나야, 바빠?

김미나

不忙，我看中国电视剧呢，很好看。
Bù máng, wǒ kàn Zhōngguó diànshìjù ne, hěn hǎokàn.

안 바빠, 나 중국 드라마
보고 있는데, 재밌어.

你喜欢看电视剧吗?
Nǐ xǐhuan kàn diànshìjù ma?

만족할 만큼 '보기 좋다',
'재미있다'는 뜻이에요.

드라마
보는 거 좋아해?

왕웨이

我不喜欢看电视剧，太长了。
Wǒ bù xǐhuan kàn diànshìjù, tài cháng le.

난 드라마 보는 거 안 좋아해.
너무 길어.

我喜欢看电影。
Wǒ xǐhuan kàn diànyǐng.

'너무 ~하다'는 뜻으로,
불만의 느낌을 표현해요.

난 영화 보는 거 좋아해.

김미나

那我们今天一起看电影?
Nà wǒmen jīntiān yìqǐ kàn diànyǐng?

그럼 우리 오늘 같이 영화 볼래?

왕웨이

好吧！
Hǎo ba!

좋아!

김미나

好，那一会儿见！
Hǎo, nà yíhuìr jiàn!

짧은 시간 안에 다시
보자는 인사예요.

응, 그럼 이따 봐!

🔖 **낱말**

喂 wéi 여보세요 ｜ 忙 máng 바쁘다 ｜ 看 kàn 보다 ｜ 中国 Zhōngguó 중국
电视剧 diànshìjù 텔레비전 드라마 ｜ 好看 hǎokàn 보기 좋다, 재미있다 ｜ 喜欢 xǐhuan 좋아하다
太…了 tài…le 너무 ~하다 ｜ 长 cháng 길다 ｜ 电影 diànyǐng 영화 ｜ 我们 wǒmen 우리(들)
今天 jīntiān 오늘 ｜ 一起 yìqǐ 함께, 한데 ｜ 好 hǎo 좋다 ｜ 一会儿 yíhuìr 잠시, 잠깐 동안
见 jiàn 보(이)다

1단계 긍정 동사 喜欢은 단어, 구, 문장을 목적어로 가지는 문장을 만들어요.

他喜欢看中国电影。 그는 중국 영화 보는 것을 좋아해요.
Tā xǐhuan kàn Zhōngguó diànyǐng.

王伟喜欢唱歌。 왕웨이는 노래 부르는 것을 좋아해요.
Wáng Wěi xǐhuan chàng gē.

2단계 부정 부정부사 不를 동사 喜欢 앞에 놓아 부정문을 만들어요.

他不喜欢看中国电影。
Tā bù xǐhuan kàn Zhōngguó diànyǐng.

그는 중국 영화 보는 것을 좋아하지 않아요.

王伟不喜欢唱歌。
Wáng Wěi bù xǐhuan chàng gē.

왕웨이는 노래 부르는 것을 좋아하지 않아요.

3단계 의문 문장 끝에 吗를 써서 의문문을 만들어요.

他喜欢看中国电影吗? 그는 중국 영화 보는 것을 좋아하나요?
Tā xǐhuan kàn Zhōngguó diànyǐng ma?

王伟喜欢唱歌吗? 왕웨이는 노래 부르는 것을 좋아하나요?
Wáng Wěi xǐhuan chàng gē ma?

① 저는 중국 영화를 정말 좋아해요.

中国电影 Zhōngguó diànyǐng 중국 영화

② 저는 엄마의 목소리를 좋아해요.

妈妈的声音 māma de shēngyīn 엄마의 목소리

③ 저는 게임하는 것을 좋아해요.

玩儿游戏 wánr yóuxì 게임을 하다

④ 저는 커피 마시는 것을 좋아하지 않아요.

喝咖啡 hē kāfēi 커피를 마시다

⑤ 당신은 민트초코 먹는 것을 좋아하나요?

吃薄巧 chī bòqiǎo 민트초코를 먹다

낱말

喜欢 xǐhuan 좋아하다 | 非常 fēicháng 아주, 매우 | 妈妈 māma 엄마 | 玩儿 wánr 놀다
游戏 yóuxì 게임, 놀이 | 咖啡 kāfēi 커피 | 吃 chī 먹다 | 薄巧 bòqiǎo 민트초코

정답

① 我非常喜欢中国电影。 ② 我喜欢妈妈的声音。 ③ 我喜欢玩儿游戏。 ④ 我不喜欢喝咖啡。
⑤ 你喜欢吃薄巧吗?

특수 동사로 말하기 1
(是)

술어

주어	是	목적어
이것	~이다	아침 식사
这	**是**	**早餐。**
Zhè	shì	zǎocān.

是 자문

● 是shì는 '~이다'라는 뜻의 동사인데, 영어의 be동사와 쓰임이 비슷해서 이 동사가 쓰인 문장을 특별히 '是shì 자문'이라 부릅니다.

● 부정문은 不bù를 是shì 앞에 놓아, '~은 ~이 아니다'를 표현합니다.

리 쳔

这是早餐吗?
Zhè shì zǎocān ma?

이건 아침(식사)이야?

왕웨이

不是，这是零食。
Bú shì, zhè shì língshí.

식사 이외의 군것질
거리를 말해요.

아니요, 이건 간식이에요.

리 쳔

这是午餐吗?
Zhè shì wǔcān ma?

'아침 겸 점심'은
早午餐zǎowǔcān이라고 해요.

이건 점심(식사)이야?

왕웨이

不是，这是零食。
Bú shì, zhè shì língshí.

아니요, 이건 간식이에요.

리 쳔

这也是零食吗?
Zhè yě shì língshí ma?

'역시나', '마찬가지로'라는 뜻이에요.

이것도 간식이야?

왕웨이

是，这是零食。
Shì, zhè shì língshí.

네, 이건 간식이에요.

是/不是로 간단하게 대답해요.

낱말

早餐 zǎocān 아침 식사 | 不是 bú shì ~이 아니다 | 零食 língshí 간식 | 午餐 wǔcān 점심 식사

1단계 긍정 是는 동사이므로, 동사술어문의 형태로 문장을 만들어요.

这是早餐。
Zhè shì zǎocān.

이것은 아침 식사예요.

我是韩国人。
Wǒ shì Hánguó rén.

나는 한국인이에요.

2단계 부정 부정부사 不를 동사 是 앞에 놓아 부정문을 만들어요.

这不是早餐。
Zhè bú shì zǎocān.

이것은 아침 식사가 아니에요.

我不是韩国人。
Wǒ bú shì Hánguó rén.

나는 한국인이 아니에요.

3단계 의문 문장 끝에 吗를 써서 의문문을 만들어요.

这是早餐吗?
Zhè shì zǎocān ma?

이것은 아침 식사인가요?

你是韩国人吗?
Nǐ shì Hánguó rén ma?

당신은 한국인인가요?

1 이건 잡지예요.   杂志 zázhì 잡지

---

2 그는 가수예요.   歌手 gēshǒu 가수

---

3 이건 진짜가 아니에요.   真的 zhēn de 진짜, 정말

---

4 그건 커피가 아니에요.   咖啡 kāfēi 커피

---

5 이것이 중국어 책인가요?   汉语书 Hànyǔ shū 중국어 책

낱말

是 shì ~이다 | 不是 bú shì ~이 아니다

정답

① 这是杂志。 ② 他是歌手。 ③ 这不是真的。 ④ 那不是咖啡。 ⑤ 这是汉语书吗?

특수 동사로 말하기 2 (有)

주어	有 _{술어}	목적어
그녀	(~이) 있다	남자친구
她	**有**	**男朋友。**
Tā	yǒu	nán péngyou.

有 자문

● 有yǒu는 소유를 나타내는 동사로, '(~이) 있다'라는 뜻이 있습니다.

● 그래서 有yǒu 뒤에는 반드시 목적어를 두어, '(목적어)가 있다'라고 표현합니다.

● 이때 주의해야 할 것은 有yǒu의 부정형은 不bù가 아닌 没méi를 사용한다는 것입니다.

린중밍

美娜！
Měinà!

미나야!

김미나

哦! 놀람이나 감탄을 나타내요.
Ò!

어!

린중밍

연인 관계의 남자친구를 말해요.
단순한 이성친구는 男的朋友예요.

李花有男朋友吗？
Lǐ Huā yǒu nán péngyou ma?

리화는
남자친구 있어?

김미나

嗯，怎么了？
Ńg, zěnme le?

음, 왜 그래?

린중밍

자신의 감정과 느낌을
표현할 때 쓰여요.

我觉得她很可爱。
Wǒ juéde tā hěn kě'ài.

난 그녀가 귀여운 것 같아.

김미나

哦……她有男朋友。
Ó……tā yǒu nán péngyou.

오…… 그녀는 남자친구가 있어.

丽丽没有男朋友，丽丽怎么样？
Lìli méiyǒu nán péngyou, Lìli zěnmeyàng?

리리는 남자친구가 없는데, 리리 어때?

린중밍

啊……李花有男朋友……
Á……Lǐ Huā yǒu nán péngyou……

아…… 리화는 남자친구가 있구나……

丽丽……算了……
Lìli……suàn le……

'그만두자'라는 뜻으로,
더 이상 상황이 진행되지
않길 바랄 때 사용해요.

리리는…… 괜찮아……

낱말

哦 ò 어(놀람), ó 오(이해) ｜ 有 yǒu (~이) 있다 ｜ 男朋友 nán péngyou 남자친구 ｜ 怎么 zěnme 어떻게
觉得 juéde ~라고 느끼다 ｜ 没有 méiyǒu (~이) 없다 ｜ 怎么样 zěnmeyàng 어떠하다
算了 suàn le 그만두다

1단계 긍정 有는 동사이므로, 동사술어문의 형태로 문장을 만들어요.

她有男朋友。
Tā yǒu nán péngyou.

그녀는 남자친구가 있어요.

我有妹妹。
Wǒ yǒu mèimei.

나는 여동생이 있어요.

2단계 부정 부정부사 没를 동사 有 앞에 놓아 부정문을 만들어요.

她没有男朋友。
Tā méiyǒu nán péngyou.

그녀는 남자친구가 없어요.

我没有妹妹。
Wǒ méiyǒu mèimei.

나는 여동생이 없어요.

3단계 의문 문장 끝에 吗를 써서 의문문을 만들어요.

她有男朋友吗？
Tā yǒu nán péngyou ma?

그녀는 남자친구가 있나요?

你有妹妹吗？
Nǐ yǒu mèimei ma?

당신은 여동생이 있나요?

① 그는 최신 컴퓨터가 있어요.　　　　**最新电脑** zuìxīn diànnǎo 최신 컴퓨터

_____

② 저는 돈이 없어요.　　　　　　　　　　　　**钱** qián 돈

_____

③ 저는 오늘 수업이 없어요.　　　　　　　　**课** kè 수업

_____

④ 당신 시간 있나요?　　　　　　　　　　　**时间** shíjiān 시간

_____

⑤ 그녀는 아이가 있나요?　　　　　　　　**孩子** háizi 아이

_____

🌰 **낱말**

有 yǒu (~이) 있다 ┃ 没有 méiyǒu (~이) 없다 ┃ **最新** zuìxīn 최신의 ┃ **电脑** diànnǎo 컴퓨터
今天 jīntiān 오늘

📦 **정답**

① 他有最新电脑。　② 我没有钱。　③ 我今天没有课。/今天我没有课。
④ 你有时间吗?　⑤ 她有孩子吗?

시간 말하기

시간명사

주어

술어

지금

3시(이다)

现在
Xiànzài

三点。
sān diǎn.

명사술어문(시간)

- 명사술어문이란 술어의 주요 성분이 명사(구)로 이루어진 문장을 뜻해요.

- 시간, 날짜, 나이 등은 주로 동사 是shì 없이 술어로 쓰이지요. 원래 동사 是shì를 생략하고 표현하는 것이므로, 부정문에서는 不是bú shì를 써야 합니다.

- 시간 표현에서는 우리말처럼 '시'를 뜻하는 点diǎn과 '분'을 뜻하는 分fēn으로 말합니다.

- 이외에도 '반'을 뜻하는 半bàn과 15분 단위를 표현하는 刻kè도 자주 사용합니다.

왕웨이

这个好好玩儿啊！
Zhè ge hǎo hǎowánr a!

이거 정말 재미있다!

김미나

啊，现在几点？
À, xiànzài jǐ diǎn?

원인을 물어보거나 상황을
파악할 때 사용해요.

참, 지금 몇 시지?

왕웨이

现在三点二十分，怎么了？
Xiànzài sān diǎn èrshí fēn, zěnme le?

지금 3시 20분인데, 왜 그래?

김미나

我三点半有考试！
Wǒ sān diǎn bàn yǒu kǎoshì!

한 시간의 절반이니까,
三十分으로 말해도 돼요.

나 3시 반에 시험이 있어!

왕웨이

啊，你几点结束？
À, nǐ jǐ diǎn jiéshù?

아, 몇 시에 끝나?

김미나

四点半！
Sì diǎn bàn!

4시 반!

왕웨이

哎，美娜！美娜！
Āi, Měinà! Měinà!

어, 미나야! 미나야!

PLUS
시간 묻고 답하기

Ⓐ **你几点起床？**
Nǐ jǐ diǎn qǐ chuáng?

당신은 몇 시에 일어나나요?

Ⓑ **我八点起床。**
Wǒ bā diǎn qǐ chuáng.

나는 8시에 일어나요.

Ⓐ **你几点睡觉？**
Nǐ jǐ diǎn shuì jiào?

당신은 몇 시에 자나요?

Ⓑ **我十一点睡觉。**
Wǒ shíyī diǎn shuì jiào.

나는 11시에 자요.

🔔 **낱말**

好玩儿 hǎowánr 재미있다 | 现在 xiànzài 지금, 이제 | 几 jǐ 몇(10 이하의 수를 물을 때)
点 diǎn (시간의) 시 | 分 fēn (시간의) 분 | 半 bàn 절반 | 考试 kǎoshì 시험(을 치다) | 结束 jiéshù 마치다

1단계 긍정 시간명사(구)는 동사 없이 스스로 술어로 역할하여 문장을 만들어요.

现在三点。
Xiànzài sān diǎn.

지금은 3시예요.

2단계 부정 不是를 시간명사(구) 앞에 놓아 부정문을 만들어요.

现在不是三点。
Xiànzài bú shì sān diǎn.

지금은 3시가 아니에요.

3단계 의문 문장 끝에 吗를 써서 의문문을 만들어요.

现在(是)三点吗?
Xiànzài (shì) sān diǎn ma?

지금 3시인가요?

PLUS 시간 표현

3:05	三点五分 sān diǎn wǔ fēn	3시 5분	三点零五(分) sān diǎn líng wǔ (fēn)	3시 05분
3:15	三点十五(分) sān diǎn shíwǔ (fēn)	3시 15분	三点一刻 sān diǎn yí kè	3시 15분
3:30	三点三十(分) sān diǎn sānshí (fēn)	3시 30분	三点半 sān diǎn bàn	3시 반
3:45	三点四十五(分) sān diǎn sìshí wǔ (fēn)	3시 45분	三点三刻 sān diǎn sān kè	3시 45분
3:55	三点五十五(分) sān diǎn wǔshí wǔ (fēn)	3시 55분	差五分四点 chà wǔ fēn sì diǎn	4시 5분 전

❶ 지금은 5시 15분이에요.　　　　　　　五点 wǔ diǎn 5시 ｜ 一刻 yí kè 15분

_____

❷ 지금은 4시 15분 전이에요.　　　差一刻 chà yí kè 15분 전 ｜ 四点 sì diǎn 4시

_____

❸ 지금 몇 시예요?　　　　　　　　　　　　　　几点 jǐ diǎn 몇 시

_____

❹ 우리 12시에 점심 먹자.　　　　　　　　十二点 shí'èr diǎn 12시

_____

❺ 회의는 10시 반에 끝나요.　　　　十点 shí diǎn 10시 ｜ 半 bàn 30분, 절반

_____

🕐 낱말

一刻 yí kè 1/4(시간에서는 60분의 1/4인 15분을 나타냄) ｜ 差 chà 모자라다 ｜ 午饭 wǔfàn 점심 (식사)
会议 huìyì 회의 ｜ 结束 jiéshù 마치다

🏠 정답

① 现在五点一刻。 ② 现在差一刻四点。 ③ 现在几点? ④ 我们十二点吃午饭吧。
⑤ 会议十点半结束。

명사 꾸며 말하기 1 (的)

주어	술어	명사/대사	的	명사/대사
이것	~이다	나	~의	지갑
这	是	我	的	钱包。
Zhè	shì	wǒ	de	qiánbāo.

조사 的1

- 的de는 '~의'라는 뜻으로 낱말 사이를 이어 소유나 관계를 나타낼 때 자주 사용합니다. 가족, 친구 등의 관계를 나타낼 때는 的de를 생략하기도 해요.

- 的de 구문은 是shì 자문에서 자주 사용합니다.

- 是shì의 부정형은 不是bú shì로 표현합니다.

哎！这是你的钱包吗？
Āi! Zhè shì nǐ de qiánbāo ma?

의외의 상황이나 불만을 표현하는 감탄사예요.

어! 이거 당신 지갑이에요?

是，谢谢，谢谢！
Shì, xièxie, xièxie!

네, 고마워요, 고마워!

不客气。
Bú kèqi.

아닙니다.

你是美娜的同学吧！
Nǐ shì Měinà de tóngxué ba!

여기에서는 추측의 의미로 쓰였어요.

미나의 학교 친구죠!

对。我是她同学。
Duì. Wǒ shì tā tóngxué.

맞아요. 저는 그녀의 학교 친구예요.

这么巧！真谢谢你！
Zhème qiǎo! Zhēn xièxie nǐ!

'공교롭다'라는 말로 这么와 결합해 굉장한 우연임을 표현하고 있어요.

이런 우연이! 정말 고마워요!

没事。没事。
Méishì. Méishì.

아닙니다. 아닙니다.

낱말

的 de ~의 ｜ 钱包 qiánbāo 지갑 ｜ 同学 tóngxué 동창, 학교 친구 ｜ 对 duì 맞다, 옳다
这么 zhème 이러한, 이렇게 ｜ 巧 qiǎo 공교롭다 ｜ 真 zhēn 정말로, 진짜로
没事 méishì 일이 없다, 괜찮다

1단계 긍정 동사 是 술어문에서 的가 들어간 관형어구가 목적어로 쓰였어요.

这是我的钱包。
Zhè shì wǒ de qiánbāo.

이것은 나의 지갑이에요.

他是我的同学。
Tā shì wǒ de tóngxué.

그는 나의 학교 친구예요.

2단계 부정 부정부사 不를 동사 是 앞에 놓아 부정문을 만들어요.

这不是我的钱包。
Zhè bú shì wǒ de qiánbāo.

이것은 나의 지갑이 아니에요.

他不是我的同学。
Tā bú shì wǒ de tóngxué.

그는 나의 학교 친구가 아니에요.

3단계 의문 문장 끝에 吗를 써서 의문문을 만들어요.

这是你的钱包吗?
Zhè shì nǐ de qiánbāo ma?

이것은 당신의 지갑인가요?

他是你的同学吗?
Tā shì nǐ de tóngxué ma?

그는 당신의 학교 친구인가요?

① 그는 나의 친구예요.   我 wǒ 나 | 朋友 péngyou 친구

---

② 이것은 당신의 옷이에요?   你 nǐ 너 | 衣服 yīfu 옷

---

③ 그것이 그의 장점이에요.   他 tā 그 | 长处 chángchù 장점

---

④ 그의 목소리는 정말 커요.   他 tā 그 | 声音 shēngyīn 목소리

---

⑤ 나의 신발이 어떤가요?   我 wǒ 나 | 鞋子 xiézi 신발

낱말

的 de ~의 | 是 shì ~이다 | 非常 fēicháng 아주, 매우 | 大 dà 크다 | 鞋子 xiézi 신발
怎么样 zěnmeyàng 어떠하다, 어떻다

정답

① 他是我(的)朋友。   ② 这是你的衣服吗?   ③ 那是他的长处。   ④ 他的声音非常大。
⑤ 我的鞋子怎么样?

날짜 말하기

날짜(명사)

주어

술어

오늘

今天

Jīntiān

5월 2일(이다)

五月二号。

wǔ yuè èr hào.

명사술어문(날짜)

● 시간, 날짜, 나이 등은 주로 동사 是shì 없이 명사술어문으로 표현해요.

● 날짜를 표현할 때는 우리말처럼 '월'을 뜻하는 月yuè와 '일'을 뜻하는 日rì로 말합니다. 하지만 일상에서 대화할 때는 日rì 대신 号hào를 씁니다.

● 시간 표현과 마찬가지로, 일반적으로는 是shì를 생략해서 표현하지만, 부정문일 때는 不是bú shì로 표현해야 합니다.

왕웨이

诶，美娜!
Êi, Měinà!

어, 미나야!

김미나

嗯。
Ňg.

응.

왕웨이

生日快乐！
Shēngrì kuàilè!

'즐겁다'라는 말로, 生日快乐는 영어의
happy birthday를 그대로 옮긴 표현이에요.

생일 축하해!

김미나

嗯？今天是我的生日吗？
Ňg? Jīntiān shì wǒ de shēngrì ma?

'나의'라는 뜻으로, 的는 뒤의
명사를 꾸며주는 역할을 해요.

응?
오늘이 내 생일이야?

왕웨이

不是吗？
Bú shì ma?

아니야?

김미나

今天几月几号？
Jīntiān jǐ yuè jǐ hào?

요일을 물을 때는
星期几 xīngqī jǐ로
표현해요.

오늘이 몇 월 며칠인데?

왕웨이

今天……今天五月二号。
Jīntiān……jīntiān wǔ yuè èr hào.

오늘은…… 오늘은 5월 2일.

김미나

我的生日是十一月二号。
Wǒ de shēngrì shì shíyī yuè èr hào.

내 생일은 11월 2일이야.

PLUS 날짜 표현

昨天 zuótiān
어제

今天 jīntiān
오늘

明天 míngtiān
내일

上个星期 shàng ge xīngqī
지난주

这个星期 zhè ge xīngqī
이번 주

下个星期 xià ge xīngqī
다음 주

上个月 shàng ge yuè
지난달

这个月 zhè ge yuè
이번 달

下个月 xià ge yuè
다음 달

🔊 **낱말**

生日快乐 shēngrì kuàilè 생일 축하합니다 | 生日 shēngrì 생일 | 月 yuè 달, 월 | 号 hào 일, 번호

1단계 긍정 날짜와 요일은 동사 없이 스스로 술어로 역할하여 문장을 만들어요.

今天五月二号。
Jīntiān wǔ yuè èr hào.

오늘은 5월 2일이에요.

今天星期二。
Jīntiān xīngqī'èr.

오늘은 화요일이에요.

2단계 부정 不是를 날짜/요일 표현 앞에 놓아 부정문을 만들어요.

今天不是五月二号。
Jīntiān bú shì wǔ yuè èr hào.

오늘은 5월 2일이 아니에요.

今天不是星期二。
Jīntiān bú shì xīngqī'èr.

오늘은 화요일이 아니에요.

3단계 의문 문장 끝에 吗를 써서 의문문을 만들어요.

今天(是)五月二号吗?
Jīntiān (shì) wǔ yuè èr hào ma?

오늘은 5월 2일인가요?

今天(是)星期二吗?
Jīntiān (shì) xīngqī'èr ma?

오늘은 화요일인가요?

PLUS **요일 표현** '星期 + 숫자'로 표현해요.

星期一	星期二	星期三	星期四	星期五	星期六	星期天
xīngqīyī	xīngqī'èr	xīngqīsān	xīngqīsì	xīngqīwǔ	xīngqīliù	xīngqītiān
월요일	화요일	수요일	목요일	금요일	토요일	일요일

① 오늘은 7월 10일이에요.　　　七月十号 qī yuè shí hào 7월 10일

② 내일은 7월 10일이 아니에요.　　七月十号 qī yuè shí hào 7월 10일

③ 내일은 내 생일이 아니에요.　　　生日 shēngrì 생일

④ 내일은 무슨 요일이죠?　　　星期几 xīngqī jǐ 무슨 요일

⑤ 모레는 수요일인가요?　　　星期三 xīngqīsān 수요일

🍊 **낱말**

今天 jīntiān 오늘 ｜ 明天 míngtiān 내일 ｜ 后天 hòutiān 모레

🏯 **정답**

① 今天七月十号。　② 明天不是七月十号。　③ 明天不是我(的)生日。　④ 明天星期几?
⑤ 后天(是)星期三吗?

有点儿/一点儿로 말하기

형용사

주어	부사어	有点(儿)	술어
나는	지금	조금	배고프다
我	现在	有点儿	饿。
Wǒ	xiànzài	yǒudiǎnr	è.

有点儿과 一点儿

● 有点儿 yǒudiǎnr 은 '다소', '조금'이라는 뜻의 부사입니다. 그래서 형용사 앞에 쓰여 다소 부정적이거나 불만족스러운 상태를 표현합니다.

● 一点儿 yìdiǎnr 은 형용사 뒤에서 쓰여 '조금', '약간'을 뜻하는데, 有点儿 yǒudiǎnr 과 달리 불만의 느낌이 없답니다.

● 有点儿 yǒudiǎnr 앞에 시간부사어를 넣어 상세히 설명하기도 해요.

회화 익히기 대화문을 통해 오늘의 학습 내용을 배워볼까요?

김미나

张丽，我现在有点儿饿。
Zhāng Lì, wǒ xiànzài yǒudiǎnr è.

장리 씨, 저 지금 좀 배고파요.

이탈리아식 면,
스파게티를 말해요.

장리

我们去吃意大利面怎么样？
Wǒmen qù chī Yìdàlì miàn zěnmeyàng?

우리 파스타
먹으러 가는 거 어때?

김미나

好啊，这儿有意大利餐厅吗？
Hǎo a, zhèr yǒu Yìdàlì cāntīng ma?

좋아요,
여기에 이탈리아 레스토랑이 있나요?

장리

有是有，但是有点贵、有点远。
Yǒu shì yǒu, dànshì yǒudiǎn guì, yǒudiǎn yuǎn.

있긴 있는데, 좀 비싸고, 좀 멀어.

김미나

那不行，吃便宜点儿的吧！
Nà bù xíng, chī piányi diǎnr de ba!

그럼 안 되죠, 싼 걸로 먹어요!

piányi로 발음하면 '싸다'라는 뜻이고,
biànyí로 발음하면 '편리하다'라는 뜻이에요.

장리

好吧。
Hǎo ba.

그러자.

PLUS ~하기는 한데~

是를 사용해서 양보의 의미를 내포하는 문장, 즉 '~하긴 한데, 그런데 ~하다'라는 문장을 만들 수 있어요. 다음 문장에는 可是나 但是를 넣어 앞의 내용과 상황상 반대되는 내용을 말합니다.

- 便宜是便宜，可是质量不好。   싸긴 싼데, (그런데) 질이 안 좋아요.
  Piányi shì piányi, kěshì zhìliàng bù hǎo.

🎵 낱말

有点儿 yǒudiǎnr 조금, 약간 ㅣ 饿 è 배고프다 ㅣ 去 qù 가다 ㅣ 吃 chī 먹다
意大利面 Yìdàlì miàn 스파게티, 파스타 ㅣ 餐厅 cāntīng 음식점 ㅣ 但是 dànshì 그러나
贵 guì (값이) 비싸다 ㅣ 远 yuǎn (거리가) 멀다 ㅣ 不行 bù xíng 안 된다 ㅣ 便宜 piányi (값이) 싸다

有点儿 有点(儿)을 형용사술어 앞에 놓아 불만의 어감이 있는 문장을 만들어요.

我现在有点儿饿。
Wǒ xiànzài yǒudiǎnr è.

나는 지금 조금 배고파요.

那家餐厅有点儿远。
Nà jiā cāntīng yǒudiǎnr yuǎn.

그 식당은 조금 멀어요.

这件衣服有点儿大。
Zhè jiàn yīfu yǒudiǎnr dà.

이 옷은 조금 커요.

这道菜有点儿咸。
Zhè dào cài yǒudiǎnr xián.

이 음식은 조금 짜요.

一点儿 술어 뒤에 (一)点儿을 놓아 '약간'의 뜻이 담긴 문장을 만들어요.

这儿有便宜点儿的意大利面吗?
Zhèr yǒu piányi diǎnr de Yìdàlì miàn ma?

여기에 조금 저렴한 파스타가 있나요?

这儿有亮一点儿的颜色吗?
Zhèr yǒu liàng yìdiǎnr de yánsè ma?

여기에 조금 더 밝은 색상이 있나요?

① 오늘은 좀 덥네요. (불만)   热 rè 덥다, 뜨겁다

---

② 저 좀 무서워요. (불만)   害怕 hàipà 무섭다, 두렵다

---

③ 당신은 좀 피곤한가요? (불만)   累 lèi 피곤하다

---

④ 집이 좀 작아요.   小 xiǎo 작다

---

⑤ 여기에 좀 저렴한 옷이 있나요?   便宜 piányi (값이) 싸다

낱말

有点儿 yǒudiǎnr 조금, 약간 | 一点儿 yìdiǎnr 조금, 약간 | 今天 jīntiān 오늘 | 房子 fángzi 집, 건물
衣服 yīfu 옷

정답

① 今天有点儿热。　② 我有点儿害怕。　③ 你有点儿累吗?　④ 房子小一点儿。/ 房子有点儿小。
⑤ 这儿有便宜一点儿的衣服吗?

명사 꾸며 말하기 2 (的)

| 주어 | 是 | 동사(구) | 的 | 명사/대사 |

이것	~이다	내가 사다	~한	옷
这	**是**	**我买**	**的**	**衣服。**
Zhè	shì	wǒ mǎi	de	yīfu.

조사 的 2

- 동사(구)나 형용사 뒤에 的de를 사용하면, 이것이 뒤 낱말을 꾸미는 관형어로 역할을 합니다. 즉 '(~)한 (~)'이라는 구문을 만듭니다.

- 21과에서 배운 的de가 단순한 소유격으로 쓰였다면, 본문에서는 동사(구)나 형용사가 명사를 수식하는 관형격 구문으로 사용됐습니다.

美娜!
Měinà!

미나야!

啊，张丽！
À, Zhāng Lì!

아, 장리 씨!

상대방의 의견을 묻는 의문사예요.

哦，我买了红色的大衣。怎么样?
Ò, wǒ mǎi le hóngsè de dàyī. Zěnmeyàng?

참, 나 빨간색 코트 샀어. 어때?

哇，好漂亮啊！
Wā, hǎo piàoliang a!

'정말 ~하다'라는 감탄의 표현에 사용하는 구문이에요.

와, 정말 이뻐요!

我也买了红色的大衣，是昨天买的。
Wǒ yě mǎi le hóngsè de dàyī, shì zuótiān mǎi de.

저도 빨간색 코트 샀어요, 어제 산 거예요.

你看！
Nǐ kàn!

보세요!

─────(누군가 미나의 옷을 가져간다.)─────

부정의문문은 '~가 아닌가요?'로, 이미 알고 있는 사실을 되물어 보는 표현이에요.

美娜，那不是你的大衣吗?
Měinà, nà bú shì nǐ de dàyī ma?

미나야, 저거 네 코트 아니야?

对。昨天刚买的大衣呀……
Duì. Zuótiān gāng mǎi de dàyī ya……

맞아요. 어제 산 코트……

我漂亮的大衣……拜拜！
Wǒ piàoliang de dàyī……bàibai!

내 예쁜 코트…… 바이바이!

bye-bye를 소리 나는 대로 표현한 것으로, 편하게 널리 사용해요.

🎐 **낱말**

买 mǎi 사다 | 了 le ~했다(완료) | 红色 hóngsè 붉은색 | 大衣 dàyī 외투 | 昨天 zuótiān 어제
刚 gāng 방금

1단계 긍정 수식을 표현하는 구문이 的 앞에서 뒤 낱말을 꾸며줘요.

这是我买的衣服。
Zhè shì wǒ mǎi de yīfu.

이것은 내가 산 옷이에요.

我买漂亮的大衣。
Wǒ mǎi piàoliang de dàyī.

나는 예쁜 외투를 사요.

2단계 부정 부정부사 不를 동사 앞에 놓아 부정문을 만들어요.

这不是我买的衣服。
Zhè bú shì wǒ mǎi de yīfu.

이것은 내가 산 옷이 아니에요.

我不买漂亮的大衣。
Wǒ bù mǎi piàoliang de dàyī.

나는 예쁜 외투를 안 사요.

3단계 의문 문장 끝에 吗를 써서 의문문을 만들어요.

这是你买的衣服吗？
Zhè shì nǐ mǎi de yīfu ma?

이것은 당신이 산 옷인가요?

你买漂亮的大衣吗？
Nǐ mǎi piàoliang de dàyī ma?

당신은 예쁜 외투를 사나요?

1 저는 큰 컴퓨터를 사요.

很大 hěn dà (아주) 큰 ┃ 电脑 diànnǎo 컴퓨터

2 저는 예쁜 양산을 사요.

漂亮 piàoliang 아름다운 ┃ 阳伞 yángsǎn 양산

3 그건 그가 제일 좋아하는 노래예요.

他最爱 tā zuì ài 그가 가장 좋아하는 ┃ 歌 gē 노래(하다)

4 이건 제가 생각한 요구르트가 아니에요.

我想 wǒ xiǎng 내가 생각한 ┃ 酸奶 suānnǎi 요구르트

5 너는 작은 핸드폰을 사고 싶니?　想은 동사 앞에서 쓰여 '~하고 싶다'라는 뜻을 나타내요.

很小 hěn xiǎo (아주) 작은 ┃ 手机 shǒujī 핸드폰

낱말

的 de ~의 ┃ 买 mǎi 사다 ┃ 想 xiǎng ~하고 싶다

정답

① 我买很大的电脑。　② 我买漂亮的阳伞。　③ 那是他最爱的歌。　④ 这不是我想的酸奶。
⑤ 你想买很小的手机吗?

존재 말하기
(在/有)

대상

주어

그

他
Tā

술어

在

(~에) 있다

在
zài

장소

목적어

회사

公司。
gōngsī.

동사 在와 有

● 동사 在zài와 有yǒu는 존재를 나타내는 문장을 만듭니다.

● '~에 있다'는 뜻의 在zài는 '대상 + 在 + 장소'의 형태로 문장을 만들고,
'(~을) 가지고 있다'는 뜻의 有yǒu는 '장소 + 有 + 대상'의 형태로
문장을 만듭니다.

● 在zài의 부정문은 不在bú zài로, 有yǒu의 부정문은 没有méiyǒu로
만듭니다.

리쥔

喂?
Wéi?

여보세요?

왕웨이

喂，你在哪儿?
Wéi, nǐ zài nǎr?

장소를 묻는 의문사로,
在와 자주 함께 쓰여요.

여보세요, 어디세요?

리쥔

我在公司呀，怎么了?
Wǒ zài gōngsī ya, zěnme le?

난 회사지, 왜?

super + market의 뜻을
이용해 만든 낱말이에요.

왕웨이

你公司附近有韩国超市吗?
Nǐ gōngsī fùjìn yǒu Hánguó chāoshì ma?

리쥔 씨 회사 근처에 한국 마트 있어요?

리쥔

嗯，我公司附近有很多韩国超市。
Ňg, wǒ gōngsī fùjìn yǒu hěn duō Hánguó chāoshì.

응, 우리 회사 근처에 한국 마트 많이 있지.

왕웨이

哦，好的，我知道了，谢谢，拜拜！
Ò, hǎo de, wǒ zhīdào le, xièxie, bàibai!

오, 네, 알겠어요, 고마워요. 바이바이!

 낱말

在 zài (~에) 있다 ｜ 哪儿 nǎr 어디, 어느 곳 ｜ 公司 gōngsī 회사 ｜ 附近 fùjìn 부근, 근처
韩国 Hánguó 한국 ｜ 超市 chāoshì 마드, 슈퍼마켓 ｜ 多 duō (수량이) 많다 ｜ 知道 zhīdào 알다

128

1단계 **긍정** 在와 有는 동사로, [대상 + 在 + 장소]와 [장소 + 有 + 대상]의
형태로 문장을 만들어요.

他在公司。

Tā zài gōngsī.

그는 회사에 있어요.

公司附近有超市。

Gōngsī fùjìn yǒu chāoshì.

회사 근처에 마트가 있어요.

2단계 **부정** 在의 부정은 不在로, 有의 부정은 没有로 부정문을 만들어요.

他不在公司。

Tā bú zài gōngsī.

그는 회사에 있지 않아요.

公司附近没有超市。

Gōngsī fùjìn méiyǒu chāoshì.

회사 근처에 마트가 없어요.

3단계 **의문** 문장 끝에 吗를 써서 의문문을 만들어요.

他在公司吗?

Tā zài gōngsī ma?

그는 회사에 있나요?

公司附近有超市吗?

Gōngsī fùjìn yǒu chāoshì ma?

회사 근처에 마트가 있나요?

① 그녀는 학교에 있어요. 学校 xuéxiào 학교

_____

② 그는 집에 없어요. 家 jiā 집

_____

③ 학교 근처에 공원이 있어요. 公园 gōngyuán 공원

_____

④ 학교 안에는 식당이 없어요. 食堂 shítáng (구내) 식당

_____

⑤ 학교 근처에 음식점이 있나요? 餐厅 cāntīng 음식점

_____

낱말

在 zài (~에) 있다 | 有 yǒu (~이) 있다 | 学校附近 xuéxiào fùjìn 학교 부근
学校里 xuéxiào li 학교 안

정답

① 她在学校。 ② 他不在家。 ③ 学校附近有公园。 ④ 学校里没有食堂。
⑤ 学校附近有餐厅吗?

특수 동사로 말하기 3
(이중 목적어 동사)

주어	술어 ↪동사	목적어 1 ↪대상	목적어 2 ↪무엇
왕 선생님	가르치다	우리	중국어
王老师	**教**	**我们**	**汉语。**
Wáng lǎoshī	jiāo	wǒmen	Hànyǔ.

이중 목적어 동사

- 어떤 동사들은 목적어 하나만으로는 부족해서 두 개의 목적어를 사용합니다.

- 대개 问wèn(묻다), 教jiāo(가르치다), 告诉gàosu(알려주다)처럼 상대에게 무엇을 주려는 의미가 포함된 동사들인데, 주려는 '대상'과 주려는 '무엇'이 있어야 의미가 완전해지기 때문입니다.

- 두 개의 목적어는 '~에게 + ~을'의 순서로 놓습니다.

김미나
王伟，我问你一个问题。
Wáng Wěi, wǒ wèn nǐ yí ge wèntí.

왕웨이, 하나 물어보고 싶은 게 있어.

궁금한 것을 물어볼 때
자주 쓰는 표현이에요.

왕웨이
好啊。
Hǎo a.

좋아.

김미나
你教我汉语，好吗?
Nǐ jiāo wǒ Hànyǔ, hǎo ma?

문장 끝에 쓰여 동의를
구하는 표현이에요.

나한테 중국어 가르쳐주는 거,
어때?

왕웨이
我? 我不是汉语老师呢。
Wǒ? Wǒ bú shì Hànyǔ lǎoshī ne.

내가?
나는 중국어 선생님이 아니잖아.

김미나
没关系，你教我口语。
Méi guānxi, nǐ jiāo wǒ kǒuyǔ.

괜찮아, 나한테 회화 가르쳐줘.

왕웨이
不行，我教你谈恋爱吧。
Bù xíng, wǒ jiāo nǐ tán liàn'ài ba.

안돼, 내가 연애하는 거 가르쳐줄게.

谈의 본래 뜻은 '이야기하다'이지만, 恋爱와 결합해 '사귀다',
'연애하다'를 뜻하기도 해요. 직역하면 '사랑을 속삭이다'죠.

PLUS 어때? 어때?

怎么样과 好吗는 모두 '어때?'라는 뜻이지만, 怎么样은 상대의 의견을 묻는 느낌이라면,
好吗는 상대가 동의하길 바라는 어감이 포함되어 있어요.

📝 **낱말**

问 wèn 묻다 | 一个 yí ge 하나 | 问题 wèntí 문제 | 教 jiāo 가르치다 | 汉语 Hànyǔ 중국어
老师 lǎoshī 선생님 | 没关系 méi guānxi 상관없다, 괜찮다 | 口语 kǒuyǔ 회화
谈恋爱 tán liàn'ài 연애하다

1단계 긍정 술어 뒤에 대상과 대상물을 차례로 놓아 이중 목적어 문장을 만들어요.

王老师**教**我们 汉语。
Wáng lǎoshī jiāo wǒmen Hànyǔ.

왕 선생님은 우리에게 중국어를 가르치세요.

他**告诉**我 密码。
Tā gàosu wǒ mìmǎ.

그는 나에게 비밀번호를 알려줘요.

2단계 부정 부정부사 不를 동사술어 앞에 놓아 부정문을 만들어요.

王老师**不**教我们汉语。
Wáng lǎoshī bù jiāo wǒmen Hànyǔ.

왕 선생님은 우리에게 중국어를 가르치지 않으세요.

他**不**告诉我密码。
Tā bú gàosu wǒ mìmǎ.

그는 나에게 비밀번호를 알려주지 않아요.

3단계 의문 문장 끝에 吗를 써서 의문문을 만들어요.

王老师教你们汉语**吗**?
Wáng lǎoshī jiāo nǐmen Hànyǔ ma?

왕 선생님은 당신들에게 중국어를 가르치시나요?

他告诉你密码**吗**?
Tā gàosu nǐ mìmǎ ma?

그가 당신에게 비밀번호를 알려주나요?

① 선생님이 학생에게 문제를 물어요.

问 wèn 묻다 ｜ 学生 xuésheng 학생 ｜ 问题 wèntí 질문, 문제

② 저는 그에게 연필 한 자루를 주어요.

给 gěi (~을) 주다 ｜ 他 tā 그 ｜ 一支铅笔 yì zhī qiānbǐ 연필 한 자루

③ 나는 그에게 책 한 권을 보내주어요.

送 sòng 보내다, 주다 ｜ 他 tā 그 ｜ 一本书 yì běn shū 책 한 권

④ 그는 저에게 당신의 주소를 알려주지 않아요.

告诉 gàosu 말하다 ｜ 我 wǒ 나 ｜ 你的地址 nǐ de dìzhǐ 너의 주소

⑤ 왕 선생님은 우리에게 한국어를 가르쳐요.

教 jiāo 가르치다 ｜ 我们 wǒmen 우리(들) ｜ 韩语 Hányǔ 한국어

낱말

老师 lǎoshī 선생님 ｜ 支 zhī 자루(막대로 된 것을 세는 단위) ｜ 铅笔 qiānbǐ 연필
本 běn 권(책, 공책을 세는 단위) ｜ 书 shū 책 ｜ 地址 dìzhǐ 주소

정답

① 老师问学生问题。　② 我给他一支铅笔。　③ 我送他一本书。　④ 他不告诉我你的地址。
⑤ 王老师教我们韩语。

동사 중첩하기

주어	동사 + 동사	목적어
당신	맛을 좀 보다	내가 만든 요리
你	**尝尝**	**我做的菜。**
Nǐ	chángchang	wǒ zuò de cài.

동사의 중첩

- 중국어에서는 동사를 중첩해서 어감을 부드럽게 표현할 수 있습니다. '~해 보다'와 같은 시도나 '좀 ~하다'라는 가뿐한 어감을 표현하지요.

- 이때 1음절 동사는 AA나 A—A로 말하고, 2음절 동사일 때는 ABAB의 형식으로 표현합니다.

- AA의 두 번째 동사, A—A의 —는 경성으로 읽어요.

회화 익히기 — 대화문을 통해 오늘의 학습 내용을 배워볼까요?

김미나

哇!
Wā!

1음절 동사를 중첩할 때
두 번째 음절은 경성으로 발음해요.

와!

장 리

这是我做的，你尝尝。
Zhè shì wǒ zuò de, nǐ chángchang.

이거 내가 만든 거야, 맛 좀 봐봐.

김미나

嗯，好吃！你也尝尝。
Ňg, hǎochī! Nǐ yě chángchang.

음, 맛있네요! (장리 씨도) 드셔보세요.

장 리

嗯，真不好意思。
Ňg, zhēn bù hǎoyìsi.

'부끄럽다', '난처하다'라는 뜻으로,
가볍게 미안함을 표현할 때도 쓰여요.

어, 정말 미안해.

你先休息休息，我做别的。
Nǐ xiān xiūxi xiūxi, wǒ zuò biéde.

먼저 좀 쉬어, 내가 다른 거 만들게.

不用，不用，我不饿。
Bú yòng, bú yòng, wǒ bú è.

괜찮아요, 괜찮아요, 저 배 안 고파요.

'필요 없다'라는 뜻이지만,
'괜찮아요'라고 가볍게
사양할 때도 널리 쓰여요.

🍐 낱말

尝 cháng 맛보다 ｜ 不好意思 bù hǎoyìsi 실례합니다, 미안합니다 ｜ 先 xiān 먼저, 우선
休息 xiūxi 쉬다, 휴식(하다) ｜ 别的 biéde 나른 것 ｜ 不用 bú yòng ~할 필요가 없다

1음절 AA 1음절 동사는 AA 형태로 써서 부드러운 어감을 표현해요.

你尝尝我做的菜。
Nǐ chángchang wǒ zuò de cài.

(당신) 내가 만든 요리 좀 맛보세요.

你试试这件衣服。
Nǐ shìshi zhè jiàn yīfu.

당신 이 옷 좀 입어봐요.

1음절 A—A 1음절 동사는 A—A 형태로도 표현할 수 있어요.

你听一听这首歌。
Nǐ tīng yi tīng zhè shǒu gē.

(당신) 이 노래 좀 들어보세요.

你写一写这个字。
Nǐ xiě yi xiě zhè ge zì.

당신 이 글자 좀 써봐요.

2음절 ABAB 2음절 동사는 ABAB 형태로 써서 시도나 가뿐한 어감을 표현해요.

你休息休息。
Nǐ xiūxi xiūxi.

당신 좀 쉬어요.

你考虑考虑这个问题。
Nǐ kǎolǜ kǎolǜ zhè ge wèntí.

당신 이 문제 좀 고려해봐요.

① 제가 먼저 좀 볼게요.　　　　　　　　　　**看** kàn 보다

_____

② 너 숙제 좀 하렴.　　　　　　　　　　　**写** xiě 쓰다, 적다

_____

③ 저 좀 쉴게요.　　　　　　　　　　　　**休息** xiūxi 쉬다

_____

④ 당신 집에 돌아가서 복습을 좀 해요.　　　**复习** fùxí 복습하다

_____

⑤ 저에게 좀 소개해 주세요.　　　　　　　　**介绍** jièshào 소개하다

_____

낱말

先 xiān 먼저, 우선 ｜ 作业 zuòyè 숙제 ｜ 吧 ba ～하자(권유) ｜ 要 yào ～해야 하다
回家 huí jiā 집으로 돌아가다 ｜ 请 qǐng 청하다, ～해 주세요 ｜ 给 gěi ～에게, ～을 위해

정답

① 我先看看。　② 你写写作业吧。　③ 我要休息休息。　④ 你回家复习复习吧。
⑤ 请给我介绍介绍。

형용사 중첩하기

주어	부사어	형용사 + 형용사	
나	오늘	기분이 정말 좋다	
我	**今天**	**开开心心**	**的。**
Wǒ	jīntiān	kāikai xīnxīn	de.

형용사의 중첩

- 중국어에서 형용사를 중첩하면 '정도가 심화됨'을 표현하거나 상황을 묘사하는 의미가 강화됩니다.

- 1음절 형용사는 AA로, 2음절은 AABB로 표현합니다. AABB에서 두 번째 글자는 경성으로 읽어요.

- 이때는 중첩된 형용사 뒤에 的de를 쓰기도 하는데, 이는 '(정도가) 매우 ~하다'를 표현하기 위해서입니다.

这是你的。
Zhè shì nǐ de.

이건 네 거야.

哇，谢谢啊！我看看。
Wā, xièxie a! Wǒ kànkan.

동사를 중첩하면 '(한번) 해보다'와
같은 시도의 뜻을 나타내요.

와,
고마워! 좀 볼게.

好。
Hǎo.

2음절 형용사를 중첩할 때
두 번째 음절은 경성으로 발음해요.

그래.

祝你生日快乐，每天都开开心心。
Zhù nǐ shēngrì kuàilè, měitiān dōu kāikai xīnxīn.

생일 축하해, 매일 즐겁기를 바래.

我女朋友每天都漂漂亮亮的，
Wǒ nǚ péngyou měitiān dōu piàopiao liàngliàng de,

내 여자친구는 매일 예뻐서,

我当然每天都开开心心啊。
wǒ dāngrán měitiān dōu kāikai xīnxīn a.

난 당연히 매일 즐겁지.

앞서 말한 것을 모두 포괄해서, '하나도
빠짐없이'라는 뜻을 나타내요.

낱말

每天 měitiān 매일 ┃ 开心 kāixīn 즐겁다 ┃ **女朋友** nǚ péngyou 여자친구 ┃ 当然 dāngrán 당연하다

1음절 **AA** 1음절 형용사는 AA 형태로 써서 강조의 어감을 표현해요.

红红的苹果很好看。
Hónghóng de píngguǒ hěn hǎokàn.

새빨간 사과가 예뻐요.

她的皮肤白白的。
Tā de pífū báibái de.

그녀의 피부는 새하얘요.

2음절 **AABB** 2음절 형용사는 AABB 형태로 써서 강조의 어감을 표현해요.

我今天开开心心的。
Wǒ jīntiān kāikai xīnxīn de.

나는 오늘 기분이 좋아요.

她穿得漂漂亮亮的。
Tā chuān de piàopiao liàngliàng de.

그녀는 예쁘게 입었어요.

他的房间干干净净的。
Tā de fángjiān gāngan jìngjìng de.

그의 방은 깨끗해요.

我喜欢安安静静的地方。
Wǒ xǐhuan ānan jìngjìng de dìfang.

나는 조용한 곳을 좋아해요.

① 그의 머리카락은 매우 길어요.

长长 chángcháng 길다란

---

② 천천히 하면 돼요.

慢慢 mànmàn 느린

---

③ 이 빨간 옷은 정말 예쁘네요.

红红 hónghóng 붉은

---

④ 그녀는 매우 아름다운 눈을 가지고 있어요.

漂漂亮亮 piàopiao liàngliàng 아름다운

---

⑤ 저는 분명히 기억하고 있어요.

清清楚楚 qīngqing chǔchǔ 분명한

낱말

头发 tóufa 머리카락 | 就好了 jiù hǎo le (~하면) 좋겠다, 된다 | 衣服 yīfu 옷
好看 hǎokàn 보기 좋다 | 有 yǒu (~이) 있다 | 眼睛 yǎnjing 눈동자, 눈 | 记得 jìde 기억하고 있다

정답

① 他的头发长长的。 ② 慢慢就好了。 ③ 这件红红的衣服真好看。 ④ 她有漂漂亮亮的眼睛。
⑤ 我记得清清楚楚。

연이은 동작 말하기 1
(일반 연동문)

주어 | 술어 1 | 목적어 1 | 술어 2 | 목적어 2

동사 | 동사

나 | 가다 | 쇼핑몰 | 사다 | 선물

我 | **去** | **商场** | **买** | **礼物。**
Wǒ | qù | shāngchǎng | mǎi | lǐwù.

연동문

- 연동문이란 둘 이상의 동작이 연달아 나오는 문장입니다.
- 대개 A → B와 같은 식으로 동작의 발생 순서대로 동사를 배열합니다.
- 때로는 뒤의 동작을 위해 앞의 동작을 한다는 뜻으로도 쓰여요.

회화 익히기　대화문을 통해 오늘의 학습 내용을 배워볼까요?

MP3
029

왕웨이

诶，李军。
Ēi, Lǐ Jūn.

참, 리쥔 씨.

리 쥔

怎么了?
Zěnme le?

왜 그래?

왕웨이

我明天去商场买礼物，
Wǒ míngtiān qù shāngchǎng mǎi lǐwù,

저 내일 쇼핑몰에 가서 선물을 살 건데,

我们一起去好吗?
wǒmen yìqǐ qù hǎo ma?

우리 같이 가는 거 어때요?

리 쥔

你明天去商场买什么礼物?
Nǐ míngtiān qù shāngchǎng mǎi shénme lǐwù?

너 내일 쇼핑몰에 가서 무슨 선물을 사려고?

周는 星期와 같은 말이에요.
'지난주'는 上周 shàngzhōu.

520은 '너를 사랑해'라는 표현인 我爱你(wǒ ài nǐ)와
음이 비슷해 만들어진 신조어예요.

왕웨이

哎呀，下周是520嘛!
Āiyā, xiàzhōu shì wǔ èr líng ma!

嘛는 뚜렷한 사실을 강조하는 어감을 표현해요.

아이고, 다음 주가 고백 데이(5월 20일)잖아요!

我要去商场买美娜的礼物。
Wǒ yào qù shāngchǎng mǎi Měinà de lǐwù.

쇼핑몰에 가서 미나 선물 사려고요.

리 쥔

好，我不去。
Hǎo, wǒ bú qù.

알겠어, 난 안 가.

왕웨이

婷婷也去啊!
Tíngting yě qù a!

팅팅도 간대요!

리 쥔

明天几点?
Míngtiān jǐ diǎn?

내일 몇 시?

🐾 낱말

明天 míngtiān 내일 ｜ 礼物 lǐwù 선물 ｜ 什么 shénme 무엇, 어떤, 무슨
哎呀 āiyā 놀람을 나타내는 감탄사 ｜ 下周 xiàzhōu 다음 주 ｜ 嘛 ma 뚜렷한 사실을 강조하는 어감
要 yào ～하려 하다

1단계 긍정 동사(+목적어)를 연달아 놓아 연동문을 만들어요.

我去商场买礼物。

Wǒ qù shāngchǎng mǎi lǐwù.

나는 쇼핑몰에 가서 선물을 사요.

美娜坐公交车去学校。

Měinà zuò gōngjiāochē qù xuéxiào.

미나는 버스를 타고 학교에 가요.

2단계 부정 부정부사 不를 첫 번째 동사 앞에 놓아 문장 전체를 부정하는 문장을 만들어요.

我不去商场买礼物。

Wǒ bú qù shāngchǎng mǎi lǐwù.

나는 쇼핑몰에 가서 선물을 사지 않아요.

美娜不坐公交车去学校。

Měinà bú zuò gōngjiāochē qù xuéxiào.

미나는 버스를 타고 학교에 가지 않아요.

3단계 의문 문장 끝에 吗를 써서 의문문을 만들어요.

你去商场买礼物吗?

Nǐ qù shāngchǎng mǎi lǐwù ma?

당신은 쇼핑몰에 가서 선물을 사나요?

美娜坐公交车去学校吗?

Měinà zuò gōngjiāochē qù xuéxiào ma?

미나는 버스를 타고 학교에 가나요?

145

① 저는 병원에 가서 진찰을 받아요.

去 qù 가다 | 看病 kàn bìng 진료를 받다

---

② 우리 짜장면 먹으러 가요.

去 qù 가다 | 吃 chī 먹다

---

③ 저는 도서관에 가서 책을 빌려요.

去 qù 가다 | 借 jiè 빌리다

---

④ 저는 자전거를 타고 등교해요.

骑车 qí chē 자전거를 타다 | 上学 shàng xué 등교하다

---

⑤ 당신은 기차를 타고 베이징에 가나요?

坐 zuò 앉다, (탈것을) 타다 | 去 qù 가다

낱말

医院 yīyuàn 병원 | 炸酱面 zhájiàngmiàn 짜장면 | 吧 ba ~하자(권유) | 图书馆 túshūguǎn 도서관
书 shū 책 | 火车 huǒchē 기차 | 北京 Běijīng 베이징

정답

① 我去医院看病。 ② 我们去吃炸酱面吧。 ③ 我去图书馆借书。 ④ 我骑车上学。
⑤ 你坐火车去北京吗?

연이은 동작 말하기 2
(有 연동문)

술어1

| 주어 | 有 | 목적어 | 술어 2 |

| 나 | 있다 | 물건(무엇) | 먹다 |

我 **有** **东西** **吃。**

Wǒ   yǒu   dōngxi   chī.

연동문의 有

- 연동문 중에는 첫 번째 동사로 有yǒu를 사용해서 '뒤 동작을 위한 ~이 있다'라는 의미를 표현할 수 있습니다.

- 때로는 '~가 구비된 상태라면 (~가 있다면), ~을 하다'라는 뜻을 나타내기도 합니다.

- 부정문은 没有méiyǒu로 표현합니다.

왕웨이

哎！美娜，你觉得有钱就幸福吗?

Āi! Měinà, nǐ juéde yǒu qián jiù xìngfú ma?

참! 미나야, 넌 돈이 있으면 행복하다고 생각해?

김미나

不是，我觉得幸福是有房住、

Bú shì, wǒ juéde xìngfú shì yǒu fáng zhù、

아니, 내 생각에 행복은 살 집이 있고,

有东西吃、有人爱，你觉得呢?

yǒu dōngxi chī、yǒu rén ài, nǐ juéde ne?

먹을 것이 있고, 사랑하는 사람이 있는 거야, 네 생각은?

물건을 추상적으로 표현한 말이에요.
dōngxī로 발음하면 '동서(방향)'를 뜻해요.

문장 끝에 쓰여, 상대방에게
되물을 때 사용해요.

왕웨이

我不是，我有你就幸福。

Wǒ bú shì, wǒ yǒu nǐ jiù xìngfú.

나는 아니야, 난 네가 있으면 행복해.

김미나

讨厌!!!

Tǎoyàn!!!

'싫다'라는 뜻이지만, 귀엽게 투정을
부릴 때 쓰는 표현이에요.

미워!!!

🗨️ **낱말**

钱 qián 돈 ｜ 就 jiù 곧 ｜ 幸福 xìngfú 행복(하다) ｜ 房 fáng 집 ｜ 住 zhù 살다 ｜ 东西 dōngxi 물건, 것
人 rén 사람 ｜ 爱 ài 사랑하다 ｜ 讨厌 tǎoyàn 싫나, 밉나

1단계 긍정 有(+목적어) 뒤에 동사(+목적어)를 놓아 연동문을 만들어요.

我有东西吃。

Wǒ yǒu dōngxi chī.

나는 먹을 것(음식)이 있어요.

李军有钱买车。

Lǐ Jūn yǒu qián mǎi chē.

리쥔은 차를 살 돈이 있어요.

2단계 부정 부정부사 没를 有 앞에 놓아 부정문을 만들어요.

我没有东西吃。

Wǒ méiyǒu dōngxi chī.

나는 먹을 것(음식)이 없어요.

李军没有钱买车。

Lǐ Jūn méiyǒu qián mǎi chē.

리쥔은 차를 살 돈이 없어요.

3단계 의문 문장 끝에 吗를 써서 의문문을 만들어요.

你有东西吃吗?

Nǐ yǒu dōngxi chī ma?

당신은 먹을 것(음식)이 있나요?

李军有钱买车吗?

Lǐ Jūn yǒu qián mǎi chē ma?

리쥔은 차를 살 돈이 있나요?

① 저는 옷을 살 돈이 없어요.

钱 qián 돈 | 买 mǎi 사다

---

② 그가 이렇게 하는 이유가 있어요.

理由 lǐyóu 이유 | 做 zuò 하다

能/不能은 동사 앞에서
'~할 수 있다/없다'를 뜻해요.

③ 저는 오늘 일이 있어서 수업에 못 가요.

事情 shìqing 일, 사건 | 上课 shàng kè 수업하다

---

④ 그는 도서관에 갈 시간이 없어요.

时间 shíjiān 시간 | 去 qù 가다

---

⑤ 제가 그녀를 알게 될 기회가 있을까요?

机会 jīhuì 기회 | 认识 rènshi 알다, 이해하다

낱말

有 yǒu (~이) 있다 | 没有 méiyǒu (~이) 없다 | 衣服 yīfu 옷 | 这么 zhème 이러한, 이렇게
今天 jīntiān 오늘 | 不能 bù néng ~할 수 없다 | 图书馆 túshūguǎn 도서관

정답

① 我没有钱买衣服。 ② 他有理由这么做。 ③ 我今天有事情不能上课。/今天我有事情不能上课。
④ 他没有时间去图书馆。 ⑤ 我有机会认识她吗?

연이은 동작 말하기 3 (겸어식 연동문)

주어 1	술어 1 사역동사	목적어 1/주어 2	술어 2 동사	목적어 2
엄마	(~에게) 시키다	나	청소하다	방
妈妈	**让**	**我**	**打扫**	**房间。**
Māma	ràng	wǒ	dǎsǎo	fángjiān.

겸어문

● 겸어문이란 두 개의 절로 구성된 문장에서, 앞절의 목적어가 뒷 동사의 주어를 겸하기 때문에 붙여진 이름입니다.

● 중국어에는 다양한 겸어문이 있는데, 본문에 쓰인 让ràng이 대표적인 겸어문 동사입니다. '~하도록 하다'라는 뜻이지요.

● 请qǐng 역시 겸어문 동사로 자주 쓰이는데, '정중히 요청하다'나 '초청하다'라는 뜻으로, 여러 가지 겸어문을 만듭니다.

장 리

美娜！
Měinà!

미나야!

你不开心吗?
Nǐ bù kāixīn ma?

开心은 '상쾌한 기분'을 뜻해요. 여기에 不를
붙여 '기분이 좋지 않다'는 뜻을 나타내요.

기분이 안 좋니?

김미나

嗯，我非常不开心。
Ng, wǒ fēicháng bù kāixīn.

네, 저는 너무 기분이 안 좋아요.

장 리

怎么了?
Zěnme le?

왜 그래?

김미나

妈妈让我打扫房间、让我做饭、
Māma ràng wǒ dǎsǎo fángjiān、ràng wǒ zuò fàn、

엄마가 저한테 방 청소하고, 밥하고,

让我洗碗。
ràng wǒ xǐ wǎn.

설거지하게 시켰어요.

烦死了。
Fán sǐ le.

烦은 '귀찮다', '성가시다'라는 뜻으로 뒤에
死了를 붙여서 표현했어요. 중국인들도
우리처럼 '~해 죽겠어'라고 표현을 하네요.

짜증나 죽겠어요.

🐟 **낱말**

妈妈 māma 엄마 ｜ 让 ràng ~하도록 시키다 ｜ 打扫 dǎsǎo 청소하다 ｜ 房间 fángjiān 방
做饭 zuò fàn 밥하다 ｜ 洗碗 xǐ wǎn 설거지하다 ｜ 烦 fán 귀찮다, 번거롭다 ｜ 死 sǐ 죽다, ~해 죽겠다

1단계 긍정 첫 번째 목적어가 두 번째 주어로도 역할하여 겸어문을 만들어요.

妈妈让我打扫房间。
Māma ràng wǒ dǎsǎo fángjiān.

엄마는 나에게 방 청소를 시키세요.

她请我吃饭。
Tā qǐng wǒ chī fàn.

그녀가 나에게 밥을 사주어요.

2단계 부정 부정부사 不를 첫 번째 동사 앞에 놓아 부정문을 만들어요.

妈妈不让我打扫房间。
Māma bú ràng wǒ dǎsǎo fángjiān.

엄마는 나에게 방 청소를 시키지 않으세요.

她不请我吃饭。
Tā bù qǐng wǒ chī fàn.

그녀가 나에게 밥을 사주지 않아요.

3단계 의문 문장 끝에 吗를 써서 의문문을 만들어요.

妈妈让你打扫房间吗？
Māma ràng nǐ dǎsǎo fángjiān ma?

엄마가 당신에게 방 청소를 시키나요?

她请你吃饭吗？
Tā qǐng nǐ chī fàn ma?

그녀가 당신에게 밥을 사주나요?

① 엄마가 저보고 먹으래요.

让 ràng ~하도록 시키다 | 吃 chī 먹다

② 많이 지도해주세요.

请 qǐng ~해 주세요 | 指教 zhǐjiào 지도하다, 가르치다

③ 그는 제가 가지 못하게 해요.

让 ràng ~하도록 시키다 | 走 zǒu 걷다, 가다

④ 일어나지 마세요. │ 不要는 동사 앞에서 '~하지 마라'를 뜻해요.

请 qǐng ~해 주세요 | 站起来 zhàn qǐlái 일어서다

⑤ 네 아빠가 너보고 빨리 돌아오라고 하시니?

让 ràng ~하도록 시키다 | 回家 huí jiā 집으로 돌아가다

낱말

多多 duōduo 많이(강조) | 不要 bú yào ~하지 마라 | 快 kuài 빠르다, 빨리, 곧

정답

① 妈妈让我吃。 ② 请(你)多多指教。 ③ 他不让我走。 ④ 请(你)不要站起来。
⑤ 你(的)爸爸让你快回家吗？

대상 더하기 1 (跟)

주어	跟 + 대상		술어	목적어
나	~와	미나	먹다	밥
我	跟	美娜	吃	饭。
Wǒ	gēn	Měinà	chī	fàn.

동사

전치사 跟 1

- 跟gēn은 '~와'라는 뜻으로, 동사 앞에 놓여서 뒤에 등장하는 대상과 무엇을 한다는 뜻을 나타내며, 一起yìqǐ (함께)와 같이 사용되는 경우가 많습니다.

- 앞절과 뒷절, 앞구와 뒷구, 또는 낱말과 낱말을 연결하는 역할을 하지만, 주어가 적극성이 더 높다는 의미를 내포하고 있습니다.

- 비슷한 접속사로는 和hé, 与yǔ, 或huò 등이 있어요.

리쥔

王伟！
Wáng Wěi!

왕웨이!

왕웨이

诶，李军！
Éi, Lǐ Jūn!

네, 리쥔 씨!

리쥔

一起走吧！
Yìqǐ zǒu ba!

같이 가!

왕웨이

走！
Zǒu!

갑자기 어떠한 생각이 떠올랐을 때 쓰는
표현이에요. 우리말 표현 '맞다!'와 비슷하죠?

가요!

리쥔

对了，你明天晚上忙吗?
Duì le, nǐ míngtiān wǎnshang máng ma?

참, 내일 저녁에 바빠?

왕웨이

我跟美娜吃饭，怎么了?
Wǒ gēn Měinà chī fàn, zěnme le?

저 미나랑 식사하기로 했는데,
왜요?

리쥔

你们跟我一起吃吧，我请客！
Nǐmen gēn wǒ yìqǐ chī ba, wǒ qǐng kè!

너희 나랑 같이 먹자,
내가 한턱낼게!

왕웨이

好啊，好啊！走！
Hǎo a, hǎo a! Zǒu!

'손님이 되길 청한다'는 뜻으로
한턱낸다는 의미예요.

좋아요, 좋아요! 가요!

 낱말

对了 duì le 맞다 | 晚上 wǎnshang 저녁, 밤 | 跟 gēn ~와 | 吃饭 chī fàn 밥을 먹다
请客 qǐng kè 손님을 초대하다, 한턱내나 | 走 zǒu 걷다, 가다

1단계 **긍정** [跟 + 대상]을 동사술어 앞에 놓아 전치사구 문장을 만들어요.

我跟美娜吃饭。 나는 미나와 밥을 먹어요.
Wǒ gēn Měinà chī fàn.

我跟美娜一起吃饭。 나는 미나와 함께 밥을 먹어요.
Wǒ gēn Měinà yìqǐ chī fàn.

王伟跟李军运动。 왕웨이는 리쥔과 운동을 해요.
Wáng Wěi gēn Lǐ Jūn yùndòng.

2단계 **부정** 부정부사 不를 [跟 + 대상] 앞에 놓아 부정문을 만들어요.

我不跟美娜(一起)吃饭。 나는 미나와 (함께) 밥을 먹지 않아요.
Wǒ bù gēn Měinà (yìqǐ) chī fàn.

王伟不跟李军运动。 왕웨이는 리쥔과 운동을 하지 않아요.
Wáng Wěi bù gēn Lǐ Jūn yùndòng.

3단계 **의문** 문장 끝에 吗를 써서 의문문을 만들어요.

你跟美娜(一起)吃饭吗? 당신은 미나와 (함께) 밥을 먹나요?
Nǐ gēn Měinà (yìqǐ) chī fàn ma?

王伟跟李军运动吗? 왕웨이는 리쥔과 운동을 하나요?
Wáng Wěi gēn Lǐ Jūn yùndòng ma?

① 그는 친구와 함께 와요.

朋友 péngyou 친구

---

② 저는 학교 친구와 도서관에서 숙제해요.

同学 tóngxué 학교 친구

不想은 동사 앞에서
'~하고 싶지 않다'를 뜻해요.

③ 저는 당신과 얘기하고 싶지 않아요.

你 nǐ 너

---

④ 당신은 그와 함께 식사하나요?

他 tā 그

---

⑤ 당신은 누구와 함께 중국어를 공부하나요?

谁 shéi 누구

谁는 사람을 물을 때 쓰는 의문대사로, 이때는 문장 끝에 吗를 쓰지 않아요.

낱말

跟 gēn ~와 | 一起 yìqǐ 함께 | 在 zài ~에(서) | 图书馆 túshūguǎn 도서관
做作业 zuò zuòyè 숙제를 하다 | 不想 bù xiǎng ~하고 싶지 않다 | 谈谈 tántan 이야기 좀 하다
吃饭 chī fàn 밥을 먹다 | 学习 xuéxí 공부하다 | 汉语 Hànyǔ 중국어

정답

① 他跟朋友一起来。 ② 我跟同学在图书馆做作业。 ③ 我不想跟你谈谈。
④ 你跟他一起吃饭吗? ⑤ 你跟谁一起学习汉语?

대상 더하기 2
(给)

주어	给 + 대상		술어 ← 동사	목적어
왕웨이	~에게	리쥔	걸다	전화
王伟	**给**	**李军**	**打**	**电话。**
Wáng Wěi	gěi	Lǐ Jūn	dǎ	diànhuà.

전치사 给

- 给gěi는 원래 '(~에게) 주다'라는 뜻이 있어서, 그 전달하는 대상을 이끕니다.

- 그 대상은 주로 사람이지만 문장 성분에 따라 때로는 추상적인 목적어가 오기도 합니다.(동사술어 뒤에 목적어가 없는 문장도 많아요.)

- 부정문은 不bù를 '给gěi + 대상' 앞에 써서 표현합니다.

왕웨이

喂?
Wéi?

여보세요?

리 천

喂，王伟你现在忙吗?
Wéi, Wáng Wěi nǐ xiànzài máng ma?

여보세요, 왕웨이 지금 바빠?

왕웨이

不忙，怎么了?
Bù máng, zěnme le?

안 바쁜데, 왜요?

리 천

我现在呀，在相亲。
Wǒ xiànzài ya, zài xiāngqīn.

'맞선'이나 '소개팅'을
아우르는 말이에요.

나 지금, 선보는 중이야.

왕웨이

哇，祝贺你啊！
Wā, zhùhè nǐ a!

와, 축하드려요!

짧은 시간 내를
가리켜요.

리 천

一会儿我给你发短信,
Yíhuìr wǒ gěi nǐ fā duǎnxìn,

이따가 내가 너한테 문자 보낼게.

你就给我打电话，好吗?
nǐ jiù gěi wǒ dǎ diànhuà, hǎo ma?

'곧', '즉시'라는
의미를 전달해요.

나한테 전화해줘. 알겠지?

왕웨이

哦，好的好的。我知道了。
Ò, hǎo de hǎo de. Wǒ zhīdào le.

오, 네네. 알겠어요.

PLUS

发微信 위챗을 보내다
fā Wēixìn

发短信 메시지를 보내다
fā duǎnxìn

 낱말

相亲 xiāngqīn 선보다 ｜ 祝贺 zhùhè 축하(하다) ｜ 一会儿 yíhuìr 잠시, 잠깐 ｜ 给 gěi ~에게, ~을 위해
发 fā 보내디, 부치다 ｜ 短信 duǎnxìn 메시지 ｜ 打电话 dǎ diànhuà 전화를 걸다

1단계 **긍정** [给 + 대상]을 동사술어 앞에 놓아 그 대상을 명확히 표현하는 문장을 만들어요.

王伟给李军打电话。
Wáng Wěi gěi Lǐ Jūn dǎ diànhuà.

왕웨이는 리쥔에게 전화를 걸어요.

朋友给我买礼物。
Péngyou gěi wǒ mǎi lǐwù.

친구가 나에게 선물을 사주어요.

2단계 **부정** 부정부사 不를 [给 + 대상] 앞에 놓아 부정문을 만들어요.

王伟不给李军打电话。 왕웨이는 리쥔에게 전화를 걸지 않아요.
Wáng Wěi bù gěi Lǐ Jūn dǎ diànhuà.

朋友不给我买礼物。 친구가 나에게 선물을 사주지 않아요.
Péngyou bù gěi wǒ mǎi lǐwù.

3단계 **의문** 문장 끝에 吗를 써서 의문문을 만들어요.

王伟给李军打电话吗? 왕웨이는 리쥔에게 전화를 거나요?
Wáng Wěi gěi Lǐ Jūn dǎ diànhuà ma?

朋友给你买礼物吗? 친구가 당신에게 선물을 사주나요?
Péngyou gěi nǐ mǎi lǐwù ma?

① 당신 샤오류에게 전화를 해주세요.　　　　　　　　　　小刘 Xiǎo Liú 샤오류

② 당신 저에게 맛있는 걸 사주세요.　　　　　　　　　　　我 wǒ 나

③ 저에게 이 책을 좀 빌려주시겠어요?　　　　　　　　　　我 wǒ 나

④ 엄마가 아이에게 스웨터 한 벌을 떠주어요.　　　　　　孩子 háizi 아이

⑤ 선생님이 저희에게 이야기를 해주어요.　　　　　　　我们 wǒmen 우리(들)

🍎 **낱말**

给 gěi ~에게 ｜ 打电话 dǎ diànhuà 전화를 걸다 ｜ 吧 ba ~하자(권유) ｜ 买 mǎi 사다
好吃 hǎochī 맛있다 ｜ 借 jiè 빌리다 ｜ 本 běn 권(책, 공책을 세는 단위) ｜ 书 shū 책
妈妈 māma 엄마 ｜ 打 dǎ 뜨개질하다 ｜ 件 jiàn 건(옷, 일을 세는 단위) ｜ 毛衣 máoyī 스웨터
老师 lǎoshī 선생님 ｜ 讲 jiǎng 이야기하다 ｜ 故事 gùshi 이야기

📘 **정답**

① 你给小刘打电话吧。　② 你给我买好吃的。　③ 请(你)给我借这本书吗?
④ 妈妈给孩子打一件毛衣。　⑤ 老师给我们讲故事。

장소 더하기
(在)

주어	在 + 장소		술어 ^{동사}	목적어
우리	~에서	영화관	보다	영화
我们	**在**	**电影院**	**看**	**电影。**
Wǒmen	zài	diànyǐngyuàn	kàn	diànyǐng.

전치사 在

- 존재의 의미를 나타내는 在zài는 장소나 위치를 이끌기도 하는데, '~에서'로 해석됩니다.

- 부정문은 不bù를 '在zài + 장소' 앞에 써서 표현합니다.

- 의문형은 문장 끝에 吗ma를 사용합니다.

장 리

美娜，这个电影好看。
Měinà, zhè ge diànyǐng hǎokàn.

미나야, 이 영화 재미있어.

김미나

哦~
Ò~

말하는 사람과 듣는 사람을
포함한 '우리'를 뜻해요.

오~

장 리

今天咱们在我家看中国电影，
Jīntiān zánmen zài wǒ jiā kàn Zhōngguó diànyǐng,

오늘 우리 집에서
중국 영화 보자,

怎么样?
zěnmeyàng?

어때?

김미나

我们在电影院看吧。 권유의 어감을 표현해요.
Wǒmen zài diànyǐngyuàn kàn ba.

우리 영화관에서 봐요.

장 리

在电影院?
Zài diànyǐngyuàn?

'팝콘'의 뜻을 가지고 만든
낱말이에요. '옥수수를 튀겨
생긴 꽃'이라니 정말 예쁘죠?

영화관에서?

김미나

嗯，电影院有爆米花!
Ng, diànyǐngyuàn yǒu bàomǐhuā!

네, 영화관에는
팝콘이 있잖아요!

장 리

咦，我家也有爆米花呢!
Yí, wǒ jiā yě yǒu bàomǐhuā ne!

저기, 우리 집에도
팝콘 있어!

놀람을 표시하는 감탄사예요.

PLUS 우리? 우리?

我们과 咱们은 모두 나를 포함한 '우리'라는 뜻이지만,
我们은 대화하는 상대방을 포함하는지 안 하는지 알 수 없는 '우리'이고,
咱们은 대화하는 상대방(你/你们)을 포함한 '우리'를 가리킵니다.

낱말

咱们 zánmen 우리(들) | 在 zài ~에(서) | 电影院 diànyǐngyuàn 영화관 | 爆米花 bàomǐhuā 팝콘

1단계 긍정 [在 + 장소]를 동사술어 앞에 놓아 그 장소를 명확히 표현하는 문장을 만들어요.

我们在电影院看电影。 우리는 영화관에서 영화를 봐요.
Wǒmen zài diànyǐngyuàn kàn diànyǐng.

她们在图书馆看书。 그녀들은 도서관에서 책을 봐요.
Tāmen zài túshūguǎn kàn shū.

2단계 부정1 부정부사 不를 [在 + 장소] 앞에 놓아 문장 전체를 부정하는 문장을 만들어요.

我们不在电影院看电影。 우리는 영화관에서 영화를 보지 않아요.
Wǒmen bú zài diànyǐngyuàn kàn diànyǐng.

她们不在图书馆看书。 그녀들은 도서관에서 책을 보지 않아요.
Tāmen bú zài túshūguǎn kàn shū.

2단계 부정2 부정부사 不를 술어 앞에 놓아 술어만 부정하는 문장을 만들어요.

我们在电影院不看电影，吃爆米花。
Wǒmen zài diànyǐngyuàn bú kàn diànyǐng, chī bàomǐhuā.
우리는 영화관에서 영화를 보지 않아요, 팝콘을 먹어요.

她们在图书馆不看书，学习。 그녀들은 도서관에서 책을 보지 않아요, 공부해요.
Tāmen zài túshūguǎn bú kàn shū, xuéxí.

3단계 의문 문장 끝에 吗를 써서 의문문을 만들어요.

你们在电影院看电影吗？ 당신들은 영화관에서 영화를 보나요?
Nǐmen zài diànyǐngyuàn kàn diànyǐng ma?

她们在图书馆看书吗？ 그녀들은 도서관에서 책을 보나요?
Tāmen zài túshūguǎn kàn shū ma?

1 저는 식당에서 밥을 먹어요.   **餐厅** cāntīng 식당

2 저는 맥도날드에서 햄버거를 먹어요.   **麦当劳** Màidāngláo 맥도날드

3 그는 술집에서 술을 마시지 않아요.   **酒吧** jiǔbā 술집

4 당신은 대학에서 중국어를 배우나요?   **大学** dàxué 대학

5 당신은 어느 회사에서 근무하시나요?   **哪个公司** nǎ ge gōngsī 어느 회사

낱말

在 zài ~에서 | 吃饭 chī fàn 밥을 먹다 | 汉堡 hànbǎo 햄버거 | 喝酒 hē jiǔ 술을 마시다
学 xué 배우다 | 汉语 Hànyǔ 중국어 | 工作 gōngzuò 일(하다)

정답

① 我在餐厅吃饭。 ② 我在麦当劳吃汉堡。 ③ 他不在酒吧喝酒。 ④ 你在大学学汉语吗?
⑤ 你在哪个公司工作?

출발점 더하기
(从)

동사

| 주어 | 从 + 시간/장소 | 到 + 시간/장소 | 술어 |

우리	~부터	2시	~까지	4시	수업하다
我们	**从**	**两点**	**到**	**四点**	**上课。**
Wǒmen	cóng	liǎng diǎn	dào	sì diǎn	shàng kè.

전치사 从

● 从cóng은 '~로부터'라는 뜻으로, 시간이나 장소가 시작되는 지점을
   표시합니다.

● 굳이 직역하자면 '~에서부터 시작해서'로 해석되겠지만, 단순히
   '~로부터'로 이해하는 것이 좋습니다.

● 从cóng은 시작점을 나타내기 때문에 시간이나 장소의 도착점을
   나타내는 到dào와 함께 쓰이는 경우가 많습니다.

김미나

对不起嘛。
Duìbuqǐ ma.

미안해.

왕웨이

你从星期一到星期五都学习汉语吗？
Nǐ cóng xīngqīyī dào xīngqīwǔ dōu xuéxí Hànyǔ ma?

넌 월요일부터 금요일까지
중국어 공부하는 거야?

김미나

嗯，今天也学习。
Ǹg, jīntiān yě xuéxí.

응, 오늘도 공부해.

왕웨이

那今天张丽来吗？
Nà jīntiān Zhāng Lì lái ma?

그럼 오늘 장리 씨가 와?

김미나

嗯，她两点从她家出发，
Ǹg, tā liǎng diǎn cóng tā jiā chūfā,

응, 그녀가 2시에 그녀의 집에서 출발해서,

반대말은 '下课 xià kè(수업을 마치다)'

我们从两点一刻到四点上课。
wǒmen cóng liǎng diǎn yí kè dào sì diǎn shàng kè.

우리는 2시 15분부터 4시까지 수업해.

왕웨이

哦，从她家到你家很近啊。
Ó, cóng tā jiā dào nǐ jiā hěn jìn a.

아, 그녀 집에서 너희 집이 가깝구나.

'가깝다'는 뜻이고, 반대말은 '远 yuǎn(멀다)'이에요.
장소전치사와 호응해 거리의 가까움을 나타내고 있어요.

🔖 **낱말**

从 cóng ~에서(부터) | 星期一 xīngqīyī 월요일 | 到 dào ~까지 | 星期五 xīngqīwǔ 금요일
学习 xuéxí 공부(하다) | 来 lái 오다 | 两 liǎng 2, 둘 | 出发 chūfā 출발(하다) | 一刻 yí kè 15분
上课 shàng kè 수업하다 | 近 jìn 가깝다

1단계 **긍정**　[从 + 시간/장소]와 [到 + 시간/장소]를 술어 앞에 놓아
그 시간/장소를 명확히 표현하는 문장을 만들어요.
([从 + 시간/장소 + 동작]으로 동작의 시작 시점/지점을 표현해요.)

我们从两点到四点上课。　우리는 2시부터 4시까지 수업해요.
Wǒmen cóng liǎng diǎn dào sì diǎn shàng kè.

从她家到我家很近。　그녀의 집에서 우리 집까지 매우 가까워요.
Cóng tā jiā dào wǒ jiā hěn jìn.

她两点从她家出发。　그녀는 2시에 그녀의 집에서 출발해요.
Tā liǎng diǎn cóng tā jiā chūfā.

我们从两点开始上课。　우리는 2시부터 수업해요.
Wǒmen cóng liǎng diǎn kāishǐ shàng kè.

2단계 **의문**　문장 끝에 吗를 써서 의문문을 만들어요.

你们从两点到四点上课吗?
Nǐmen cóng liǎng diǎn dào sì diǎn shàng kè ma?
당신들은 2시부터 4시까지 수업하나요?

从她家到你家近吗?　그녀의 집에서 당신 집까지 가깝나요?
Cóng tā jiā dào nǐ jiā jìn ma?

PLUS　의문사 几로 묻기

의문사 几를 넣어 시작 시간과 도착 시간을 물을 수 있어요.

• 你们从几点到几点上课?　당신들은 몇 시부터 몇 시까지 수업하나요?
Nǐmen cóng jǐ diǎn dào jǐ diǎn shàng kè?

① 저는 월요일부터 금요일까지 쭉 쉬어요.

星期一 xīngqīyī 월요일 | **星期五** xīngqīwǔ 금요일

② 상하이에서 베이징까지는 6시간이 걸려요.

上海 Shànghǎi 상하이 | **北京** Běijīng 베이징

③ 저는 집에서 회사까지 지하철을 타고 출근해요.

我家 wǒ jiā 우리 집 | **公司** gōngsī 회사

④ 당신은 몇 시부터 몇 시까지 일하나요?

几点 jǐ diǎn 몇 시

⑤ 당신의 아이는 집에서 학교까지 자전거를 타고 가나요?

家 jiā 집 | **学校** xuéxiào 학교

🍃낱말

从 cóng ~에서(부터) | 到 dào ~까지 | 一直 yìzhí 곧바로, 쭉 | 休息 xiūxi 쉬다, 휴식(하다)
需要 xūyào 필요하다 | 小时 xiǎoshí 시간 | 坐 zuò 앉다, 타다 | 地铁 dìtiě 지하철
上班 shàng bān 출근하다 | 工作 gōngzuò 일(하다) | 骑车 qí chē 자전거를 타다 | 去 qù 가다

📕정답

① 我从星期一到星期五一直休息。 ② 从上海到北京需要六个小时。
③ 我从我家到公司坐地铁上班。 ④ 你从几点到几点工作？ ⑤ 你(的)孩子从家到学校骑车去吗？

기준점 더하기 (离)

형용사

| 주어 | 离 + 장소 | | 很 | 近/远 |

병원   ~에서   여기   (매우)   가깝다

医院   **离**   **这儿**   **很**   **近。**

Yīyuàn   lí   zhèr   hěn   jìn.

전치사 离

- 离lí는 '~에서(부터)'라는 뜻으로, 시간이나 장소의 기준점을 나타냅니다.

- 从cóng이 동작이 시작되는 지점을 나타낸다면, 离lí는 기준점을 잡아주는 역할을 합니다.

- 그래서 어떤 것을 기준으로 했을 때, 거리가 멀고 가까움이 어떠한지를 표현할 수 있어요.

왕웨이

诶，李军！
Ēi, Lǐ Jūn!

여기요, 리쥔 씨!

哎呀！
Āiyā!

아이고!

리 쥔

怎么了？
Zěnme le?

왜 그래?

왕웨이

啊，肚子疼！
À, dùzi téng!

아, 배가 아파요!

리 쥔

严重吗？去医院？
Yánzhòng ma? Qù yīyuàn?

심각해? 병원에 갈까?

왕웨이

医院离这儿近吗？
Yīyuàn lí zhèr jìn ma?

从이 출발하는 지점을 나타낸다면,
离는 기준점을 잡아주는 역할을 해요.

병원은
여기서 가까워요?

医院离这儿很远。
Yīyuàn lí zhèr hěn yuǎn.

병원은 여기서 멀어.

왕웨이

那卫生间呢？
Nà wèishēngjiān ne?

厕所 cèsuǒ, 洗手间 xǐshǒujiān,
化妆室 huàzhuāngshì 등도
'화장실'을 나타내요.

그럼 화장실은요?

卫生间离这儿很近。
Wèishēngjiān lí zhèr hěn jìn.

화장실은 여기서 가까워.

왕웨이

那我还是去卫生间吧。
Nà wǒ háishi qù wèishēngjiān ba.

'여전히'라는 뜻도 있지만, '~하는
편이 낫다'라는 뜻으로도 쓰여요.

그럼 저 화장실에
가는 게 좋겠어요.

🐣 낱말

肚子 dùzi 배 | 疼 téng 아프다 | 严重 yánzhòng 심하다, 심각하다 | 医院 yīyuàn 병원
离 lí ~에서(부터) | 卫生间 wèishēngjiān 화장실 | 还是 háishi ~하는 편이 낫다

1단계 긍정   [离 + 장소]를 형용사술어 앞에 놓아 그 장소를 명확히 표현하는 문장을 만들어요.

医院离这儿很近。
Yīyuàn lí zhèr hěn jìn.

병원은 여기서 가까워요.

韩国离美国很远。
Hánguó lí Měiguó hěn yuǎn.

한국은 미국에서 멀어요.

2단계 부정   부정부사 不를 형용사술어 앞에 놓아 부정문을 만들어요.

医院离这儿不近。
Yīyuàn lí zhèr bú jìn.

병원은 여기서 가깝지 않아요.

韩国离美国不远。
Hánguó lí Měiguó bù yuǎn.

한국은 미국에서 멀지 않아요.

3단계 의문   문장 끝에 吗를 써서 의문문을 만들어요.

医院离这儿近吗?
Yīyuàn lí zhèr jìn ma?

병원은 여기서 가깝나요?

韩国离美国远吗?
Hánguó lí Měiguó yuǎn ma?

한국은 미국에서 먼가요?

1 도서관은 학교에서 매우 가까워요.　　　　　　　　　　学校 xuéxiào 학교

---

2 공항은 시내에서 가까워요.　　　　　　　　　　市中心 shìzhōngxīn 시내

---

3 슈퍼마켓은 제 집에서 그리 멀지 않아요.　　　　　　我家 wǒ jiā 나의 집

---

4 체육관은 여기에서 먼가요?　　　　　　　　　　这儿 zhèr 여기

---

5 학교는 당신 집에서 먼가요?　　　　　　　　　　你家 nǐ jiā 너의 집

낱말

离 lí ~에서(부터) ｜ 图书馆 túshūguǎn 도서관 ｜ 非常 fēicháng 매우, 아주 ｜ 机场 jīchǎng 공항
超市 chāoshì 마트, 슈퍼마켓 ｜ 不太 bú tài 너무 ~ 않다 ｜ 远 yuǎn (거리가) 멀다
体育馆 tǐyùguǎn 체육관 ｜ 学校 xuéxiào 학교

정답

① 图书馆离学校非常(/很)近。　② 机场离市中心很近。　③ 超市离我家不太远。
④ 体育馆离这儿远吗？　⑤ 学校离你家远吗？

174

방향 더하기
(往)

동사

주어	往 + 방향		술어
그녀	~로 향해	왼쪽	돌다
她	往	左	拐。
Tā	wǎng	zuǒ	guǎi.

전치사 往

- 往wǎng은 '~로 향하여', '~쪽으로'라는 뜻으로, 동작의 방향을 나타냅니다. 따라서 뒤에 장소나 방향을 나타내는 말이 옵니다.

- 여기서 잠깐! 우리나라 '왕십리(往十里)'라는 지명에 往자가 쓰인 것은 '도성으로부터 십리 떨어진 곳'이기 때문이라고 해요.

김미나

张丽，去幸福餐厅怎么走？你知道吗？
Zhāng Lì, qù Xìngfú cāntīng zěnme zǒu? Nǐ zhīdào ma?

목적지까지의 경로를
물어보는 표현이에요.

장리 씨, 행복식당에 가려면 어떻게 가요? 아세요?

장 리

知道呀！一直往前走，
Zhīdào ya! Yìzhí wǎng qián zǒu,

알지! 앞으로 쭉 가서,

사거리가 십자형태라서 붙여진 이름이고 '삼거리'는
丁字路口 dīngzì lùkǒu, 三岔路 sānchàlù가 쓰여요.

到十字路口往左拐，
dào shízì lùkǒu wǎng zuǒ guǎi,

사거리에서 왼쪽으로 돌고,

然后再往前走……
ránhòu zài wǎng qián zǒu……

그다음에 다시 앞으로 가서……

'어느 곳'이라는 뜻이고 발음은 nǎr이니
那儿 nàr(그곳)과 구분해서 쓰세요.

김미나

哦，这么复杂？先往哪儿走？
Ò, zhème fùzá? Xiān wǎng nǎr zǒu?

오, 이렇게 복잡해요?
먼저 어디로 간다고요?

장 리

哎呀，我们一起去吧！先往前走！
Āiyā, wǒmen yìqǐ qù ba! Xiān wǎng qián zǒu!

아이고, 우리 같이 가자!
먼저 앞으로 가!

김미나

谢谢你呀。
Xièxie nǐ ya.

고마워요.

장 리

我们走吧！
Wǒmen zǒu ba!

우리 가자!

🐟 낱말

一直 yìzhí 곧바로, 쭉 ｜ 往 wǎng ～로 향해서 ｜ 前 qián (장소의) 앞, (시간의) 이전 ｜ 到 dào 도착하다
十字路口 shízì lùkǒu 교차로 ｜ 左 zuǒ 왼쪽 ｜ 拐 guǎi 방향을 바꾸다 ｜ 然后 ránhòu 그런 다음에
再 zài 다시, 두 번 ｜ 复杂 fùzá 복잡하다

1단계 **긍정** [往 + 방향]을 동사술어 앞에 놓아 그 방향을 명확히 나타내는 문장을 만들어요.

她往左拐。
Tā wǎng zuǒ guǎi.

그녀는 좌회전해요.

他往学校跑。
Tā wǎng xuéxiào pǎo.

그는 학교로 뛰어가요.

2단계 **부정** 부정부사 不를 [往 + 방향] 앞에 놓아 부정문을 만들어요.

她不往左拐。
Tā bù wǎng zuǒ guǎi.

그녀는 좌회전하지 않아요.

他不往学校跑。
Tā bù wǎng xuéxiào pǎo.

그는 학교로 뛰어가지 않아요.

3단계 **의문** 문장 끝에 吗를 써서 의문문을 만들어요.

她往左拐吗?
Tā wǎng zuǒ guǎi ma?

그녀는 좌회전하나요?

他往学校跑吗?
Tā wǎng xuéxiào pǎo ma?

그는 학교로 뛰어가나요?

① 쭉 앞으로 가. 명령문에서는 흔히 주어를 쓰지 않아요. 前 qián 앞

---

② 뒤를 봐. 后 hòu 뒤

---

③ 미나는 도서관으로 가지 않아요. 图书馆 túshūguǎn 도서관

---

④ 오른쪽으로 가세요. 右 yòu 오른쪽

---

⑤ 그는 어디로 가나요? 哪儿 nǎr 어디

哪儿은 장소를 묻는 의문대사로, 이때는 문장 끝에 吗를 쓰지 않아요.

낱말

往 wǎng ~로 향해서 | 一直 yìzhí 곧바로, 쭉 | 看 kàn 보다 | 请 qǐng ~해 주세요
走 zǒu 걷다, 가다 | 去 qù 가다

정답

① 一直往前走。 ② 往后看。 ③ 美娜不往图书馆去。 ④ 请往右走。 ⑤ 他往哪儿去?

비교 말하기 1
(比)

형용사

주어	比 + 비교 대상		술어
나	~보다	당신	(키가) 크다
我	**比**	**你**	**高。**
Wǒ	bǐ	nǐ	gāo.

전치사 比

● 比bǐ는 '(~에) 비해'라는 뜻으로, 비교 대상과 얼마나 차이나는지 표현합니다. 그래서 뒤에는 비교할 대상을 씁니다.

● 이때, 부정형은 不比bù bǐ가 아닌 没有méiyǒu를 쓴다는 점, 주의하세요!

리쥔

看，我比你高。
Kàn, wǒ bǐ nǐ gāo.

반대말은 矮 ǎi(키가 작다)예요.

봐, 내가 너보다 커.

왕웨이

我比你年轻！
Wǒ bǐ nǐ niánqīng!

반대말은 老 lǎo(늙다)예요.

난 리쥔 씨보다 젊어요!

리쥔

我比你帅！
Wǒ bǐ nǐ shuài!

반대말은 丑 chǒu(못나다)가 있어요.

나는 너보다 잘생겼어!

왕웨이

我……我比你重！
Wǒ……wǒ bǐ nǐ zhòng!

반대말은
轻 qīng(가볍다)이에요.

나는…… 난 리쥔 씨보다
몸무게가 많이 나가요!

리쥔

好，你比我重！
Hǎo, nǐ bǐ wǒ zhòng!

그래, 넌 나보다 무거워!

 낱말

比 bǐ ~보다 ｜ 高 gāo 높다, (키가) 크다 ｜ 年轻 niánqīng 젊다 ｜ 帅 shuài 잘생기다, 멋있다
重 zhòng 무겁다

| 1단계 **긍정** | [比 + 비교 대상]을 형용사술어 앞에 놓아 비교문을 만들어요. |

我比你高。
Wǒ bǐ nǐ gāo.
나는 당신보다 키가 커요.

我比他聪明。
Wǒ bǐ tā cōngming.
나는 그보다 똑똑해요.

| 2단계 **부정** | 比를 쓰지 않고, 没有를 비교 대상 앞에 놓아 부정문을 만들어요. |

我没有你高。
Wǒ méiyǒu nǐ gāo.
나는 당신보다 키가 크지는 않아요.

我没有他聪明。
Wǒ méiyǒu tā cōngming.
나는 그보다 똑똑하지는 않아요.

| 3단계 **의문** | 문장 끝에 吗를 써서 의문문을 만들어요. |

我比你高吗?
Wǒ bǐ nǐ gāo ma?
내가 당신보다 키가 큰가요?

我比他聪明吗?
Wǒ bǐ tā cōngming ma?
내가 그보다 똑똑한가요?

① 오늘이 어제보다 추워요.
昨天 zuótiān 어제

___

② 이게 저것보다 커요.
那个 nà ge 저것

___

③ 그녀는 저보다 키가 작아요.
我 wǒ 나

___

④ 우리 집은 당신 집만큼 작지 않아요.
没有 méiyǒu ~만 못하다 | 你的房子 nǐ de fángzi 당신 집

___

⑤ 당신 남동생은 당신 형보다 키가 큰가요?
你哥哥 nǐ gēge 당신 형

___

낱말

比 bǐ ~보다 | 今天 jīntiān 오늘 | 冷 lěng 춥다 | 大 dà 크다 | 矮 ǎi (키가) 작다
房子 fángzi 집, 건물 | 弟弟 dìdi 남동생 | 哥哥 gēge 오빠, 형 | 高 gāo 높다, (키가) 크다

정답

① 今天比昨天冷。 ② 这个比那个大。 ③ 她比我矮。 ④ 我的房子没有你的房子小。
⑤ 你弟弟比你哥哥高吗?

비교 말하기 2 (跟)

주어	跟 + 비교 대상 + 一样			술어 (형용사)
나	~와	그녀	똑같이	예쁘다
我	**跟**	**她**	**一样**	**漂亮。**
Wǒ	gēn	tā	yíyàng	piàoliang.

전치사 跟 2

- '~와'라는 뜻의 跟gēn으로도 간단하게 비교문을 만들 수 있는데, 이때는 뒤에 一样yíyàng(똑같이), 不一样bù yíyàng(다르게), 差不多chàbuduō(비슷하게) 등을 사용해 비교해 줍니다.

- 비교문에서는 주어와 대상 간의 상태를 표현해야 하므로, 형용사가 술어로 쓰입니다.

김미나

哇，她好漂亮啊！
Wā, tā hǎo piàoliang a!

비교하는 대상 사이에 정도 차이가 크지 않음을 나타내요.

와, 그녀는 정말 예쁘다!

왕웨이

哎呀，你跟她差不多漂亮。
Āiyā, nǐ gēn tā chàbuduō piàoliang.

에이, 너는 그녀와 비슷하게 예뻐.

김미나

哦？
Ó?

'같다'라는 뜻으로 비교하는 대상이 '같음'을 나타내요.

뭐?

왕웨이

不不不，你跟她呀，一样漂亮。
Bù bù bù, nǐ gēn tā ya, yíyàng piàoliang.

아니 아니 아니, 너는 그녀랑, 똑같이 예뻐.

不是不是，你比她呀，更漂亮。
Bú shì bú shì, nǐ bǐ tā ya, gèng piàoliang.

아니야 아니야, 네가 그녀보다, 훨씬 예뻐.

비교문에서 '더욱'이라는 뜻을 나타낼 때는 更을 써야 해요.

낱말

差不多 chàbuduō (정도기) 큰 차이가 없다, 비슷하다 ｜ 一样 yíyàng 같다, 똑같이 ｜ 更 gèng 더욱

3단계 트레이닝 트레이닝을 통해 포인트 문장을 확실히 익혀보세요.

1단계 긍정 [跟 + 비교 대상] 뒤에 부사 一样을 놓아 비교문을 만들어요.

我跟她一样漂亮。   나는 그녀와 똑같이 예뻐요.
Wǒ gēn tā yíyàng piàoliang.

美娜跟张丽一样高。   미나는 장리와 똑같이 키가 커요.
Měinà gēn Zhāng Lì yíyàng gāo.

2단계 부정 [跟 + 비교 대상] 뒤에 부사 不一样을 놓아 부정문을 만들어요.

我跟她不一样漂亮。   나는 그녀와 똑같이 예쁘지 않아요.
Wǒ gēn tā bù yíyàng piàoliang.   (= 각자의 매력이 있어요.)

美娜跟张丽不一样高。 미나는 장리와 똑같이 키가 크지 않아요.
Měinà gēn Zhāng Lì bù yíyàng gāo.

3단계 의문 문장 끝에 吗를 써서 의문문을 만들어요.

我跟她一样漂亮吗？   나는 그녀와 똑같이 예쁜가요?
Wǒ gēn tā yíyàng piàoliang ma?

美娜跟张丽一样高吗？   미나는 장리와 똑같이 키가 큰가요?
Měinà gēn Zhāng Lì yíyàng gāo ma?

185

1 저는 당신과 똑같이(당신처럼) 기뻐요.   你 nǐ 당신

2 저는 아빠와 똑같이(아빠처럼) 용감해요.   我爸爸 wǒ bàba 우리 아빠

3 그의 생각은 저와 똑같이(저처럼) 긍정적이에요.   我 wǒ 나

4 당신 남동생의 키는 나와 똑같이(나처럼) 큰가요?   我 wǒ 나

5 당신 남동생은 당신과 똑같이(당신처럼) 잘생겼나요?   你 nǐ 당신

낱말

跟 gēn ~와 | 一样 yíyàng 같다, 똑같이 | 高兴 gāoxìng 기쁘다 | 勇敢 yǒnggǎn 용감하다
想法 xiǎngfǎ 생각 | 肯定 kěndìng 긍정적이다 | 弟弟 dìdi 남동생 | 个子 gèzi 키 | 高 gāo 높다, (키가) 크다
帅 shuài 잘생기다

정답

① 我跟你一样高兴。   ② 我跟我爸爸一样勇敢。   ③ 他的想法跟我一样肯定。
④ 你弟弟的个子跟我一样高吗？   ⑤ 你弟弟跟你一样帅吗？

강조하여 말하기 (是…的)

강조 내용

주어	是	부사어	술어	的
나	~인 것이다	어제	오다	(강조)
我	**(是)**	**昨天**	**来**	**的。**
Wǒ	(shì)	zuótiān	lái	de.

是…的 구문

● 是shì…的de 구문은 시간이나 장소, 목적, 대상, 방식 등과 관계된 내용을 강조할 때 사용합니다.

● 이미 일어난 일에 대한 내용을 강조하므로 아직 일어나지 않은 일에는 사용하지 못합니다.

● 문장에서 是shì는 생략 가능하지만 的de는 생략할 수 없습니다.

장 리

啊，美娜！
Á, Měinà!

어, 미나야!

你是今天来的吗?
Nǐ shì jīntiān lái de ma?

너 오늘 온 거야?

김미나

不是，我是昨天来的。
Bú shì, wǒ shì zuótiān lái de.

아니요, 저는 어제 왔어요.

장 리

你是坐什么来的?
Nǐ shì zuò shénme lái de?

뭐 타고 왔어?

김미나

我是坐飞机来的。
Wǒ shì zuò fēijī lái de.

연동문으로, 앞 동사 坐가 뒤
동작 来의 방식을 설명해요.

동작의 출발시간을 나타내고 있어요.

저는 비행기를 타고 왔어요.

장 리

那从下个星期开始上课吧！
Nà cóng xià ge xīngqī kāishǐ shàng kè ba!

그럼 다음 주부터 공부 시작하자!

这个星期休息休息！
Zhè ge xīngqī xiūxi xiūxi!

이번 주는 푹 쉬어!

동사를 중첩하면 '좀 ~하다'라는
부드러운 어감을 표현할 수 있어요.
동사 뒤에 一下(좀 ~하다)를 붙여
休息一下로 말해도 됩니다.

김미나

好，下周见！
Hǎo, xià zhōu jiàn!

네, 다음 주에 봐요!

장 리

下周见！
Xià zhōu jiàn!

다음 주에 봐!

3단계 트레이닝 트레이닝을 통해 포인트 문장을 확실히 익혀보세요.

1단계 긍정 강조하는 내용 앞에 是를, 문장 끝에 的를 놓아 강조구문을 만들어요. (是 생략 가능)

我(是)昨天来的。 나는 어제 온 거예요.
Wǒ (shì) zuótiān lái de.

美娜(是)在中国留学的。 미나는 중국에서 유학한 거예요.
Měinà (shì) zài Zhōngguó liú xué de.

2단계 부정 부정부사 不를 동사 是 앞에 놓아 부정문을 만들어요.

我不是昨天来的。 나는 어제 온 게 아니에요.
Wǒ bú shì zuótiān lái de.

美娜不是在中国留学的。
Měinà bú shì zài Zhōngguó liú xué de.
미나는 중국에서 유학한 게 아니에요.

3단계 의문 문장 끝에 吗를 써서 의문문을 만들어요.

你(是)昨天来的吗? 당신은 어제 온 거예요?
Nǐ (shì) zuótiān lái de ma?

美娜(是)在中国留学的吗?
Měinà (shì) zài Zhōngguó liú xué de ma?
미나는 중국에서 유학한 거예요?

189

① 저는 당신을 보러 온 거예요.

来看你 lái kàn nǐ 당신을 보다

---

② 저는 서울에서 그를 봤어요.

在首尔见到他 zài Shǒu'ěr jiàndào tā 서울에서 그를 보다

---

③ 저는 기차를 타고 온 게 아니에요.

坐火车来 zuò huǒchē lái 기차를 타고 오다

---

④ 그는 어제 온 게 아니라, 그저께 온 거예요.

昨天来 zuótiān lái 어제 오다 ┃ 前天来 qiántiān lái 그제 오다

---

⑤ 당신 언제 온 거죠?

什么时候来 shénme shíhou lái 언제 오다

낱말

是…的 shì…de ~한 것이다 ┃ 首尔 Shǒu'ěr 서울 ┃ 见 jiàn 보(이)다 ┃ 火车 huǒchē 기차
昨天 zuótiān 어제 ┃ 前天 qiántiān 그저께 ┃ 什么时候 shénme shíhou 언제, 어느 때

정답

① 我是来看你的。 ② 我是在首尔见到他的。 ③ 我不是坐火车来的。
④ 他不是昨天来的, 是前天来的。 ⑤你是什么时候来的?

희망 말하기
(想)

동사

주어	想	술어	목적어
나	~하고 싶다	되다	부자(돈 있는 사람)
我	**想**	**当**	**有钱人。**
Wǒ	xiǎng	dāng	yǒu qián rén.

조동사 想

● 想xiǎng은 심리적인 욕구를 표현할 때 쓰입니다. 그래서 '~하고 싶다', '~하려고 하다', '~를 바라다'로 해석됩니다.

● 욕구를 나타내기 때문에 때로 실현 불가능한 소망을 나타내기도 합니다.

● 부정형은 不想bù xiǎng이 쓰입니다.

리 쉔

你们最想做什么事啊?

Nǐmen zuì xiǎng zuò shénme shì a?

너희들은 무슨 일을 가장 하고 싶니?

장 리

我想去韩国旅行。

Wǒ xiǎng qù Hánguó lǚxíng.

나는 한국에 여행 가고 싶어요.

왕웨이

这挺好的。

Zhè tǐng hǎo de.

이거 정말 좋네요.

'在 + 장소'를 동사 앞에 놓아
동작의 장소를 설명하고 있어요.

김미나

我想在美国生活。

Wǒ xiǎng zài Měiguó shēnghuó.

나는 미국에서
생활하고 싶어요.

직업이나 신분을 '맡다',
즉 '~가 되다'라는 뜻이에요.

리 쉔

我想当有钱人。

Wǒ xiǎng dāng yǒu qián rén.

나는 부자가 되고 싶어.

왕웨이

这个好，这个好，这个好。

Zhè ge hǎo, zhè ge hǎo, zhè ge hǎo.

이거 좋네요, 이거 좋네요,
이거 좋네요.

我，我想跟美娜结婚。

Wǒ, wǒ xiǎng gēn Měinà jié hūn.

나는, 나는 미나랑 결혼하고 싶어요.

结婚은 '결혼하다'라는 동사로, 목적어를
가질 수 없는 동사예요. 그래서 跟 구문을
써서 그 대상을 표현해요.

낱말

想 xiǎng ～하고 싶다 | 事 shì 일 | 旅行 lǚxíng 여행(하다) | 挺 tǐng 매우, 아주 | 美国 Měiguó 미국
生活 shēnghuó 생활(하다) | 当 dāng ～이 되다 | 有钱 yǒu qián 돈이 (많이) 있다
结婚 jié hūn 결혼하다

1단계 긍정 想을 동사술어 앞에 놓아 긍정문을 만들어요.

我想当有钱人。
Wǒ xiǎng dāng yǒu qián rén.

나는 부자가 되고 싶어요.

我想开咖啡店。
Wǒ xiǎng kāi kāfēi diàn.

나는 커피숍을 열고 싶어요.

2단계 부정 부정부사 不를 想 앞에 놓아 부정문을 만들어요.

我不想当有钱人。
Wǒ bù xiǎng dāng yǒu qián rén.

나는 부자가 되고 싶지 않아요.

我不想开咖啡店。
Wǒ bù xiǎng kāi kāfēi diàn.

나는 커피숍을 열고 싶지 않아요.

3단계 의문 문장 끝에 吗를 써서 의문문을 만들어요.

你想当有钱人吗？
Nǐ xiǎng dāng yǒu qián rén ma?

당신은 부자가 되고 싶나요?

你想开咖啡店吗？
Nǐ xiǎng kāi kāfēi diàn ma?

당신은 커피숍을 열고 싶나요?

1 저는 중국 음식을 먹고 싶어요.

吃中国菜 chī Zhōngguó cài 중국 음식을 먹다

---

2 저는 회사에서 일하고 싶어요.

在公司工作 zài gōngsī gōngzuò 회사에서 일하다

---

3 저는 포기하고 싶지 않아요.

放弃 fàngqì 포기하다

---

4 당신은 어떤 걸 먹고 싶어요?

吃什么 chī shénme 무엇을 먹다

---

5 당신은 어떤 책을 보고 싶어요?

看什么书 kàn shénme shū 무슨 책을 보다

🌱 **낱말**

想 xiǎng ~하고 싶다 | 中国菜 Zhōngguó cài 중국 요리 | 公司 gōngsī 회사
工作 gōngzuò 일(하다) | 什么 shénme 무엇, 어느 | 看 kàn 보다

정답

① 我想吃中国菜。 ② 我想在公司工作。 ③ 我不想放弃。 ④ 你想吃什么？ ⑤ 你想看什么书？

의지 말하기 (要)

주어	要	술어 ⟵ 동사
나	~할 것이다	집으로 돌아가다
我	**要**	**回家。**
Wǒ	yào	huí jiā.

조동사 要

● 要 yào는 어떠한 일에 대한 의지나 바람을 표현할 때 쓰입니다.

● 부정형은 不要bú yào가 아닌 不想bù xiǎng으로 표현한다는 점, 주의하세요! 만약 不要bú yào를 사용한다면 '~하기 싫어'라는 강한 의지나 '~하지 마라'라는 금지를 나타내지요.

● 술어 뒤에 목적어가 오기도 합니다.

김미나

我要回家。

Wǒ yào huí jiā.

저 집에 갈게요.

> '달걀로 만든 떡'이라고요?
> 케이크나 카스텔라를 말해요.

 장 리

你要回家？你不吃蛋糕吗？

Nǐ yào huí jiā? Nǐ bù chī dàngāo ma?

집에 간다고? 케이크 안 먹니?

 김미나

不想吃。我要休息。

Bù xiǎng chī. Wǒ yào xiūxi.

먹고 싶지 않아요. 쉬고 싶어요.

 왕웨이

怎么了？我要吃蛋糕呀！咱们一起吃吧！

Zěnme le? Wǒ yào chī dàngāo ya! Zánmen yìqǐ chī ba!

왜 그래? 난 케이크 먹을 거야! 우리 같이 먹자!

> 想이 희망하는 것, 감정적인 소망을
> 나타내는 것과 달리, 要는 어떤 일에
> 대한 자신의 의지가 조금 더 들어간
> 표현이에요.

 낱말

回家 huí jiā 집으로 돌아가다　｜　蛋糕 dàngāo 케이크　｜　不想 bù xiǎng ~하고 싶지 않다

1단계 긍정　要를 동사술어 앞에 놓아 긍정문을 만들어요.

我**要**回家。　　　　　　　　나는 집에 갈 거예요.
Wǒ yào huí jiā.

我**要**去美国旅行。　　　　　나는 미국에 여행 갈 거예요.
Wǒ yào qù Měiguó lǚxíng.

2단계 부정　要 대신 不想을 동사술어 앞에 놓아 부정문을 만들어요.

我**不想**回家。　　　　　　　나는 집에 가고 싶지 않아요.
Wǒ bù xiǎng huí jiā.

我**不想**去美国旅行。　　　　나는 미국에 여행 가고 싶지 않아요.
Wǒ bù xiǎng qù Měiguó lǚxíng.

3단계 의문　문장 끝에 吗를 써서 의문문을 만들어요.

你要回家**吗**?　　　　　　　당신은 집에 갈 건가요?
Nǐ yào huí jiā ma?

你要去美国旅行**吗**?　　　　당신은 미국에 여행 갈 건가요?
Nǐ yào qù Měiguó lǚxíng ma?

① 저는 사과를 먹을래요.
吃苹果 chī píngguǒ 사과를 먹다

_____

② 저는 다이어트하고 싶지 않아요.
减肥 jiǎnféi 다이어트를 하다

_____

③ 당신은 포기할 거예요?
放弃 fàngqì 포기하다

_____

④ 듣자 하니 당신 홍콩에 가려 한다고요?
去香港 qù Xiānggǎng 홍콩을 가다

_____

⑤ 당신은 저와 식사하고 싶지 않나요?
吃饭 chī fàn 밥을 먹다

_____

낱말

要 yào ~하고 싶다 ┃ 苹果 píngguǒ 사과 ┃ 听说 tīngshuō 듣자하니 ┃ 香港 Xiānggǎng 홍콩
跟 gēn ~와

정답

① 我要吃苹果。　② 我不想减肥。　③ 你要放弃吗?　④ 听说你要去香港?
⑤ 你不想跟我吃饭吗?

가능성 말하기
(会)

동사

주어	会	술어
오늘	~할 것이다	비오다
今天	**会**	**下雨。**
Jīntiān	huì	xià yǔ.

조동사 会 1

- 会huì는 동사 앞에서 쓰여, 객관적인 추측을 나타냅니다.

- 여기서 말하는 객관적인 추측이란, 일기예보 같이 어떠한 근거에 의해 어떤 사실이 일어날 것이라는 예측을 말합니다.

- 주관적인 추측이라도 그럴만한 증거가 있을 때는 사용할 수 있습니다.

- 문장 끝에 的de를 붙여서 강조할 수 있어요.

왕웨이

喂，美娜！
Wéi, Měinà!

비는 위에서 아래로 내리므로 下를 써요.
'눈 내리다'는 下雪 xià xuě.

여보세요, 미나야!

김미나

喂，王伟，今天会下雨吗?
Wéi, Wáng Wěi, jīntiān huì xià yǔ ma?

여보세요, 왕웨이, 오늘 비가 올까?

왕웨이

今天不会下雨。
Jīntiān bú huì xià yǔ.

오늘은 비가 오지 않을 거야.

그냥 '바람이 불다'는 刮风이에요.

김미나

那今天会刮大风吗?
Nà jīntiān huì guā dàfēng ma?

그럼 오늘 바람이 강하게 불까?

왕웨이

今天绝对不会刮大风！
Jīntiān juéduì bú huì guā dàfēng!

오늘 절대로 바람이 세게 안 불 거야!

100퍼센트 확신의 의미를 전달해요.

PLUS 날씨 표현

下雨 비가 내리다
xià yǔ

下大雨 큰비가 내리다(비가 많이 내리다)
xià dàyǔ

下雪 눈이 내리다
xià xuě

下大雪 큰눈이 내리다(눈이 많이 내리다)
xià dàxuě

 낱말

会 huì ~할 것이다 ┃ 下雨 xià yǔ 비가 오다 ┃ 刮风 guā fēng 바람이 불다 ┃ 大风 dàfēng 큰 바람
绝对 juéduì 절대

1단계 긍정 会를 동사술어 앞에 놓아 긍정문을 만들어요.
(문장 끝에 的를 쓰기도 함)

今天会下雨(的)。
Jīntiān huì xià yǔ (de).

오늘은 비가 올 거예요.

明天会下雪(的)。
Míngtiān huì xià xuě (de).

내일은 눈이 내릴 거예요.

2단계 부정 부정부사 不를 会 앞에 놓아 부정문을 만들어요.

今天不会下雨。
Jīntiān bú huì xià yǔ.

오늘은 비가 오지 않을 거예요.

明天不会下雪。
Míngtiān bú huì xià xuě.

내일은 눈이 내리지 않을 거예요.

3단계 의문 문장 끝에 吗를 써서 의문문을 만들어요.

今天会下雨吗?
Jīntiān huì xià yǔ ma?

오늘 비가 올까요?

明天会下雪吗?
Míngtiān huì xià xuě ma?

내일 눈이 내릴까요?

① 주말에 비가 올 거예요.

下雨 xià yǔ 비가 오다

_____

② 그녀는 반드시 올 거예요.

一定 yídìng 반드시 | 来 lái 오다

_____

③ 제가 당신과 함께 있을게요.

和你 hé nǐ 당신과 | 在一起 zài yìqǐ 함께 있다

_____

④ 그가 나를 좋아할까요?

喜欢我 xǐhuan wǒ 나를 좋아하다

_____

⑤ 그녀가 저의 사과를 받아줄까요?

接受 jiēshòu 받아들이다 | 道歉 dàoqiàn 사과(하다)

_____

낱말

会 huì ~할 것이다 | 周末 zhōumò 주말 | 和 hé ~와

정답

① 周末会下雨。　② 她一定会来的。　③ 我会和你在一起。　④ 他会喜欢我吗?
⑤ 她会接受我的道歉吗?

202

능력 말하기 1
(会)

동사

주어	会	술어	목적어
나	~할 줄 알다	치다	한자
我	**会**	**打**	**汉字。**
Wǒ	huì	dǎ	Hànzì.

조동사 会 2

● 会huì는 동사 앞에서 쓰여, 무엇을 할 줄 아는 능력이 있음을 나타냅니다.

● 이때 능력이란 학습이나 훈련을 통해 얻게 된 것을 뜻하지요. 그래서 '~한 능력이 있다', 즉 '~할 줄 알다'로 이해하면 됩니다.

● 동사술어 뒤에 목적어가 없는 문장도 많아요.

장 리

好棒呀！
Hǎo bàng ya!

수준이나 능력이 '뛰어나다'는 뜻이에요.

정말 멋져!

김미나

你看，我会打汉字，
Nǐ kàn, wǒ huì dǎ Hànzì,

원래는 손으로 '치다'라는 뜻이에요. 자판을 '치는' 것도 打로 표현하죠.

보세요,
저 한자 타자를 칠 수 있고,

我会查餐厅！
wǒ huì chá cāntīng!

'찾아보다'라는 뜻으로, 인터넷이나 모바일로 '검색하는' 것도 말해요.

식당을 검색할 수 있어요!

장 리

哇，你真棒！
Wā, nǐ zhēn bàng!

와, 너 정말 대단해!

김미나

我会订餐。
Wǒ huì dìng cān.

'예약하다'라는 뜻으로, 인터넷이나 앱상에서 '주문하다'는 표현이에요.

저 음식을 주문할 수 있어요.

장 리

你会说汉语，也会打汉字，
Nǐ huì shuō Hànyǔ, yě huì dǎ Hànzì,

넌 중국어로 말할 수 있고,
한자 타자도 칠 수 있고,

还会订餐，真厉害！
hái huì dìng cān, zhēn lìhai!

또 음식 주문도 할 수 있고,
진짜 대단하구나!

🐾 **낱말**

棒 bàng 멋있다 ｜ 会 huì ~할 줄 알다 ｜ 打 dǎ 치다, 타이핑을 하다 ｜ 汉字 Hànzì 한자
查 chá 검색하다 ｜ 订餐 dìng cān 음식을 주문하다 ｜ 说 shuō 말하다 ｜ 还 hái 여전히, 또
厉害 lìhai 대단하다

1단계 긍정 会를 동사술어 앞에 놓아 긍정문을 만들어요.

我会打汉字。
Wǒ huì dǎ Hànzì.

나는 한자 타자를 칠 줄 알아요.

我会做中国菜。
Wǒ huì zuò Zhōngguó cài.

나는 중국 음식을 만들 줄 알아요.

2단계 부정 부정부사 不를 会 앞에 놓아 부정문을 만들어요.

我不会打汉字。
Wǒ bú huì dǎ Hànzì.

나는 한자 타자를 칠 줄 몰라요.

我不会做中国菜。
Wǒ bú huì zuò Zhōngguó cài.

나는 중국 음식을 만들 줄 몰라요.

3단계 의문 문장 끝에 吗를 써서 의문문을 만들어요.

你会打汉字吗?
Nǐ huì dǎ Hànzì ma?

당신은 한자 타자를 칠 줄 아나요?

你会做中国菜吗?
Nǐ huì zuò Zhōngguó cài ma?

당신은 중국 음식을 만들 줄 아나요?

1 그는 운전할 줄 알아요.

开车 kāi chē 차를 운전하다

---

2 그는 한자를 쓸 줄 알아요.

写汉字 xiě Hànzì 한자를 쓰다

---

3 저는 요리할 줄 몰라요.

做菜 zuò cài 요리하다

---

4 당신은 수영할 줄 아나요?

游泳 yóuyǒng 수영하다

---

5 당신은 중국어를 할 줄 아나요?

说汉语 shuō Hànyǔ 중국어를 말하다

낱말

会 huì ～할 줄 알다

정답

① 他会开车。   ② 他会写汉字。   ③ 我不会做菜。   ④ 你会游泳吗?   ⑤ 你会说汉语吗?

능력 말하기 2
(能)

주어	能		부사어	술어 (동사)
나	~할 수 있다	중국어로	중국인과	이야기하다
我	**能**	**用汉语**	**跟中国人**	**聊天儿。**
Wǒ	néng	yòng Hànyǔ	gēn Zhōngguó rén	liáotiānr.

조동사 能

● 能néng은 동사 앞에 쓰여, 어떠한 능력을 가지고 있다는 것을 나타냅니다.

● 会huì와 달리 주로 구체적인 능력을 나타냅니다.

● 때로는 학습을 통해 얻은 능력이 매우 뛰어날 때도 사용할 수 있는데, 이때는 그 능력을 수치로 표현합니다.

회화 익히기 대화문을 통해 오늘의 학습 내용을 배워볼까요?

리 쥔

你好，美娜！
Nǐ hǎo, Měinà!

안녕, 미나!

김미나

你好，李军！
Nǐ hǎo, Lǐ Jūn!

특별한 주제없이 잡담을
나눈다는 뜻이에요.

안녕하세요, 리쥔 씨!

리 쥔

哇，美娜，听说你能用汉语聊天儿。
Wā, Měinà, tīngshuō nǐ néng yòng Hànyǔ liáotiānr.

와, 미나야, 너 중국어로 이야기할 수 있다고 들었어.

김미나

嗯，对。
Ng, duì.

'~을 사용해서'라는 뜻으로, 연동문에서는
뒤 동사의 방식을 나타내요.

네, 맞아요.

我现在能用汉语跟中国人聊天儿。
Wǒ xiànzài néng yòng Hànyǔ gēn Zhōngguó rén liáotiānr.

저 이제 중국어로 중국인과 이야기할 수 있어요.

리 쥔

还能做什么？
Hái néng zuò shénme?

그리고 또 뭐 할 수 있어?

'~일 뿐만 아니라'라는 뜻으로
범위가 확대됨을 나타내요.

김미나

我还能用汉字写日记。
Wǒ hái néng yòng Hànzì xiě rìjì.

저는 한자로
일기도 쓸 수 있어요.

리 쥔

哈哈，你真棒！
Hāhā, nǐ zhēn bàng!

하하, 너 정말 대단하다!

🔊 **낱말**

听说 tīngshuō 듣자하니 | 能 néng ~할 수 있다 | 用 yòng 쓰다, 사용하다
中国人 Zhōngguó rén 중국인 | 聊天儿 liáotiānr 이야기하다 | 写 xiě 쓰다, 적다 | 日记 rìjì 일기
哈哈 hāhā 히히(웃는 소리)

1단계 긍정 能을 동사술어 앞에 놓아 긍정문을 만들어요.

我能用汉语跟中国人聊天儿。
Wǒ néng yòng Hànyǔ gēn Zhōngguó rén liáotiānr.

나는 중국어로 중국인과 이야기할 수 있어요.

我能写一百个汉字。
Wǒ néng xiě yìbǎi ge Hànzì.

나는 한자 100개를 쓸 수 있어요.

2단계 부정 부정부사 不를 能 앞에 놓아 부정문을 만들어요.

我不能用汉语跟中国人聊天儿。
Wǒ bù néng yòng Hànyǔ gēn Zhōngguó rén liáotiānr.

나는 중국어로 중국인과 이야기할 수 없어요.

我不能写一百个汉字。
Wǒ bù néng xiě yìbǎi ge Hànzì.

나는 한자 100개를 쓸 수 없어요.

3단계 의문 문장 끝에 吗를 써서 의문문을 만들어요.

你能用汉语跟中国人聊天儿吗?
Nǐ néng yòng Hànyǔ gēn Zhōngguó rén liáotiānr ma?

당신은 중국어로 중국인과 이야기할 수 있나요?

你能写一百个汉字吗?
Nǐ néng xiě yìbǎi ge Hànzì ma?

당신은 한자 100개를 쓸 수 있어요?

1 저는 그렇게 잘 노래하지 못해요.　　　　　　　　　**唱** chàng 노래하다

2 그는 뭐든지 잘 먹어요.　　　　　　　　　　　　　　**吃** chī 먹다

3 오늘 살 수 없나요?　　　　　　　　　　　　　　　　**买** mǎi 사다

4 내일은 받을 수 있나요?　　　　　　　　　　　　　**收到** shōudào 받다

5 당신은 얼마나 싸게 해줄 수 있나요?　　　　　**便宜** piányi 값을 깎다, 싸게 해주다

낱말

能 néng ～할 수 있다 ｜ 那么好 nàme hǎo 그렇게 잘 ｜ 什么都 shénme dōu 무엇이든 모두
明天 míngtiān 내일 ｜ 多少 duōshao 얼마나

정답

① 我不能唱那么好。　② 他什么都能吃。　③ 今天不能买吗?　④ 明天能收到吗?
⑤ 你能便宜多少?

의무 말하기 1
(得)

동사

주어	得	술어	목적어
나	~해야 한다	모시다	그녀
我	**得**	**陪**	**她。**
Wǒ	děi	péi	tā.

조동사 得

- 得děi는 '(의무상) 마땅히 ~해야 한다'라는 뜻으로 의무나 권유의 느낌을 주고 주로 회화체에 많이 쓰이는 편입니다.

- 부정형으로는 不用bú yòng이 쓰입니다.

- 得는 děi와 dé, de처럼 3가지 발음과 성조가 있고, 쓰임도 다르니 구분에 주의하세요!

리 친

诶，张丽，你明天有空吗?
Ēi, Zhāng Lì, nǐ míngtiān yǒu kòng ma?

저기, 장리 씨, 내일 시간 있어?

空은 '(속이) 텅비다'라는 뜻으로, 시간을 나타낼 때는 빈 시간 '짬'을 뜻하죠.
그래서 有空은 '시간이 비다', '짬이 나다'라는 뜻.

장 리

明天我婆婆来，我得陪她，怎么了?
Míngtiān wǒ pópo lái, wǒ děi péi tā, zěnme le?

내일 시어머니가 오셔서,
모셔야 되는데, 왜요?

원래는 '시어머니'를 뜻하지만,
'할머니'라는 뜻으로도 두루 쓰여요.

리 친

我明天去出差，
Wǒ míngtiān qù chūchāi,

나 내일 출장을 가서,

得找人照顾我家狗。
děi zhǎo rén zhàogù wǒ jiā gǒu.

동사를 연달아 써서 표현한
연동문이에요.

우리 집 개를 보살펴줄
사람을 찾아야 돼.

장 리

啊！你问问美娜吧，听说她明天没有课。
À! Nǐ wènwen Měinà ba, tīngshuō tā míngtiān méiyǒu kè.

아! 미나한테 물어봐요, 내일 수업이 없다고 들었어요.

리 친

啊，谢谢啊！
À, xièxie a!

그래, 고마워!

PLUS 想 vs 要 vs 得

- 희망
我想去医院。
Wǒ xiǎng qù yīyuàn.
나는 병원에 가고 싶어요.

- 의지
我要去医院。
Wǒ yào qù yīyuàn.
나는 병원에 갈 거예요.

- 의무
我得去医院。
Wǒ děi qù yīyuàn.
나는 병원에 가야 해요.

 낱말

有空 yǒu kòng 시간이 나다 | 婆婆 pópo 할머니, 시어머니 | 得 děi ~해야 한다 | 陪 péi 모시다
出差 chūchāi 출장(하다) | 找 zhǎo 찾다 | 照顾 zhàogù 보살피다 | 狗 gǒu 개 | 课 kè 수업, 강의

1단계 긍정 得를 동사술어 앞에 놓아 긍정문을 만들어요.

我得陪她。
Wǒ děi péi tā.

나는 그녀를 모셔야 해요.

他得去医院。
Tā děi qù yīyuàn.

그는 병원에 가야 해요.

2단계 부정 得 자리에 不用을 놓아 부정문을 만들어요.

我不用陪她。
Wǒ bú yòng péi tā.

나는 그녀를 모시지 않아도 돼요.

他不用去医院。
Tā bú yòng qù yīyuàn.

그는 병원에 가지 않아도 돼요.

3단계 의문 문장 끝에 吗를 써서 의문문을 만들어요.

我得陪她吗？
Wǒ děi péi tā ma?

내가 그녀를 모셔야 하나요?

他得去医院吗？
Tā děi qù yīyuàn ma?

그는 병원에 가야 하나요?

① 당신은 이틀 정도(얼마간은) 쉬어야 해요.　　　　　　　　　　**休息** xiūxi 쉬다

② 저는 숙제해야 해요.　　　　　　　　　　**做作业** zuò zuòyè 숙제를 하다

③ 아이들은 채소를 많이 먹어야 해요.　　　　　　　**吃蔬菜** chī shūcài 채소를 먹다

④ 당신은 잔업하지 않아도 돼요.　　　　　　　　**加班** jiā bān 초과근무하다

⑤ 제가 그를 가르쳐야 하나요?　　　　　　　　　　**教** jiāo 가르치다

🐰 낱말

得 děi ~해야 한다 ｜ 两天 liǎng tiān 이틀, 얼마간 ｜ 孩子们 háizimen 아이들 ｜ 多 duō 많다, 많이
不用 bú yòng ~할 필요 없다

🏛 정답

① 你得休息两天。　② 我得做作业。　③ 孩子们得多吃蔬菜。　④ 你不用加班。
⑤ 我得教他吗?

의무 말하기 2
(应该)

동사

주어	应该	술어	목적어
학생	마땅히 ~해야 한다	노력하다	공부
学生	**应该**	**努力**	**学习。**
Xuésheng	yīnggāi	nǔlì	xuéxí.

동사

조동사 应该

- 应该yīnggāi는 '마땅히'나 '당연히 ~해야 한다'라는 뜻으로, 도리상, 상식상 대다수가 인정하는 견해를 나타냅니다.

- 옳다고 생각하는 자신의 주관을 말하기도 하므로 得děi보다는 어감이 강하다 할 수 있습니다.

- 부정문은 '~할 필요 없다'는 뜻의 不用bú yòng을 써서 자신의 견해를 표현해요.

장 리

你最近很努力呀。
Nǐ zuìjìn hěn nǔlì ya.

너 요즘 열심히 하네.

김미나

学生应该努力学习嘛。
Xuésheng yīnggāi nǔlì xuéxí ma.

학생은 마땅히 열심히 공부해야죠.

장 리

你的作业真的在学校吗?
Nǐ de zuòyè zhēn de zài xuéxiào ma?

네 숙제는 정말 학교에 있는 거야?

'정말로', '진짜로'라는 뜻으로, 강조할 때 쓰여요.

김미나

好朋友应该相信对方。
Hǎo péngyou yīnggāi xiāngxìn duìfāng.

좋은 친구는 반드시 상대를 믿어줘야 해요.

한자로만 보면 '(서로) 믿다'라는 뜻으로 목적어 없이도
쓰이지만, 믿는 상대방을 목적어로 두기도 해요.

장 리

好学生应该每天都带作业。
Hǎo xuésheng yīnggāi měitiān dōu dài zuòyè.

좋은 학생은 매일 숙제를 가지고 다녀야 해.

每天 외에도 都를 써서
'하루도 빠짐없이'를 표현했어요.

 낱말

最近 zuìjìn 최근, 요즘 ㅣ 努力 nǔlì 노력하다 ㅣ 学生 xuésheng 학생 ㅣ 应该 yīnggāi 마땅히 ～해야 한다
作业 zuòyè 숙제 ㅣ 学校 xuéxiào 학교 ㅣ 朋友 péngyou 친구 ㅣ 对方 duìfāng 상대방
带 dài (몸에) 지니다, 휴대하다

1단계 긍정 应该를 동사술어 앞에 놓아 긍정문을 만들어요.

学生应该努力学习。
Xuésheng yīnggāi nǔlì xuéxí.

학생은 당연히 열심히 공부해야 해요.
(학생은 마땅히 공부에 힘써야 해요.)

你今天应该交作业。
Nǐ jīntiān yīnggāi jiāo zuòyè.

당신은 오늘 당연히 숙제를 내야 해요.

2단계 부정 应该 자리에 不用을 놓아 부정문을 만들어요.

学生不用努力学习。
Xuésheng bú yòng nǔlì xuéxí.

학생은 열심히 공부할 필요가 없어요.

你今天不用交作业。
Nǐ jīntiān bú yòng jiāo zuòyè.

당신은 오늘 숙제를 낼 필요가 없어요.

3단계 의문 문장 끝에 吗를 써서 의문문을 만들어요.

学生应该努力学习吗?
Xuésheng yīnggāi nǔlì xuéxí ma?

학생은 당연히 열심히 공부해야 하나요?

我今天应该交作业吗?
Wǒ jīntiān yīnggāi jiāo zuòyè ma?

나는 오늘 당연히 숙제를 내야 하나요?

① 당신은 사과해야 해요.

道歉 dàoqiàn 사과하다

---

② 당신은 오늘 숙제를 낼 필요가 없어요.

交 jiāo 제출하다 | 作业 zuòyè 숙제

---

③ 당신은 저한테 일찍 알려줬어야 해요!

告诉 gàosu 알리다 | 我 wǒ 나, 저

---

④ 당신은 다이어트할 필요 없어요.

减肥 jiǎnféi 다이어트하다

---

⑤ 제가 청소해야 하나요?

打扫 dǎsǎo 청소하다

🔔 낱말

应该 yīnggāi 마땅히 ~해야 한다 | 不用 bú yòng ~할 필요 없다 | 早点儿 zǎo diǎnr 일찌감치

🏛 정답

① 你应该道歉。 ② 你今天不用交作业。/ 今天你不用交作业。 ③ 你应该早点儿告诉我！
④ 你不用减肥。 ⑤ 我应该打扫吗？

허락 말하기
(可以)

주어	可以	술어 〔동사〕	목적어
당신	~해도 된다	보다	사진
你	**可以**	**看**	**照片。**
Nǐ	kěyǐ	kàn	zhàopiàn.

조동사 可以

- 可以kěyǐ는 동사 앞에서 쓰여, '~해도 될까요?'나 '~해도 됩니다'와 같이 허락의 의미를 표현합니다.

- 부정형은 不能bù néng이 자주 쓰입니다.

- 不可以bù kěyǐ는 '불허'(강한 금지)를 의미하는데, 표지판 등에서 자주 볼 수 있는 '不可进去bù kě jìn qù'의 '不可(以)bù kě(yǐ)'가 바로 '불허'를 나타내는 말입니다.

왕웨이

美娜，这是什么？
Měinà, zhè shì shénme?

미나야, 이건 뭐야?

김미나

这是我的照片。
Zhè shì wǒ de zhàopiàn.

어떠한 상황에 대한 허용을
물어볼 때 쓰여요. 대답은 간단히
可以나 不可以로 하면 돼요.

이건 내 사진이야.

왕웨이

我可以看这些照片吗？
Wǒ kěyǐ kàn zhè xiē zhàopiàn ma?

내가 이 사진들 봐도 될까?

김미나

可以呀！
Kěyǐ ya!

봐도 돼!

왕웨이

哇，这是你吗？
Wā, zhè shì nǐ ma?

와, 이거 너야?

반대말은 瘦 shòu(마르다)예요.

김미나

是，很胖、很可爱吧？
Shì, hěn pàng、hěn kě'ài ba?

응, 통통하고, 귀엽지?

왕웨이

我可以要一张吗？
Wǒ kěyǐ yào yì zhāng ma?

사진을 셀 때 쓰는 단위예요.

내가 한 장 가져도 될까?

김미나

嗯！
Ňg!

아니!

왕웨이

美娜~
Měinà~

미나야~

김미나

好吧好吧！
Hǎo ba hǎo ba!

알았어 알았어!

🐰 **낱말**

照片 zhàopiàn 사진 ｜ 胖 pàng 뚱뚱하다, 통통하다 ｜ 可以 kěyǐ ~해도 된다, ~할 수 있다(허락)
要 yào 바라다, 원하다 ｜ 张 zhāng 장(넓고 평평한 것을 세는 단위)

1단계 긍정 可以를 동사술어 앞에 놓아 긍정문을 만들어요.

你可以看照片。 당신은 사진을 봐도 돼요.
Nǐ kěyǐ kàn zhàopiàn.

你可以进去。 당신은 들어가도 돼요.
Nǐ kěyǐ jìn qù.

2단계 부정 可以 자리에 不能을 놓아 부정문을 만들어요.

你不能看照片。 당신은 사진을 보면 안 돼요.
Nǐ bù néng kàn zhàopiàn.

你不能进去。 당신은 들어가면 안 돼요.
Nǐ bù néng jìn qù.

3단계 의문 문장 끝에 吗를 써서 의문문을 만들어요.

我可以看照片吗？ 내가 사진을 봐도 되나요？
Wǒ kěyǐ kàn zhàopiàn ma?

我可以进去吗？ 내가 들어가도 되나요？
Wǒ kěyǐ jìn qù ma?

1 당신은 참가할 수 있어요.　　　　　　　　　　**参加** cānjiā 참가하다

---

2 당신들은 좀 쉬어도 돼요.　　　　　　　　　　**休息** xiūxi 쉬다

---

3 학생은 들어갈 수 없어요.　　강한 불허의 의미는　　**进去** jìn qù 들어가다
　　　　　　　　　　　　　　不可以로 말해요.

---

4 당신 저 좀 도와 줄 수 있나요?　　　　　　　　**帮我** bāng wǒ 나를 돕다

---

5 제가 살 수 있나요?　　　　　　　　　　　　　**买** mǎi 사다

🍂 **낱말**

可以 kěyǐ ~해도 된다 ┃ 一点儿 yìdiǎnr 조금, 약간 ┃ 学生 xuésheng 학생 ┃ 帮 bāng 돕다

🏮 **정답**

① 你可以参加。　② 你们可以休息一点儿。　③ 学生不可以进去。　④ 你可以帮我吗?
⑤ 我可以买吗?

222

완료 말하기 1
(了)

주어	술어 ← 동사	了
나	수업을 마치다	~했다(완료)
我	**下课**	**了。**
Wǒ	xià kè	le.

동태조사 了 1

- 동사 뒤에 붙어서, 동작의 상황 표현을 도와준다고 해서 '동태조사'라고 합니다. 그중 了le는 동사술어 뒤에 쓰여서 그 동작이 완료됐다는 것을 나타냅니다.

- 부정형은 没(有)méi(yǒu)를 동사술어 앞에 놓습니다.

- 부정형은 동작이 '아직 일어나지 않은' 상황을 뜻하므로 완료를 나타내는 了le는 함께 쓰지 않습니다.

김미나

喂？
Wéi?

여보세요?

장 리

喂，美娜，你下课了吗？
Wéi, Měinà, nǐ xià kè le ma?

여보세요, 미나야, 수업 끝났니?

김미나

嗯，刚下课了。
Ng, gāng xià kè le.

일어난 지 오래되지 않은 시간대를 나타내요.

네, 막 끝났어요.

장 리

现在我们都在一起，
Xiànzài wǒmen dōu zài yìqǐ,

지금 우리 모두 함께 있어,

刚点完菜了，你也来吧。
gāng diǎnwán cài le, nǐ yě lái ba.

방금 음식 주문했으니까, 너도 와.

点은 '점을 찍다'라는 뜻. 메뉴판에 손가락으로 콕 찍어 메뉴를 주문한다고 기억해 보세요.

김미나

啊，我今天有点儿累，要回家休息休息。
À, wǒ jīntiān yǒudiǎnr lèi, yào huí jiā xiūxi xiūxi.

어, 저 오늘 조금 피곤해서, 집에 가서 좀 쉴래요.

장 리

我们要吃火锅呢。
Wǒmen yào chī huǒguō ne.

우리 훠궈 먹을 거야.

김미나

我马上到！
Wǒ mǎshàng dào!

말에 올라타면 빠르겠죠? 그래서 '곧'이라는 뜻을 갖고 있어요.

저 금방 도착해요!

장 리

马上到！
Mǎshàng dào!

곧 도착한대!

🐱 낱말

下课 xià kè 수업을 마치다 ｜ 点菜 diǎn cài 요리를 주문하다 ｜ 完 wán 다하다, 끝나다
火锅 huǒguō 신선로, 훠궈 ｜ 马上 mǎshàng 곧, 즉시

1단계 긍정 동사술어 뒤에 동작의 완료를 나타내는 了를 놓아 완료문을 만들어요.

我下课了。 나는 수업이 끝났어요.
Wǒ xià kè le.

他来了。 그는 왔어요.
Tā lái le.

2단계 부정 부정부사 没(有)를 동사술어 앞에 놓아 부정문을 만들어요.
(了는 생략)

我(还)没下课。 나는 수업이 (아직) 끝나지 않았어요.
Wǒ (hái) méi xià kè.

他(还)没来。 그는 (아직) 오지 않았어요.
Tā (hái) méi lái.

3단계 의문 문장 끝에 吗를 써서 의문문을 만들어요.

你下课了吗? 당신은 수업이 끝났나요?
Nǐ xià kè le ma?

他来了吗? 그가 왔나요?
Tā lái le ma?

주어진 단어로 문장을 만들어 보세요.

① 저 왔어요.

来 lái 오다

___

② 차가 아직 오지 않았어요.

到 dào 도착하다

___

③ 저는 아직 퇴근하지 않았어요.

下班 xià bān 퇴근하다

___

④ 당신은 설거지를 했나요?

洗碗 xǐ wǎn 설거지하다

___

⑤ 손님들은 모두 떠났나요?

离开 líkāi 떠나다

___

🐚 **낱말**

了 le ~했다(완료) | 车 chē (자동)차 | 还 hái 아직, 여전히 | 客人 kèrén 손님 | 都 dōu 모두, 다

🏛 **정답**

① 我来了。 ② 车还没到。 ③ 我还没下班。 ④ 你洗碗了吗？ ⑤ 客人都离开了吗？

완료 말하기 2 (了)

주어	술어	목적어	了
나	보다	영화	~했다(완료)
我	**看**	**电影**	**了。**
Wǒ	kàn	diànyǐng	le.

동사

동태조사 了 2

- 了le는 동사술어 뒤에 쓰여서 그 동작이 완료됐다는 것을 나타냅니다.

- 목적어가 있는 문장이라면 了le는 목적어 뒤에 위치합니다.
  그러나 목적어에 수식성분이 있으면 了le는 동사술어 뒤에 위치합니다.

- 부정형은 没(有)méi(yǒu)를 동사술어 앞에 놓습니다. 이때 了le는
  생략합니다.

왕웨이

诶，美娜！
Ēi, Měinà!

어, 미나야!

김미나

王伟！
Wáng Wěi!

왕웨이!

왕웨이

你吃饭了吗?
Nǐ chī fàn le ma?

밥 먹었어?

김미나

没有。
Méiyǒu.

아니.

> 평서문이지만, 문장 끝에 의견을 묻는 표현(怎么样)이 생략된 표현이에요.

왕웨이

那我们去吃饭?
Nà wǒmen qù chī fàn?

그럼 우리 밥 먹으러 갈까?

김미나

好啊！
Hǎo a!

좋아!

왕웨이

走!
Zǒu!

가자!

> 未(wèi, 아직)와 글자 모양이 비슷해요. 첫 획의 길이에 주의하세요.

你周末学习了吗?
Nǐ zhōumò xuéxí le ma?

너 주말에 공부했어?

김미나

我看电影了。
Wǒ kàn diànyǐng le.

난 영화를 봤어.

왕웨이

中国电影?
Zhōngguó diànyǐng?

중국 영화?

> 책이나 영화를 세는 단위예요.

김미나

嗯，我周末看了六部中国电影。
Ng, wǒ zhōumò kàn le liù bù Zhōngguó diànyǐng.

응, 나 주말에 중국 영화 6편을 봤어.

왕웨이

厉害！
Lìhai!

> '대단하다'나 '굉장하다'라는 뜻으로 과장되게 상대를 칭찬할 때 쓰는 표현이에요.

대단해!

 낱말

周末 zhōumò 주말 ┃ 部 bù 편(영화를 세는 단위)

1단계 긍정 목적어 뒤에 동작의 완료를 나타내는 了를 놓아 완료문을 만들어요.

我看电影了。
Wǒ kàn diànyǐng le.

나는 영화를 봤어요.

我吃面包了。
Wǒ chī miànbāo le.

나는 빵을 먹었어요.

2단계 부정 부정부사 没(有)를 동사술어 앞에 놓아 부정문을 만들어요.
(了는 생략)

我没看电影。
Wǒ méi kàn diànyǐng.

나는 영화를 보지 않았어요.

我没吃面包。
Wǒ méi chī miànbāo.

나는 빵을 먹지 않았어요.

3단계 의문 문장 끝에 吗를 써서 의문문을 만들어요.

你看电影了吗?
Nǐ kàn diànyǐng le ma?

당신은 영화를 봤나요?

你吃面包了吗?
Nǐ chī miànbāo le ma?

당신은 빵을 먹었나요?

① 저는 요리를 했어요.

做菜 zuò cài 요리하다

---

② 저는 쇼핑몰에 갔어요.

去商场 qù shāngchǎng 쇼핑몰에 가다

---

③ 저는 술을 마시지 않았어요.

喝酒 hē jiǔ 술을 마시다

---

④ 저는 옷을 사지 않았어요.

买衣服 mǎi yīfu 옷을 사다

---

⑤ 당신은 과일을 먹었나요?

吃水果 chī shuǐguǒ 과일을 먹다

낱말

了 le ~했다(완료) ｜ 商场 shāngchǎng 쇼핑몰 ｜ 水果 shuǐguǒ 과일

정답

① 我做菜了。　② 我去商场了。　③ 我没喝酒。　④ 我没买衣服。　⑤ 你吃水果了吗?

변화 말하기
(了)

나이 / 계절 / 날짜

주어	술어	了
그녀의 딸	5살	~ 되었다(변화)
她女儿	**五岁**	**了。**
Tā nǚ'ér	wǔ suì	le.

어기조사 了

- 문장 끝에서 문장 전체와 관련된 상황이나 어감을 나타내는 말을 '어기조사'라고 합니다. 그중 了le는 문장 끝에 쓰여서 어떠한 변화가 생겼음을 뜻하기도 합니다. 이때는 그 변화에 대한 놀라운 감정을 담아 표현하는 역할을 합니다.

- 부정형은 동사 앞에 没(有)méi(yǒu)를 써서 표현하는데, 변화가 '아직' 발생하지 않은 것이므로 还没(有)hái méi(yǒu)를 쓰기도 합니다.

- 의문형은 문장 끝에 吗ma가 쓰이는데. 이때는 '~가 되었나요?'라는 어감을 갖습니다.

장 리

李军!
Lǐ Jūn!

리쥔 씨!

你怎么了?
Nǐ zěnme le?

왜 그러세요?

리 쥔

我都四十了。
Wǒ dōu sìshí le.

'모두'라는 뜻 외에도 '이미', '벌써'라는 뜻으로도 자주 쓰여요.

나 벌써 마흔 살이잖아.

장 리

四十怎么了?
Sìshí zěnme le?

마흔 살이 왜요?

리 쥔

'나이'라는 뜻으로, '나이가 들다'는 年纪大了。로 말해요.

到了这个年纪, 就想结婚。
Dào le zhè ge niánjì, jiù xiǎng jié hūn.

이 나이가 되니까, 결혼하고 싶네.

장 리

我觉得一个人也很好。
Wǒ juéde yí ge rén yě hěn hǎo.

저는 혼자도 좋다고 생각해요.

我女儿五岁了。
Wǒ nǚ'ér wǔ suì le.

'딸아이'라는 뜻으로, '아들'은 儿子 érzi라고 표현해요.

제 딸은 5살이에요.

🎧 **낱말**

了 le ~ 됐다(변화) | 年纪 niánjì (사람의) 나이 | 女儿 nǚ'ér 딸 | 岁 suì 세(나이)

1단계 긍정 문장 끝에 변화를 나타내는 了를 놓아 긍정문을 만들어요.

她女儿五岁了。
Tā nǚ'ér wǔ suì le.

그녀의 딸은 5살이 되었어요.

春天了。
Chūntiān le.

봄이 되었어요.

2단계 부정 부정부사 还没(有)를 술어 앞에 놓아 부정문을 만들어요. (了는 생략)

她女儿还没到五岁。
Tā nǚ'ér hái méi dào wǔ suì.

그녀의 딸은 아직 5살이 되지 않았어요.

还没到春天。
Hái méi dào chūntiān.

아직 봄이 되지 않았어요.

3단계 의문 문장 끝에 吗를 써서 의문문을 만들어요.

她女儿五岁了吗?
Tā nǚ'ér wǔ suì le ma?

그녀의 딸은 5살이 되었나요?

春天了吗?
Chūntiān le ma?

봄이 되었나요?

1 아직 새해가 되지 않았어요.

到 dào 다다르다 ┃ 新年 xīnnián 새해

2 몸이(건강이) 좀 좋아졌어요.

身体 shēntǐ 몸 ┃ 好 hǎo 좋아지다

3 머리카락이 하얘졌어요.

头发 tóufa 머리카락 ┃ 白 bái 하얘지다

4 생활이 더욱 편리해졌어요.

生活 shēnghuó 생활 ┃ 方便 fāngbiàn 편리해지다

5 해가 나왔나요?

太阳 tàiyáng 해, 태양 ┃ 出来 chūlái 나오다

낱말

了 le ~ 됐다(변화) ┃ 一点儿 yìdiǎnr 조금, 약간 ┃ 更 gèng 더, 더욱

정답

① 还没到新年。 ② 身体好一点儿了。 ③ 头发白了。 ④ 生活更方便了。 ⑤ 太阳出来了吗?

진행 말하기
(在)

주어	在	술어	(呢)
나	~하고 있다	운동하다	~ 중이다(진행)
我	**在**	**运动**	**(呢)。**
Wǒ	zài	yùndòng	(ne).

동사

부사 在

- 在zài는 동사 앞에 쓰여, 어떠한 동작이 진행 중에 있음을 나타냅니다. '~하는 중이다'라고 이해하면 됩니다.

- 일반적으로 문장 끝에 어기조사 呢ne를 함께 쓰기도 합니다. 어감을 부드럽게 하는 역할도 하지만, 단독으로도 진행 상태를 표현하기도 합니다.

회화 익히기 | 대화문을 통해 오늘의 학습 내용을 배워볼까요?

김미나

喂?
Wéi?

여보세요?

장 리

你的声音怎么了?
Nǐ de shēngyīn zěnme le?

목소리가 왜 그래?

김미나

我在运动啊。
Wǒ zài yùndòng a.

저 운동하고 있어요.

'비계를 줄이다'라고요?
'살을 빼다'라는 뜻이에요.

장 리

哦，对了，你最近在减肥，是吧?
Ò, duì le, nǐ zuìjìn zài jiǎnféi, shì ba?

아, 맞다, 너 요즘 다이어트하지,
그렇지?

김미나

是。你在做什么?
Shì. Nǐ zài zuò shénme?

네. 지금 뭐 하고 있어요?

'꼬치'를 뜻해요. 생긴
모습도 꼬치를 닮았네요.

장 리

我在吃牛肉串。
Wǒ zài chī niúròuchuàn.

나는 지금 소고기 꼬치 먹고 있어.

김미나

牛肉? 你在哪儿?
Niúròu? Nǐ zài nǎr?

소고기요? 장리 씨 어디에 있어요?

이때는 동사 '(~에) 있다'라는
뜻으로 쓰였어요.

运动 yùndòng 운동(히디) | 减肥 jiǎnféi 다이어트하다 | 牛肉串 niúròuchuàn 소고기 꼬치

1단계 긍정   부사 在를 동사술어 앞에, 문장 끝에 呢를 놓아 진행문을 만들어요.
(呢 생략 가능)

我在运动(呢)。   나는 운동을 하는 중이에요.
Wǒ zài yùndòng (ne).

他在看电视(呢)。   그는 TV를 보는 중이에요.
Tā zài kàn diànshì (ne).

2단계 부정   부정부사 没를 동사술어 앞에 놓아 부정문을 만들어요.
(在 생략 가능)

我没(在)运动。   나는 운동을 하는 중이 아니에요.
Wǒ méi (zài) yùndòng.

他没(在)看电视。   그는 TV를 보는 중이 아니에요.
Tā méi (zài) kàn diànshì.

3단계 의문   문장 끝에 吗를 써서 의문문을 만들어요.

你在运动吗?   당신은 운동을 하는 중인가요?
Nǐ zài yùndòng ma?

他在看电视吗?   그는 TV를 보는 중인가요?
Tā zài kàn diànshì ma?

① 학생이 공부하고 있어요.

学习 xuéxí 공부하다

_____

② 저는 밥을 먹고 있어요.

吃饭 chī fàn 밥을 먹다

_____

③ 그녀는 음악을 듣고 있지 않아요.

听音乐 tīng yīnyuè 음악을 듣다

_____

④ 당신은 요리하고 있나요?

做菜 zuò cài 요리하다

_____

⑤ 당신은 뭐 하고 있어요?

做什么 zuò shénme 무엇을 하다

_____

🐥 **낱말**

在 zài ~하고 있다(진행) | 学生 xuésheng 학생

🏮 **정답**

① 学生在学习(呢)。 ② 我在吃饭(呢)。 ③ 她没(在)听音乐。 ④ 你在做菜吗?
⑤ 你在做什么(呢)?

238

지속 말하기 1
(着)

주어	술어 (동사)	着
그녀의 핸드폰	켜다	~해 있다(지속)
她手机 Tā shǒujī	**开** kāi	**着。** zhe.

동태조사 着 1

- 着zhe는 동사 뒤에 쓰여서, 동작이나 상태가 지속되고 있음을 표현합니다.

- 사물이 주인공인 문장에서는 사물의 상태가 지속되고 있음을 나타냅니다. 우리말로는 '~한 상태로 있다'로 이해하면 됩니다.

- 부정형은 '没méi + 동사 + 着zhe'의 형태로 말합니다.

장리
诶，王伟！
Ēi, Wáng Wěi!

어, 왕웨이!

联系는 '연락하다'라는 뜻인데, 연락은 '누구와' 하는 거니까, 앞에 '跟 + 연락하는 대상'을 썼어요.

왕웨이
诶，张丽! 你今天跟美娜联系了吗?
Ēi, Zhāng Lì! Nǐ jīntiān gēn Měinà liánxì le ma?

어, 장리 씨!
오늘 미나랑 연락하셨어요?

장리
早上联系了，怎么了?
Zǎoshang liánxì le, zěnme le?

아침에 연락했지. 왜 그래?

왕웨이
她一直不接电话。
Tā yìzhí bù jiē diànhuà.

接는 '받다', '연결하다'라는 동사로, '전화를 받다'라는 표현에도 쓰여요.

그녀가 계속
전화를 안 받아서요.

장리
那她手机开着吗?
Nà tā shǒujī kāi zhe ma?

그럼 핸드폰은 켜져 있어?

왕웨이
开着，但是我们吵架后就不接电话。
Kāi zhe, dànshì wǒmen chǎo jià hòu jiù bù jiē diànhuà.

켜져 있는데, 우리가 말다툼한 후
전화를 안 받아요.

장리
那你晚上再给她打吧。
Nà nǐ wǎnshang zài gěi tā dǎ ba.

吵架는 말싸움을, 打架(dǎ jià)는
때리는 싸움을 말해요.

그럼 저녁에
다시 걸어봐.

没事儿的。
Méishìr de.

'또'라는 뜻으로, 아직 일어나지
않은 일을 표현할 때만 사용해요.

괜찮을 거야.

낱말

联系 liánxì 연락(하다) | 接电话 jiē diànhuà 전화를 받다 | 手机 shǒujī 핸드폰 | 开 kāi 열다, 켜다
着 zhe ~하고 있다(지속) | 吵架 chǎo jià 다투다 | 后 hòu (~한) 후, 뒤

1단계 **긍정**　　문장 끝에 지속을 나타내는 조사 着를 놓아 지속문을 만들어요.

她手机开着。
Tā shǒujī kāi zhe.

그녀의 핸드폰은 켜져 있어요.

空调关着。
Kōngtiáo guān zhe.

에어컨이 꺼져 있어요.

2단계 **부정**　　부정부사 没를 동사술어 앞에 놓아 부정문을 만들어요.

她手机没开着。
Tā shǒujī méi kāi zhe.

그녀의 핸드폰은 켜져 있지 않아요.

空调没关着。
Kōngtiáo méi guān zhe.

에어컨이 꺼져 있지 않아요.

3단계 **의문**　　문장 끝에 吗를 써서 의문문을 만들어요.

她手机开着吗?
Tā shǒujī kāi zhe ma?

그녀의 핸드폰은 켜져 있나요?

空调关着吗?
Kōngtiáo guān zhe ma?

에어컨이 꺼져 있나요?

① 전등이 꺼져 있지 않아요.   关 guān 끄다

---

② 햇볕이 내리쬐고 있어요.   晒 shài 내리쬐다

---

③ 큰비가 줄곧 내리고 있어요.   下 xià 내리다

---

④ 문은 열려 있지 않아요.   开 kāi 열다

---

⑤ 창문이 열려 있나요?   开 kāi 열다

낱말

着 zhe ~하고 있다(지속) | 灯 dēng 등(불) | 阳光 yángguāng 햇볕 | 大雨 dàyǔ 큰비
门 mén 문 | 窗户 chuānghu 창문

정답

① 灯没关着。　② 阳光晒着。　③ 大雨一直下着。　④ 门没开着。　⑤ 窗户开着吗?

지속 말하기 2 (着)

동사

주어	술어	着
왕웨이	서다	~하고 있다(지속)
王伟	**站**	**着。**
Wáng Wěi	zhàn	zhe.

동태조사 着 2

- 着zhe는 동사 뒤에 쓰여서, 동작이 지속되고 있음을 표현합니다. 이때 동작은 한 번 일어나고 나면 그 행위가 곧바로 끝나는 동사가 주로 쓰여요.

- 在zài가 행위가 계속되는 것을 뜻하는 반면, 着zhe는 행위가 끝난 후에 그 결과가 지속되고 있음을 나타냅니다.

- 동사술어 뒤에 목적어가 오기도 해요.

리쉰

你怎么站着？

Nǐ zěnme zhàn zhe?

너 왜 서 있어?

哎呀，你还在看着手机呀。

Āiyā, nǐ hái zài kàn zhe shǒujī ya.

아이고, 계속 핸드폰만 보고 있네.

> 여기에서는 안타까움을 나타내는 감탄사로 쓰였어요.

왕웨이

她怎么不给我联系呢。

Tā zěnme bù gěi wǒ liánxì ne.

그녀는 왜 나한테 연락을 안 할까요.

> '누구와' 연락하는 것은 跟을 쓰지만,
> '누구에게' 연락하는 것은 给를 써요.

리쉰

你坐着等吧，不累吗？

Nǐ zuò zhe děng ba, bú lèi ma?

앉아서 기다려, 안 힘들어?

> '앉은 채로 기다리다'라는
> 연동문 형식의 문장이 되었어요.

> 不…吗의 부정의문문은 약간
> 타박하는 어감을 표현해요.

🎧 **낱말**

站 zhàn 서다, 일어서다 │ 等 děng 기다리다

1단계 **긍정** 동사 뒤에 지속을 나타내는 조사 着를 놓아 지속문을 만들어요.

王伟站着。
Wáng Wěi zhàn zhe.

왕웨이가 서 있어요.

他看着手机。
Tā kàn zhe shǒujī.

그가 핸드폰을 보고 있어요.

2단계 **부정 1** 부정부사 没를 동사술어 앞에 놓아 결과의 지속에 대한 부정문을 만들어요.

王伟没站着。
Wáng Wěi méi zhàn zhe.

왕웨이가 서 있지 않아요.

2단계 **부정 2** 부정부사 没를 동사술어 앞에 놓아 동작의 지속에 대한 부정문을 만들어요. (着 생략)

他没看手机。
Tā méi kàn shǒujī.

그가 핸드폰을 보고 있지 않아요.

3단계 **의문** 문장 끝에 吗를 써서 의문문을 만들어요.

王伟站着吗?
Wáng Wěi zhàn zhe ma?

왕웨이가 서 있나요?

他看着手机吗?
Tā kàn zhe shǒujī ma?

그가 핸드폰을 보고 있나요?

① 저는 앉아서 책을 봐요.

坐 zuò 앉다 | 看书 kàn shū 책을 보다

---

② 저는 누워서 TV를 봐요.

躺 tǎng 눕다 | 看电视 kàn diànshì 텔레비전을 보다

---

③ 저희 앉아서 먹도록 하죠.

坐 zuò 앉다 | 吃 chī 먹다

---

④ 그녀는 잡지를 보고 있지 않아요.

看 kàn 보다 | 杂志 zázhì 잡지

---

⑤ 그는 왜 줄곧 서서 얘기하고 있죠?

站 zhàn 서다 | 聊天儿 liáotiānr 이야기하다

낱말

着 zhe ~하고 있다(지속) | 电视 diànshì 텔레비전 | 吧 ba ~하자(권유) | 话 huà 말
怎么 zěnme 어떻게, 어떤, 왜 | 一直 yìzhí 곧바로, 쭉

정답

① 我坐着看书。 ② 我躺着看电视。 ③ 我们坐着吃吧。 ④ 她没看杂志。
⑤ 他怎么一直站着聊大儿?

경험 말하기 (过)

주어	술어 ← 동사	过	목적어
나	사다	~한 적이 있다(경험)	복권
我	**买**	**过**	**彩票。**
Wǒ	mǎi	guo	cǎipiào.

동태조사 过

- 过guo는 동사 뒤에 쓰여서, 어떠한 경험이 있었음을 나타낼 때 자주 사용합니다. 우리말로는 '~한 적이 있다'로 해석됩니다.

- 경험을 나타내기 때문에 어감상 현재는 지속되지 않음을 표현하게 됩니다. 그래서 보통 '과거완료형'이라고 말합니다.

- 부정형은 没(有)méi(yǒu)를 써서 표현합니다.

哦，你买过彩票吗？
Ò, nǐ mǎi guo cǎipiào ma?

참, 너 복권 사본 적 있어?

福利券 fúlìquàn도 같은 말이에요.
'로또'는 大乐透 dàlètòu.

我没买过彩票，怎么了？
Wǒ méi mǎi guo cǎipiào, zěnme le?

나 복권 사본 적 없는데, 왜?

我昨天做了特~别好的梦。
Wǒ zuótiān zuò le tè~bié hǎo de mèng.

나 어제 특~별히 좋은 꿈을 꿨거든.

我想去买彩票！
Wǒ xiǎng qù mǎi cǎipiào!

'꿈꾸다'라는 뜻으로
좋은 꿈을 꾸다. 做好梦.

복권 사러 가고 싶어!

在幸福商店卖彩票，你去过吗？
Zài Xìngfú shāngdiàn mài cǎipiào, nǐ qù guo ma?

행복상점에 복권 파는데,
가본 적 있어?

我没去过，怎么走？我要买三十张！
Wǒ méi qù guo, zěnme zǒu? Wǒ yào mǎi sānshí zhāng!

가본 적 없는데, 어떻게 가?
나 30장 살 거야!

在那儿不远，一起去吧！
Zài nàr bù yuǎn, yìqǐ qù ba!

거기 멀지 않으니까 같이 가자!

好啊！
Hǎo a!

좋아!

走！
Zǒu!

가자!

🐷 **낱말**

过 guo ～한 적이 있다(경험) ｜ 彩票 cǎipiào 복권 ｜ 做梦 zuò mèng 꿈을 꾸다
特别 tèbié 특별하다, 특별히 ｜ 商店 shāngdiàn 상점 ｜ 卖 mài 팔다

1단계 **긍정**　동사 뒤에 경험을 나타내는 조사 过를 놓아 경험 표현을 만들어요.

我买过彩票。　　　　　　나는 복권을 사본 적이 있어요.
Wǒ mǎi guo cǎipiào.

我吃过中国菜。　　　　　나는 중국 음식을 먹어본 적이 있어요.
Wǒ chī guo Zhōngguó cài.

2단계 **부정**　부정부사 没를 동사술어 앞에 놓아 부정문을 만들어요.

我没买过彩票。　　　　　나는 복권을 사본 적이 없어요.
Wǒ méi mǎi guo cǎipiào.

我没吃过中国菜。　　　　나는 중국 음식을 먹어본 적이 없어요.
Wǒ méi chī guo Zhōngguó cài.

3단계 **의문**　문장 끝에 吗를 써서 의문문을 만들어요.

你买过彩票吗?　　　　　당신은 복권을 사본 적이 있나요?
Nǐ mǎi guo cǎipiào ma?

你吃过中国菜吗?　　　　당신은 중국 음식을 먹어본 적이 있나요?
Nǐ chī guo Zhōngguó cài ma?

① 저는 이 노래를 불러본 적이 있어요.

唱 chàng 노래하다 | 这首歌 zhè shǒu gē 이 노래

---

② 저는 미국에 가본 적이 있어요.

去 qù 가다 | 美国 Měiguó 미국

---

③ 저는 일본어를 배워본 적이 없어요.

学 xué 배우다 | 日语 Rìyǔ 일본어

---

④ 저는 지금껏 사본 적이 없어요.

买 mǎi 사다

---

⑤ 당신은 우리 집에 와본 적이 있나요?

来 lái 오다 | 我家 wǒ jiā 우리 집

낱말

过 guo ~한 적이 있다(경험) | 首 shǒu 곡(노래, 시를 세는 단위) | 从来 cónglái 지금껏

정답

① 我唱过这首歌。 ② 我去过美国。 ③ 我没学过日语。 ④ 我从来没买过。 ⑤ 你来过我家吗?

임박 말하기 1
(要…了)

동사 ↷

주어	要	술어	了
미나	곧 ~할 것이다	졸업하다	~ 되었다(변화)
美娜	**要**	**毕业**	**了。**
Měinà	yào	bìyè	le.

임박태 1

● 要yào…了le는 어떠한 상황이 곧 발생할 것임을 나타낼 때 쓰입니다.
상황이 임박함을 나타낸다고 해서 '임박태'라고 하는데, 우리말로는 '곧
~하려고 하다'로 이해하면 됩니다.

● 시간을 나타내는 부사어를 사용해서 상황이나 동작이 곧 시작되려는
구체적인 시간을 나타낼 수 있습니다.

● 就要jiùyào…了le도 비슷하게 쓰이며, 이때 了le는 상황의 변화를
나타내는 어기조사입니다.

김미나
我的一个前辈要毕业了。
Wǒ de yí ge qiánbèi yào bìyè le.

제 선배가 곧 졸업해요.

장 리
你要送礼物吗?
Nǐ yào sòng lǐwù ma?

'선배'라는 뜻. 남자 선배는 学哥 xuégē,
여자 선배는 学姐 xuéjiě로 많이 쓰입니다.

너 선물하려고?

김미나
嗯,你陪我一起去,好吗?
Ǹg, nǐ péi wǒ yìqǐ qù, hǎo ma?

네, 저랑 같이 가주실 수 있나요?

陪는 '곁에서 도와주다'라는 뜻으로 쓰였어요.
종종 뒤에 一起 yìqǐ가 함께 쓰여요.

장 리
今天吗?
Jīntiān ma?

오늘?

김미나
嗯。
Ǹg.

네.

장 리
今天不行。
Jīntiān bù xíng.

오늘은 안 돼.

마땅한 의무로써 '~해야 한다'는
의미로 쓰였어요.

我儿子明天要考试了,得照顾他。
Wǒ érzi míngtiān yào kǎoshì le, děi zhàogù tā.

아들이 내일 시험이라서,
돌봐줘야 해.

김미나
那我们明天去?
Nà wǒmen míngtiān qù?

그럼 우리 내일 갈까요?

장 리
好!
Hǎo!

좋아!

낱말

前辈 qiánbèi 선배(先輩) | 毕业 bìyè 졸업하다 | 送 sòng 보내다, 주다

1단계 긍정 1 要를 동사술어 앞에, 문장 끝에 了를 놓아 임박태문장을 만들어요.

美娜要毕业了。
Měinà yào bìyè le.

미나는 곧 졸업해요.

商店要关门了。
Shāngdiàn yào guān mén le.

상점은 곧 문을 닫아요.

1단계 긍정 2 就要를 동사술어 앞에, 문장 끝에 了를 놓아 임박태문장을 만들어요.
(시간 표현 추가 가능)

美娜明年就要毕业了。
Měinà míngnián jiùyào bìyè le.

미나는 내년에 곧 졸업해요.

商店八点就要关门了。
Shāngdiàn bā diǎn jiùyào guān mén le.

상점이 8시면 곧 문을 닫아요.

2단계 의문 문장 끝에 吗를 써서 의문문을 만들어요.

美娜要毕业了吗?
Měinà yào bìyè le ma?

미나는 곧 졸업하나요?

商店要关门了吗?
Shāngdiàn yào guān mén le ma?

상점은 곧 문을 닫나요?

1 비행기가 이륙하려고 해요.

起飞 qǐ fēi (비행기가) 이륙하다

_____

2 기차는 8시에 출발할 거예요.

出发 chūfā 출발하다

_____

3 저는 오후 6시에 퇴근할 거예요.

下班 xià bān 퇴근하다

_____

4 당신은 한국에 돌아갈 건가요?

回韩国 huí Hánguó 한국으로 돌아가다

_____

5 당신은 10시에 잠자리에 드나요?

睡觉 shuì jiào 잠을 자다

_____

🐌 **낱말**

要…了 yào…le 곧 ~하려고 하다(임박) | 就要…了 jiùyào…le 곧 ~하려고 하다(임박)
飞机 fēijī 비행기 | 火车 huǒchē 기차 | 下午 xiàwǔ 오후 | 回 huí 돌아가다

🏛 **정답**

① 飞机要起飞了。   ② 火车八点就要出发了。   ③ 我下午六点就要下班了。   ④ 你要回韩国了吗?
⑤ 你十点就要睡觉了吗?

임박 말하기 2
(快…了)

주어	快(要)	술어 (동사)	了
나	곧 ~하려 하다	배고파 죽다	~ 되었다(변화)
我	快要	饿死	了。
Wǒ	kuàiyào	è sǐ	le.

임박태 2

● 快(要)kuài(yào)…了le도 要yào…了le와 비슷한 형식의 '임박태'로, '곧 ~하려고 하다'로 해석됩니다.

● 다만 要yào…了le와는 달리 단순히 어떠한 상황이 발생하기 직전이라는 뜻으로 쓰이므로, 구체적인 시간을 나타내지는 못합니다.

● 여기서 了le도 상황의 변화를 나타내는 어기조사입니다.

김미나
喂?
Wéi?

sandwich를 음역한 말이지만 두 쪽의 빵 사이에 들어간 고기조각까지 3개의 층이라는 의미를 나타내려고 숫자 三으로 표현되었어요.

여보세요?

왕웨이
我快要饿死了，三明治呢?
Wǒ kuàiyào è sǐ le, sānmíngzhì ne?

나 배고파 죽겠어, 샌드위치는?

김미나
我快到了，等等。
Wǒ kuài dào le, děngdeng.

快要…了에서 要를 생략하고 표현할 수 있어요.

곧 도착해, 조금만 기다려.

왕웨이
美娜~
Měinà~

미나야~

김미나
快到夏天了，你不减肥吗?
Kuài dào xiàtiān le, nǐ bù jiǎnféi ma?

곧 여름인데, 넌 다이어트 안 해?

왕웨이
从明天开始啊！真的！
Cóng míngtiān kāishǐ a! Zhēn de!

내일부터 시작할 거야! 정말로!

PLUS 임박태 표현 비교

要…了는 예정된 상황이 곧 발생하리라는 의미이며, 快要…了는 단순히 어떠한 상황이 곧 임박해 있다는 의미입니다. 就要…了는 구체적인 시간 표현을 써서 긴박함을 나타낼 수 있어요.

- **美娜要毕业了。**
  Měinà yào bìyè le.

  미나는 곧 졸업할 거예요.

- **天快要黑了。**
  Tiān kuàiyào hēi le.

  날이 곧 어두워져요.

- **五分钟后就要下课了。**
  Wǔ fēnzhōng hòu jiùyào xià kè le.

  5분 후에 곧 수업이 끝나요.

낱말

快 kuài 빠르다, 빨리, 곧 | 快(要)…了 kuài(yào)…le 곧 머지않아 ~ 되다(임박)
三明治 sānmíngzhì 샌드위치 | 夏天 xiàtiān 여름

1단계 긍정 1   快要를 동사술어 앞에, 문장 끝에 了를 놓아 임박태문장을 만들어요.

我快要饿死了。
Wǒ kuàiyào è sǐ le.

나는 곧 배고파 죽을 거 같아요.

我快要回国了。
Wǒ kuàiyào huí guó le.

나는 곧 귀국해요.

1단계 긍정 2   快를 동사술어 앞에, 문장 끝에 了를 놓아 임박태문장을 만들어요.
(급박한 표현)

我快饿死了。
Wǒ kuài è sǐ le.

나는 곧 배고파 죽을 거 같아요.

我快回国了。
Wǒ kuài huí guó le.

나는 곧 귀국해요.

2단계 의문   문장 끝에 吗를 써서 의문문을 만들어요. (要 생략 가능)

你快(要)饿死了吗?
Nǐ kuài(yào) è sǐ le ma?

당신은 곧 배고파 죽을 것 같나요?

你快(要)回国了吗?
Nǐ kuài(yào) huí guó le ma?

당신은 곧 귀국하나요?

1 아빠가 곧 돌아올 거예요.

回来 huí lái 돌아오다

---

2 곧 추석이에요.

中秋节 Zhōngqiū Jié 추석

---

3 저희는 곧 방학을 해요.

放假 fàng jià 휴가, 방학

---

4 당신은 숙제를 다 해가나요?

做好作业 zuòhǎo zuòyè 숙제를 다 하다

---

5 그는 곧 졸업하나요?

毕业 bìyè 졸업하다

🌰 낱말

快(要)…了 kuài(yào)…le 곧 머지않아 ~ 되다(임박) | 爸爸 bàba 아빠

🏛 정답

① 爸爸快(要)回来了。 ② 快(要)中秋节了。 ③ 我们快(要)放假了。 ④ 你快(要)做好作业了吗？
⑤ 他快(要)毕业了吗？

정도 말하기 1

주어	술어 ← 동사	得	보어
나	수영하다	~한 정도	(매우) 좋다
我	**游**	**得**	**很好。**
Wǒ	yóu	de	hěn hǎo.

정도보어 1

- 중국어에서는 술어의 뒤에 놓여서 그 내용을 한층 더 상세하게 설명하는 성분, '보어'가 있어요. 그 중 정도에 대해 설명하는 것을 '정도보어'라고 합니다.

- 조사 得de를 쓰는데, 술어와 정도보어를 연결하는 역할을 해요. '동작/상태의 정도가 어떠하다'라고 이해할 수 있습니다.

- 이때 得의 발음은 de이니 주의하세요!

MP3
058

왕웨이

哎呀，我玩儿游戏呢！
Āiyā, wǒ wánr yóuxì ne!

'게임'은 游戏로, 동사는
玩儿을 사용해요.

아유,
나 게임하고 있잖아!

김미나

王伟，你会游泳吗？
Wáng Wěi, nǐ huì yóuyǒng ma?

훈련이나 학습 등을 통해
'~할 줄 알다'는 것을 나타내요.

왕웨이,
너 수영할 수 있어?

왕웨이

会吗？我游得非常好！
Huì ma? Wǒ yóu de fēicháng hǎo!

할 줄 아냐고? 나 수영 굉장히 잘해!

我所有运动都做得好！
Wǒ suǒyǒu yùndòng dōu zuò de hǎo!

나는 모든 운동을 다 잘해!

김미나

有这么夸张吗？
Yǒu zhème kuāzhāng ma?

'지나치게 부풀리다'는 뜻으로,
'오버하다'는 표현이에요.

이렇게 과장할 정도야?

왕웨이

真的！我跑得也特别快！
Zhēn de! Wǒ pǎo de yě tèbié kuài!

정말이야! 나는 달리기도 특히 빨라!

김미나

那我一会儿去看看？
Nà wǒ yíhuìr qù kànkan?

그럼 내가 이따가 가서 좀 볼까?

🔊 **낱말**

玩儿 wánr 놀다 ｜ 游戏 yóuxì 게임 ｜ 游泳 yóuyǒng 수영(하다) ｜ 游 yóu 헤엄치다
所有 suǒyǒu 모든 ｜ 夸张 kuāzhāng 과장하다 ｜ 跑 pǎo 달리다

1단계 긍정 동사 술어 뒤에 [得 + 형용사]를 놓아 정도를 보충하는 문장을
만들어요.

我游得很好。 나는 수영을 잘해요.
Wǒ yóu de hěn hǎo.

她睡得很晚。 그녀는 늦게 자요.
Tā shuì de hěn wǎn.

2단계 부정 得 뒤에 [不 + 형용사]를 놓아 부정문을 만들어요.

我游得不好。 나는 수영을 못해요.(잘 못해요.)
Wǒ yóu de bù hǎo.

她睡得不晚。 그녀는 늦게 자지 않아요.
Tā shuì de bù wǎn.

3단계 의문 문장 끝에 吗를 써서 의문문을 만들어요.

你游得好吗? 당신은 수영을 잘하나요?
Nǐ yóu de hǎo ma?

她睡得晚吗? 그녀는 늦게 자나요?
Tā shuì de wǎn ma?

① 토끼는 빠르게 달려요.

跑 pǎo 뛰다 | 快 kuài 빠르다

_____

② 비행기가 빠르게 날아요.

飞 fēi 날다 | 快 kuài 빠르다

_____

③ 그는 먹는 게 느려요.

吃 chī 먹다 | 慢 màn 느리다

_____

④ 당신 잘 지내시죠?

过 guò 지내다 | 好 hǎo 좋다

_____

⑤ 제 여동생은 수영을 특히 잘해요.

游 yóu 수영하다 | 好 hǎo 좋다

_____

🔍 낱말

得 de ~한 정도가 ~하다 | 兔子 tùzi 토끼 | 飞机 fēijī 비행기 | 妹妹 mèimei 여동생 | 特别 tèbié 특별히
* 过는 '~한 적이 있다'라는 경험의 의미를 나타내기도 하지만, '건너다, 지내다'라는 동사로도 쓰여요.

🏛 정답

① 兔子跑得很快。　② 飞机飞得很快。　③ 他吃得很慢。　④ 你过得好吗?　⑤ 我(的)妹妹游得特别好。

정도 말하기 2

주어	술어	목적어	술어	得	보어
그	하다	농구	하다	~한 정도	(매우) 좋다
他	打	篮球	打	得	很好。
Tā	dǎ	lánqiú	dǎ	de	hěn hǎo.

(술어 위의 표시: 동사 / 동사)

정도보어 2

● 목적어가 있는 문장에서 정도보어를 사용할 때는 주의하세요.
'동사 + 목적어 + 동사 + 得 + 정도보어'의 순서로 씁니다.

● 첫 번째로 오는 동사는 생략할 수 있어요.

왕웨이

你知道我篮球打得很好吗?
Nǐ zhīdào wǒ lánqiú dǎ de hěn hǎo ma?

내가 농구 잘하는 거 알아?

김미나

哦，是吗? 不错。
Ó, shì ma? Búcuò.

'농구'는 손으로 때리듯 하는
것이니까 동사 打를 써요.

오, 그래? 괜찮네.

왕웨이

我足球也踢得特别好。
Wǒ zúqiú yě tī de tèbié hǎo.

'축구(足球)'는 발로 차듯 하는
것이니까 동사 踢를 써요.

난 축구도 특히 잘해.

김미나

是是是，你很厉害。
Shì shì shì, nǐ hěn lìhai.

그래 그래 그래, 넌 대단해.

왕웨이

你知道我做得最好的是什么吗?
Nǐ zhīdào wǒ zuò de zuì hǎo de shì shénme ma?

너 내가 가장 잘하는 게 뭔지 알아?

김미나

嗯……不知道啊。
Ńg……bù zhīdào a.

음…… 몰라.

왕웨이

爱你这件事我做得最好。
Ài nǐ zhè jiàn shì wǒ zuò de zuì hǎo.

널 사랑하는 일을 내가 제일 잘하지.

낱말

篮球 lánqiú 농구 | 打 dǎ (손으로 공을 치는 운동을) 하다 | 不错 búcuò 맞다, 좋다 | 足球 zúqiú 축구
踢 tī 차다, (발로 공을 차는 운동을) 하다 | 件 jiàn 건(일을 세는 단위)

1단계 긍정 [동사 + 목적어] 뒤에 동사를 다시 한 번 쓰고,
그 뒤에 [得 + 형용사]를 놓아 정도를 보충하는 문장을 만들어요.

他打篮球打得很好。　　　　　　그는 농구를 잘해요.
Tā dǎ lánqiú dǎ de hěn hǎo.

她说汉语说得很流利。　　　그녀는 중국어를 유창하게 해요.
Tā shuō Hànyǔ shuō de hěn liúlì.

2단계 부정 得 뒤에 [不 + 형용사]를 놓아 부정문을 만들어요.

他打篮球打得不好。　　　그는 농구를 못해요.(잘 못해요)
Tā dǎ lánqiú dǎ de bù hǎo.

她说汉语说得不流利。
Tā shuō Hànyǔ shuō de bù liúlì.
　　　　　　그녀는 중국어를 유창하게 하지 못해요.

3단계 의문 문장 끝에 吗를 써서 의문문을 만들어요.

他打篮球打得好吗?　　　　그는 농구를 잘하나요?
Tā dǎ lánqiú dǎ de hǎo ma?

她说汉语说得流利吗?　　그녀는 중국어를 유창하게 하나요?
Tā shuō Hànyǔ shuō de liúlì ma?

① 그는 노래를 잘 불러요.

唱歌 chàng gē 노래를 부르다 | 不错 búcuò 괜찮다

② 당신은 한자를 (아주) 잘 쓰네요.

写汉字 xiě Hànzì 한자를 쓰다 | 不错 búcuò 괜찮다

③ 저희 엄마는 요리를 정말 맛있게 만들어요.

做菜 zuò cài 요리를 하다 | 好吃 hǎochī 맛있다

④ 당신의 누나는 피아노를 잘 치나요?

弹钢琴 tán gāngqín 피아노를 치다 | 好 hǎo 좋다

⑤ 당신은 자전거를 잘 타나요?

骑自行车 qí zìxíngchē 자전거를 타다 | 好 hǎo 좋다

낱말

得 de ~한 정도가 ~하다 | 唱 chàng 노래하다 | 写 xiě 쓰다, 적다 | 做 zuò (~을) 하다, 만들다
非常 fēicháng 매우, 굉장히 | 姐姐 jiějie 누나, 언니 | 弹 tán 튕기다, 치다 | 骑 qí 탈것을 타다

정답

① 他(唱)歌唱得不错。 ② 你(写)汉字写得很不错。 ③ 我(的)妈妈(做)菜做得非常好吃。
④ 你(的)姐姐(弹)钢琴弹得好吗? ⑤ 你(骑)自行车骑得好吗?

완성된 결과 말하기
(完)

주어	술어 (동사)	完 (결과보어)	목적어	
나	고르다	다하다	옷	~했다(완료)
我	挑	完	衣服	了。
Wǒ	tiāo	wán	yīfu	le.

결과보어 完

- 중국어에서는 술어 뒤에서 동작의 결과나 목적을 나타내는 말이 있는데, 이를 결과보어라고 합니다.

- 결과보어로 자주 쓰이는 것으로는 完wán이 있는데, '다하다'라는 뜻을 가진 完wán은 결과보어로 쓰여 그 동작이 완료됐음을 나타냅니다.

- 일반적인 부정은 没(有)méi(yǒu)가 쓰이지만 조건이나 가정과 관련된 문장에서는 不bù가 쓰이기도 합니다.

MP3
060

왕웨이

喂，美娜！
Wéi, Měinà!

여보세요, 미나야!

김미나

喂？
Wéi?

여보세요?

可以…吗는 허락이나 가능을
묻는 표현이에요.

现在可以出门了吗？
Xiànzài kěyǐ chū mén le ma?

지금 나올 수 있어?

왕웨이

等等，我先化完妆。
Děngdeng, wǒ xiān huàwán zhuāng.

기다려봐, 나 먼저 화장 끝내고.

김미나

哦，好吧。
Ò, hǎo ba.

응, 알겠어.

왕웨이

왕웨이

喂，美娜！
Wéi, Měinà!

여보세요, 미나야!

김미나

嗯。
Ňg.

응.

做와 같은 의미를 갖지만 구체적인
설명이 불필요하거나 대략적으로
무언가를 한다는 뜻으로 많이 쓰여요.

现在可以了吗？
Xiànzài kěyǐ le ma?

지금은 가능해?

왕웨이

等等，我先弄完头发。
Děngdeng, wǒ xiān nòngwán tóufa.

기다려봐, 나 먼저 머리 만지는 거 끝내고.

김미나

김미나

喂？
Wéi?

여보세요?

喂，美娜！现在呢？
Wéi, Měinà! Xiànzài ne?

되물을 때 사용하는
조사예요.

여보세요,
미나야! 지금은?

왕웨이

等等，我先挑完衣服。
Děngdeng, wǒ xiān tiāowán yīfu.

기다려봐,
나 먼저 옷 고르는 거 끝내고.

김미나

🍃 낱말

出门 chū mén 외출하다 | 化妆 huà zhuāng 화장하다 | 弄 nòng (～을) 하다 | 头发 tóufa 머리카락
挑 tiāo 고르다, 선택하다 | 衣服 yīfu 옷

1단계 **긍정** 동사술어 뒤에 결과보어 完을 놓아 완성된 결과를 나타내는 문장을 만들어요.

我挑完衣服了。
Wǒ tiāowán yīfu le.

나는 옷을 다 골랐어요.

我做完作业了。
Wǒ zuòwán zuòyè le.

나는 숙제를 다 했어요.

2단계 **부정** 부정부사 没를 동사술어 앞에 놓아 부정문을 만들어요.

我没挑完衣服。
Wǒ méi tiāowán yīfu.

나는 옷을 다 고르지 못했어요.

我没做完作业。
Wǒ méi zuòwán zuòyè.

나는 숙제를 다 하지 못했어요.

3단계 **의문** 문장 끝에 吗를 써서 의문문을 만들어요.

你挑完衣服了吗?
Nǐ tiāowán yīfu le ma?

당신은 옷을 다 골랐나요?

你做完作业了吗?
Nǐ zuòwán zuòyè le ma?

당신은 숙제를 다 했나요?

① 저는 영화를 다 봤어요.

看 kàn 보다

---

② 저는 이미 다 씻었어요.

洗 xǐ 씻다

---

③ 저는 신문을 다 보지 않았어요.

看 kàn 보다

---

④ 당신 얘기 다 끝났나요?

说 shuō 말하다

---

⑤ 이 책 다 읽었나요?

读 dú 읽다

🔖 낱말

完 wán 다하다 | **电影** diànyǐng 영화 | **已经** yǐjīng 이미, 벌써 | **报纸** bàozhǐ 신문

📙 정답

① 我看完电影了。 ② 我已经洗完了。 ③ 我没看完报纸。 ④ 你说完了吗？
⑤ 这本书读完了吗？

목적 달성 결과 말하기 (到)

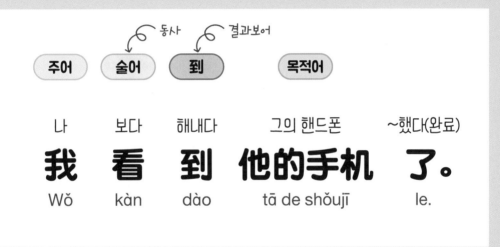

	동사	결과보어		
주어	술어	到	목적어	
나	보다	해내다	그의 핸드폰	~했다(완료)
我	看	到	他的手机	了。
Wǒ	kàn	dào	tā de shǒujī	le.

결과보어 到

● '도착하다'라는 뜻을 가지는 到dào는 동사술어 뒤에서 결과보어로 쓰여 어떤 동작이 일정 목적에 달성했음을 나타냅니다.

● 보통 '~했다'로 해석하지만 '(본래의 목적)이 완료됐다'는 의미를 내포합니다.

● 동사술어 뒤, 혹은 문장 끝에 완료나 변화를 나타내는 了le를 쓰기도 합니다.

리 천

对了，你看到我的手机了吗?
Duì le, nǐ kàndào wǒ de shǒujī le ma?

참, 너 내 핸드폰 봤어?

왕웨이

我没看到啊，怎么了?
Wǒ méi kàndào a, zěnme le?

저 못 봤는데, 왜요?

看은 의도적으로 '보다'라는
뜻이고, 见은 우연히 '보이다'라는
뜻이에요.

리 천

我的手机不见了。
Wǒ de shǒujī bú jiàn le.

내 핸드폰이 안 보이네.

왕웨이

那你快找找!
Nà nǐ kuài zhǎozhao!

그럼 얼른 좀 찾아봐요!

동사를 중첩해서 시도를 표현했어요.
找一下도 같은 표현이에요.

PLUS '사라졌다'

보이던 것이 '안' '보이게' '됐다'면, 이렇게 말하세요.

↓　↓　↓
不　见　了!
Bú　jiàn　le!

 낱말

快 kuài 빨리, 어서

1단계 긍정 동사술어 뒤에 결과보어 到를 놓아 목적이 달성된 결과를 나타내는 문장을 만들어요. (到가 없으면 단순히 동작만을 나타냄)

我看到他的手机了。 나는 그의 핸드폰을 보았어요.
Wǒ kàndào tā de shǒujī le.

他找到钱包了。 그는 지갑을 찾았어요.
Tā zhǎodào qiánbāo le.

2단계 부정 부정부사 没를 동사술어 앞에 놓아 부정문을 만들어요.

我没看到他的手机。 나는 그의 핸드폰을 보지 못했어요.
Wǒ méi kàndào tā de shǒujī.

他没找到钱包。 그는 지갑을 찾지 못했어요.
Tā méi zhǎodào qiánbāo.

3단계 의문 문장 끝에 吗를 써서 의문문을 만들어요.

你看到他的手机了吗? 당신은 그의 핸드폰을 보았나요?
Nǐ kàndào tā de shǒujī le ma?

他找到钱包了吗? 그는 지갑을 찾았나요?
Tā zhǎodào qiánbāo le ma?

① 그는 핸드폰을 찾았어요.

找 zhǎo 찾다

---

② 우리는 문제에 부딪혔어요.

碰 pèng 마주치다

---

③ 그들은 기차표를 사지 못했어요.

买 mǎi 사다

---

④ 저는 그의 선물을 받지 못했어요.

收 shōu 받다

---

⑤ 당신은 그녀의 교과서를 보았나요?

看 kàn 보다

낱말

到 dào 해내다 | 问题 wèntí 문제, 질문 | 火车票 huǒchēpiào 기차표 | 礼物 lǐwù 선물
课本 kèběn 교과서, 교재

정답

① 他找到手机了。   ② 我们碰到了一个问题。   ③ 他们没买到火车票。   ④ 我没收到他的礼物。
⑤ 你看到她的课本了吗?

틀린 결과 말하기 (错)

주어	술어	错	목적어

동사 | 결과보어

그	사다	잘못하다	색깔	~했다(완료)
他	**买**	**错**	**颜色**	**了。**
Tā	mǎi	cuò	yánsè	le.

결과보어 错

- '틀리다'라는 뜻을 가진 错cuò는 동사 뒤에서 결과보어로 쓰여 동작의 결과가 잘못되거나 틀렸음을 나타냅니다.

- 동사술어 뒤, 혹은 문장 끝에 완료나 변화를 나타내는 了le를 쓰기도 합니다.

김미나

哇，谢谢！
Wā, xièxie!

와, 고마워!

> '입이 빨갛다'고요? 입술을 붉게
> 칠하는 '립스틱'을 말해요.

这个口红，你买错颜色了。
Zhè ge kǒuhóng, nǐ mǎicuò yánsè le.

이 립스틱, 색깔을 잘못 샀어.

왕웨이

我没买错呀。
Wǒ méi mǎicuò ya.

나 잘못 산 거 아니야.

김미나

你再看看！
Nǐ zài kànkan!

다시 봐봐!

왕웨이

口红我买错了，
Kǒuhóng wǒ mǎicuò le,

립스틱은 내가 잘못 샀지만,

不过我爱你的心没有错哟。
búguò wǒ ài nǐ de xīn méiyǒu cuò yo.

널 사랑하는 내 맘은 틀리지 않았어.

> 但是에 비해 어감이 부드럽고
> 회화체에 자주 쓰여요.

🐦 **낱말**

口红 kǒuhóng 립스틱 │ 错 cuò 틀리다 │ 颜色 yánsè 색깔 │ 不过 búguò 그렇지만 │ 心 xīn 마음

1단계 긍정 동사술어 뒤에 결과보어 错를 놓아 틀린 결과를 나타내는 문장을 만들어요.

他买错颜色了。
Tā mǎicuò yánsè le.

그는 색을 잘못 샀어요.

他写错答案了。
Tā xiěcuò dá'àn le.

그는 답안을 잘못 썼어요.

반대 표현: 他写对答案了。(그는 답안을 맞게 썼어요.)

2단계 부정 부정부사 没를 동사술어 앞에 놓아 부정문을 만들어요.

他没买错颜色。
Tā méi mǎicuò yánsè.

그는 색을 잘못 사지 않았어요.

他没写错答案。
Tā méi xiěcuò dá'àn.

그는 답안을 잘못 쓰지 않았어요.

3단계 의문 문장 끝에 吗를 써서 의문문을 만들어요.

他买错颜色了吗?
Tā mǎicuò yánsè le ma?

그가 색을 잘못 샀나요?

他写错答案了吗?
Tā xiěcuò dá'àn le ma?

그가 답안을 잘못 썼나요?

❶ 그는 전화를 잘못 걸었어요.　　　　　　　　　　　　　　打 dǎ 전화하다

---

❷ 전 상대방을 잘못 알아봤어요.　　　　　　　　　　　　认 rèn 알다, 이해하다

---

❸ 저는 집을 잘못 찾지 않았어요.　　　　　　　　　　　　找 zhǎo 찾다

---

❹ 당신은 (아마) 메시지를 잘못 보낸 것 같은데요.　　　　发 fā 보내다

---

❺ 제가 주소를 잘못 썼나요?　　　　　　　　　　　　　　写 xiě 쓰다

🍑 **낱말**

错 cuò 잘못하다 ｜ 电话 diànhuà 전화 ｜ 对方 duìfāng 상대방 ｜ 房子 fángzi 집
好像 hǎoxiàng 마치 (~와 같다) ｜ 短信 duǎnxìn 메시지 ｜ 地址 dìzhǐ 주소

🏯 **정답**

① 他打错电话了。　② 我认错对方了。　③ 我没找错房子。　④ 你好像发错短信了。
⑤ 我写错地址了吗?

이해한 결과 말하기
(懂)

주어	술어 (동사)	懂 (결과보어)	
나	보다	이해하다	~했다(완료)
我	**看**	**懂**	**了。**
Wǒ	kàn	dǒng	le.

결과보어 懂

● '알다', '이해하다'라는 뜻을 가진 懂dǒng이 결과보어로 쓰일 때는
  어떠한 동작 후에 '이해가 되었다'라는 뜻을 나타냅니다.

● 동사술어 뒤, 혹은 문장 끝에 완료나 변화를 나타내는 了le를 쓰기도
  합니다.

MP3
063

장 리

美娜！
Měinà!

미나야!

김미나

嗯?
Ńg?

문장 끝에 써서, '~일 뿐이다'라는
뜻을 나타내요.

네?

장 리

《三十而已》，你看懂了吗?
《Sānshí éryǐ》, nǐ kàndǒng le ma?

〈겨우, 서른〉, 넌 이해했니?

김미나

没看懂。怎么了?
Méi kàndǒng. Zěnme le?

이해 못 했어요. 왜요?

'겨우'라는 뜻으로, 생각보다
적을 때 사용해요.

장 리

这是到三十岁才能看懂的。
Zhè shì dào sānshí suì cái néng kàndǒng de.

이건 서른이 되어야만 이해할 수 있어.

김미나

嗯? 姐姐，你不是二十多岁吗?
Ńg? Jiějie, nǐ bú shì èrshí duō suì ma?

네? 언니,
언니는 20대(스무 살 남짓) 아니에요?

多가 숫자 뒤에서 수사로 쓰일 때는
'~여 남짓'이라는 뜻을 나타내요.

 낱말

而已 éryǐ ~뿐 (이다), ~만 ｜ **才** cái 겨우, 비로소 ｜ **懂** dǒng 알다, 이해하다 ｜ **姐姐** jiějie 누나, 언니
多 duō ~여, 남짓

| 1단계 **긍정** | 동사술어 뒤에 결과보어 懂을 놓아 이해한 결과를 나타내는 문장을 만들어요. |

我看懂了。
Wǒ kàndǒng le.

나는 (보고) 이해했어요.

我听懂了。
Wǒ tīngdǒng le.

나는 (듣고) 이해했어요.

| 2단계 **부정** | 부정부사 没를 동사술어 앞에 놓아 부정문을 만들어요. |

我没看懂。
Wǒ méi kàndǒng.

나는 (보고) 이해하지 못했어요.

我没听懂。
Wǒ méi tīngdǒng.

나는 (듣고) 이해하지 못했어요.

| 3단계 **의문** | 문장 끝에 吗를 써서 의문문을 만들어요. |

你看懂了吗?
Nǐ kàndǒng le ma?

당신은 (보고) 이해했나요?

你听懂了吗?
Nǐ tīngdǒng le ma?

당신은 (듣고) 이해했나요?

① 그가 쓴 글자를 저는 알아보았어요.   看 kàn 보다

---

② 그는 선생님의 말씀을 알아들었어요.   听 tīng 듣다

---

③ 제 말을 알아들었나요?   听 tīng 듣다

---

④ 여러분 (보고) 이해했나요?   看 kàn 보다

---

⑤ 당신 못 알아보겠어요?   看 kàn 보다

🍎 낱말

写 xiě 쓰다, 적다 ｜ 字 zì 글자 ｜ 懂 dǒng 이해하다 ｜ 老师 lǎoshī 선생님 ｜ 话 huà 말
大家 dàjiā 모두

📕 정답

① 他写的字我看懂了。 ② 他听懂了老师的话。 ③ 我的话听懂了吗？ ④ 大家看懂了吗？
⑤ 你没看懂吗？

잡아 둔 결과 말하기
(住)

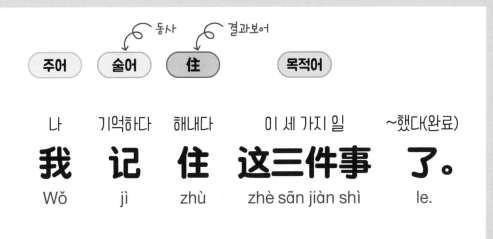

동사   결과보어

| 주어 | 술어 | 住 | 목적어 |

나	기억하다	해내다	이 세 가지 일	~했다(완료)
我	记	住	这三件事	了。
Wǒ	jì	zhù	zhè sān jiàn shì	le.

결과보어 住

● '고정되다'라는 뜻인 住zhù는 동사술어 뒤에서 결과보어로 쓰여,
어떠한 동작이 사물의 일정한 위치에 고정됨을 나타냅니다.

● 우리말로는 '단단히, 꼭, 반드시'라는 어감으로 이해하면 됩니다.

● 동사술어 뒤나 문장 끝에 완료나 변화를 나타내는 了le를 쓰기도
합니다.

283

왕웨이

诶，李军，我在这儿！
Ēi, Lǐ Jūn, wǒ zài zhèr!

어, 리쥔 씨, 저 여기 있어요!

리 쥔

怎么了?
Zěnme le?

무슨 일이야?

'간단하다'라는 뜻으로,
반대말은 复杂 fùzá.

왕웨이

我觉得谈恋爱真不简单，女生啊，很复杂。
Wǒ juéde tán liàn'ài zhēn bù jiǎndān, nǚshēng a, hěn fùzá.

연애하는 거 정말 쉽지 않네요. 여자는요, 복잡해요.

리 쥔

记住三件事。
Jìzhù sān jiàn shì.

'여학생'을 뜻하기도 하지만
단순히 '여성'을 뜻하기도 해요.

세 가지를 기억해.

왕웨이

三件事?
Sān jiàn shì?

확고한 어감을 표현해요.
'바로 ~이다'로 해석돼요.

세 가지요?

리 쥔

女生说"不想"就是"想"，
Nǚshēng shuō "bù xiǎng" jiù shì "xiǎng",

여자가 '하고 싶지 않다'라고 하는 건
'하고 싶다',

"不是"就是"是"，"不要"就是"要"！
"bú shì" jiù shì "shì", "bú yào" jiù shì "yào"!

'아니다'라고 하는 건 '맞다', '싫다'라고 하는 건 '원한다'는 거야!

왕웨이

哦，我记住了！
Ò, wǒ jìzhù le!

오, 기억했어요!

诶，来！
Ēi, lái!

자, 마셔요!

낱말

简单 jiǎndān 간단하다　|　女生 nǚshēng 여학생, 여성　|　记 jì 기억하다　|　住 zhù (견고하게) 하다
不想 bù xiǎng ~하고 싶지 않다

1단계 긍정   동사술어 뒤에 결과보어 住를 놓아 잡아 둔 결과를 나타내는 문장을 만들어요.

我记住这三件事了。
Wǒ jìzhù zhè sān jiàn shì le.

나는 이 세 가지 일을 기억했어요.

他抓住了我的手。
Tā zhuāzhù le wǒ de shǒu.

그는 나의 손을 잡았어요.

记 jì (기억하다) - 记了 jì le (기억했다) - 记住了 jìzhù le (기억했다-고정)

2단계 부정   부정부사 没를 동사술어 앞에 놓아 부정문을 만들어요.

我没记住这三件事。
Wǒ méi jìzhù zhè sān jiàn shì.

나는 이 세 가지 일을 기억하지 못했어요.

他没抓住我的手。
Tā méi zhuāzhù wǒ de shǒu.

그는 나의 손을 잡지 않았어요.

3단계 의문   문장 끝에 吗를 써서 의문문을 만들어요.

你记住这三件事了吗？
Nǐ jìzhù zhè sān jiàn shì le ma?

당신은 이 세 가지 일을 기억했나요?

他抓住你的手了吗？
Tā zhuāzhù nǐ de shǒu le ma?

그가 당신의 손을 잡았나요?

① 그는 갑자기 그녀를 껴안았어요.   抱 bào 안다

---

② 아이가 엄마 손을 꼭 붙잡았어요.   抓 zhuā 잡다

---

③ 당신 제 이름을 꼭 기억해주세요.   记 jì 기억하다

---

④ 저는 그의 이름을 기억하지 못했어요.   记 jì 기억하다

---

⑤ 그들은 문 앞에 서 있나요?   站 zhàn 서다

낱말

住 zhù (견고하게) 하다 | 突然 tūrán 갑자기 | 孩子 háizi 아이 | 妈妈 māma 엄마 | 手 shǒu 손
一定 yídìng 반드시 | 名字 míngzì 이름 | 他们 tāmen 그들 | 在 zài ~에서 | 门口 ménkǒu 입구

정답

① 他突然抱住了她。 ② 孩子抓住了妈妈的手。 ③ 你一定记住我的名字。
④ 我没记住他的名字。 ⑤ 他们在门口站住了吗?

감각의 결과 말하기 (见)

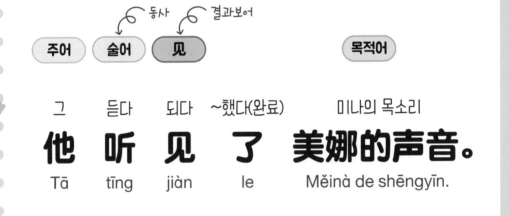

동사
결과보어

주어 술어 见   목적어

그   듣다 되다 ~했다(완료) 미나의 목소리

他 **听** **见** **了** **美娜的声音。**

Tā   tīng   jiàn   le   Měinà de shēngyīn.

결과보어 见

- '보다'라는 뜻을 가지는 见jiàn은 동사술어 뒤에서 결과보어로 쓰일 때는 완전히 다른 의미를 갖습니다. 보다, 듣다, 냄새 맡다와 같은 看kàn, 听tīng, 闻wén 등의 동사 뒤에서 그 동작이 수동적으로 발생했음을 나타냅니다.

- 看kàn이 의도적으로 본 것이라면 看见kànjiàn은 의도하지는 않았지만 '어쩌다가 보게 되었다'라는 뜻을 나타냅니다.

왕웨이

喂?
Wéi?

여보세요?

이유를 물어볼 때 사용하는 의문사예요.

김미나

喂? 你为什么不接电话?
Wéi? Nǐ wèishénme bù jiē diànhuà?

여보세요? 왜 전화 안 받았어?

의도적으로 받지 않았다는 뜻이에요. 사정상 받지 못한 것은 没接라고 해요.

왕웨이

真的对不起，我没听见，生气了吗?
Zhēn de duìbuqǐ, wǒ méi tīngjiàn, shēngqì le ma?

정말로 미안해, 못 들었어,
화났어?

김미나

我没生气！
Wǒ méi shēngqì!

나 화 안 났어!

왕웨이

我听见你生气了！
Wǒ tīngjiàn nǐ shēngqì le!

너 화난 거 다 들려!

김미나

生气? 我一点都没生气！
Shēngqì? Wǒ yìdiǎn dōu méi shēngqì!

화났다고?
나 조금도 화 안 났어!

'조금도'라는 뜻으로
都 대신 也도 사용할 수 있어요.

낱말

为什么 wèishénme 왜, 무엇 때문에 ｜ 见 jiàn ~해지다(피동) ｜ 生气 shēngqì 화내다
一点(儿) yìdiǎn(r) 조금, 약간

긍정 동사술어 뒤에 결과보어 见을 놓아 감각의 결과를 나타내는
문장을 만들어요.

他听见了美娜的声音。
Tā tīngjiàn le Měinà de shēngyīn.

그는 미나의 목소리를 들었어요.

我看见张丽了。
Wǒ kànjiàn Zhāng Lì le.

나는 장리를 보았어요.

2단계 **부정** 부정부사 没를 동사술어 앞에 놓아 부정문을 만들어요.

他没听见美娜的声音。
Tā méi tīngjiàn Měinà de shēngyīn.

그는 미나의 목소리를 듣지 못했어요.

我没看见张丽。
Wǒ méi kànjiàn Zhāng Lì.

나는 장리를 보지 못했어요.

3단계 **의문** 문장 끝에 吗를 써서 의문문을 만들어요.

他听见美娜的声音了吗?
Tā tīngjiàn Měinà de shēngyīn le ma?

그가 미나의 목소리를 들었나요?

你看见张丽了吗?
Nǐ kànjiàn Zhāng Lì le ma?

당신은 장리를 보았나요?

1 저는 선생님을 보았어요.

看 kàn 보다

---

2 저는 식당에서 그를 우연히 만났어요.

遇 yù 우연히 만나다

---

3 저는 길에서 오랜 친구를 마주쳤어요.

碰 pèng 마주치다

---

4 저는 누가 문을 두드리는 소리를 듣지 못했어요.

听 tīng 듣다

---

5 당신은 선생님을 봤어요?

看 kàn 보다

🌰 **낱말**

见 jiàn ~해지다 | 老师 lǎoshī 선생님 | 在 zài ~에서 | 餐厅 cāntīng 식당 | 路上 lù shang 길에서
老朋友 lǎopéngyou 오랜 친구 | 有人 yǒu rén 어떤 사람 | 敲门 qiāo mén 문을 두드리다

🏮 **정답**

① 我看见老师了。　② 我在餐厅遇见他了。　③ 我在路上碰见老朋友了。　④ 我没听见有人敲门。
⑤ 你看见老师了吗?

장소 결과 말하기 (在)

동사

결과보어

| 주어 | 술어 | 在 | 장소 |

미나	앉다	~에	의자 위	~했다(완료)
美娜	坐	在	椅子上	了。
Měinà	zuò	zài	yǐzi shang	le.

결과보어 在

● 在zài가 동사로 쓰일 때는 '~에 있다', 전치사로 쓰일 때는 '~에(서)'를 나타내지요. 모두 장소나 위치와 관계되어 있습니다.

● 결과보어로 쓰일 때도 사람이나 사물이 동작 후에 '어디에 위치해 있음'을 나타냅니다.

● 그래서 在zài 뒤에는 반드시 어떤 장소를 붙여 '~에'라고 위치를 알려 주어야 합니다.

왕웨이

诶，美娜，你站在那儿别动，我给你拍照。
Ēi, Měinà, nǐ zhàn zài nàr bié dòng, wǒ gěi nǐ pāi zhào.

어, 미나야, 저기 서서 움직이지 마, 내가 사진 찍어줄게.

김미나

好啊！
Hǎo a!

'别 + 동사'는 '~하지 마라'와 같은 금지를 나타내요.

좋아!

王伟，那儿也很漂亮。
Wáng Wěi, nàr yě hěn piàoliang.

왕웨이, 저기도 예쁘다.

我想坐在椅子上拍照。
Wǒ xiǎng zuò zài yǐzi shang pāi zhào.

'사진'은 照(片)으로, 동사는 拍를 사용해요.

나는 의자에 앉아서 사진 찍고 싶어.

왕웨이

去去去！走！
Qù qù qù! Zǒu!

가 가 가! 가자!

김미나

我想躺在那儿拍照！
Wǒ xiǎng tǎng zài nàr pāi zhào!

나는 저기에 누워서 찍고 싶어!

왕웨이

躺？好吧好吧，去吧！
Tǎng? Hǎo ba hǎo ba, qù ba!

누워서? 그래 그래, 가자!

🔖 **낱말**

别 bié ~하지 마라 ㅣ 动 dòng 움직이다 ㅣ 拍照 pāi zhào 사진을 찍다 ㅣ 椅子 yǐzi 의자
上 shàng(shang) 위 ㅣ 躺 tǎng 드러눕다

1단계 긍정 · 동사술어 뒤에 [在 + 장소]를 놓아 장소 결과를 나타내는
문장을 만들어요.

美娜坐在椅子上了。

Měinà zuò zài yǐzi shang le.

미나는 의자 위에 앉았어요.

那本书，我放在桌子上了。

Nà běn shū, wǒ fàng zài zhuōzi shang le.

그 책을 나는 책상 위에 두었어요.

2단계 부정 · 부정부사 没를 동사술어 앞에 놓아 부정문을 만들어요.

美娜没坐在椅子上。

Měinà méi zuò zài yǐzi shang.

미나는 의자 위에 앉지 않았어요.

那本书，我没放在桌子上。

Nà běn shū, wǒ méi fàng zài zhuōzi shang.

그 책을 나는 책상 위에 두지 않았어요.

3단계 의문 · 문장 끝에 吗를 써서 의문문을 만들어요.

美娜坐在椅子上了吗?

Měinà zuò zài yǐzi shang le ma?

미나는 의자 위에 앉았나요?

那本书，你放在桌子上了吗?

Nà běn shū, nǐ fàng zài zhuōzi shang le ma?

그 책을 당신은 책상 위에 두었나요?

① 아이가 제 곁에서 잠을 자요.

睡 shuì (잠을) 자다

---

② 그는 기차역에 서 있어요.

站 zhàn 서다

---

③ 수박이 냉장고 안에 놓여 있어요.

放 fàng 놓다

---

④ 그녀는 의자 위에 앉지 않았어요.

坐 zuò 앉다

---

⑤ 그는 교실 안에 앉아 있나요?

坐 zuò 앉다

낱말

在 zài ~에(서) | 孩子 háizi 아이 | 身边 shēnbiān 곁 | 火车站 huǒchēzhàn 기차역
西瓜 xīguā 수박 | 冰箱 bīngxiāng 냉장고 | 椅子 yǐzi 의자 | 教室 jiàoshì 교실

정답

① 孩子睡在我身边。   ② 他站在火车站。   ③ 西瓜放在冰箱里。   ④ 她没坐在椅子上。
⑤ 他坐在教室里吗?

시간·장소 결과 말하기 (到)

동사
결과보어

주어 ・ 술어 ・ 到 ・ 시간/장소

그 ・ 일하다 ・ ~까지 ・ 저녁 7시 ・ ~했다(완료)

他 工作 到 晚上七点 了。
Tā gōngzuò dào wǎnshang qī diǎn le.

결과보어 到

- '도착하다'라는 뜻을 가지는 到dào가 결과보어로 쓰일 때는 동작(혹은 시간)이 특정 지점이나 시간까지 이어졌음을 나타냅니다.

- 뒤에 시간(혹은 지점)을 나타내는 말을 덧붙여 '~까지 (~하다)'를 나타냅니다.

- 부정형으로는 没méi가 쓰입니다.

- 동사술어 뒤, 혹은 문장 끝에 완료나 변화를 나타내는 了le를 쓰기도 합니다.

왕웨이

诶，李军！
Ēi, Lǐ Jūn!

어, 리쥔 씨!

你是去上班吗？
Nǐ shì qù shàng bān ma?

'출근하다'는 뜻. 上의 반대말은
下xià니까, '퇴근하다'는 下班이에요.

출근하러 가세요?

诶，你昨天晚上加班加到几点啊？
Éi, nǐ zuótiān wǎnshang jiā bān jiā dào jǐ diǎn a?

아이고, 리쥔 씨 어제저녁
몇 시까지 야근하셨어요?

리 쥔

七点。
Qī diǎn.

7시.

왕웨이

加到晚上七点？
Jiā dào wǎnshang qī diǎn?

저녁 7시까지 야근하셨어요?

리 쥔

早上七点。
Zǎoshang qī diǎn.

아침 7시.

왕웨이

哇！看你的黑眼圈儿！
Wā! Kàn nǐ de hēi yǎnquānr!

'눈두덩이 까맣다'는 뜻으로 '다크서클'을
의미해요. 습관적으로 儿를 붙여서 말해요.

와! 다크서클 좀 봐요!

很像熊猫啊！啊~哈哈！
Hěn xiàng xióngmāo a! Á~ Hāhā!

판다 닮았어요! 아이고~ 하하!

'닮다'라는 동사로 쓰여요.

PLUS　　시간결과 물어보기

의문사구 几点을 결과보어 到 뒤에 써서 의문문을 만들 수 있어요.

• **昨晚你学习到几点了？**
Zuówǎn nǐ xuéxí dào jǐ diǎn le?

어젯밤 너 몇 시까지 공부했니?

🐷 **낱말**

上班 shàng bān 출근하다 ｜ 加 jiā 더하다 ｜ 加班 jiā bān 초과 근무하다 ｜ 黑 hēi 검다, 까맣다
眼圈(儿) yǎnquān(r) 눈두덩 ｜ 像 xiàng 닮다, 비슷하다 ｜ 熊猫 xióngmāo 판다(panda)

1단계　긍정　동사술어 뒤에 결과보어 [到 + 시간]를 놓아 시간 결과를 나타내는
문장을 만들어요.

他工作到晚上七点了。　　　그는 저녁 7시까지 일했어요.
Tā gōngzuò dào wǎnshang qī diǎn le.

我睡到下午两点了。　　　나는 오후 2시까지 잤어요.
Wǒ shuì dào xiàwǔ liǎng diǎn le.

> [到 + 장소]로 '~에 도착하다'라는 결과보어문을 만들 수 있어요.
> ● 我走到北京了。　나는 베이징까지 걸었어요.

2단계　부정　부정부사 没를 동사술어 앞에 놓아 부정문을 만들어요.

他没工作到晚上七点。　그는 저녁 7시까지 일하지 않았어요.
Tā méi gōngzuò dào wǎnshang qī diǎn.

我没睡到下午两点。　나는 오후 2시까지 잠을 자지 않았어요.
Wǒ méi shuì dào xiàwǔ liǎng diǎn.

3단계　의문　문장 끝에 吗를 써서 의문문을 만들어요.

他工作到晚上七点了吗?　그는 저녁 7시까지 일했나요?
Tā gōngzuò dào wǎnshang qī diǎn le ma?

你睡到下午两点了吗?　당신은 오후 2시까지 잤나요?
Nǐ shuì dào xiàwǔ liǎng diǎn le ma?

1 저는 아침 10시까지 잤어요.　　　　　　　　　　睡 shuì (잠을) 자다

_____

2 우리 12시까지 기다려 봐요.　　　　　　　　　　等 děng 기다리다

_____

3 그는 마침내 결승점까지 달렸어요.　　　　　　　跑 pǎo 뛰다

_____

4 당신은 90쪽까지 읽었나요?　　　　　　　　　　读 dú 읽다

_____

5 당신은 몇 시까지 야근했나요?　　　　　　　加班 jiā bān 초과 근무하다

_____

낱말

到 dào ~까지 ｜ 早上 zǎoshang 아침 ｜ 了 le ~했다(완료) ｜ 吧 ba ~하자(권유)
终于 zhōngyú 마침내 ｜ 终点 zhōngdiǎn 결승점 ｜ 页 yè 쪽, 페이지 ｜ 几点 jǐ diǎn 몇 시

정답

① 我睡到早上十点了。　② 我们等到十二点吧。　③ 他终于跑到终点了。　④ 你读到九十页了吗？
⑤ 你加班加到几点了？

실력업
특수 표현 말하기

우리말로는 쉽게 자주 쓰는 표현인데,
중국어로는 어떻게 말해야 할지 모르겠다고요?
이번 파트에서는 중국어의 특수 구문을 익히고,
이 패턴을 이용해서 다양한 표현도 연습할 수 있어요.
자, 특수 구문을 익혀 중국어 실력을 한 단계 올리러 출발할까요!

在로 말하는
네 가지 표현

술어

| 주어 | 在 | 목적어 |

리쥔
李军
Lǐ Jūn

~에 있다
在
zài

회사
公司。
gōngsī.

在의 다양한 쓰임

- 在zài는 기본적으로 존재의 의미를 내포하고 있습니다.
  동사로는 '~에 있다'나 '~에 존재하다'를 나타냅니다.
  부정형은 '不在bú zài + 장소'의 형태로 말합니다.

- 또 在zài는 장소를 나타내는 말과 함께, 동사 앞이나 뒤에서
  '~에서'라는 뜻으로 쓰입니다. (부사어, 보어 역할)

- 또는 동사 앞에 쓰여 '~하는 중이다'라는 진행문을 만들기도 합니다.

리쥔

喂?
Wéi?

여보세요?

동작 : ~에 있다

왕웨이

喂，李军，你在公司吗？
Wéi, Lǐ Jūn, nǐ zài gōngsī ma?

여보세요, 리쥔 씨, 회사에 있어요?

리쥔

嗯，我在工作，怎么了？　진행 : ~하고 있는 중이다
Ǹg, wǒ zài gōngzuò, zěnme le?

응,
일하고 있는데, 왜?

왕웨이

晚上我们在家喝酒，怎么样？　장소표현 : ~에서
Wǎnshang wǒmen zài jiā hē jiǔ, zěnmeyàng?

저녁에 우리 집에서
술 마시는 거, 어때요?

리쥔

好啊，我把三瓶红酒放在冰箱里了。
Hǎo a, wǒ bǎ sān píng hóngjiǔ fàng zài bīngxiāng li le.

좋지, 내가 와인 세 병을
냉장고에 넣어놨어.

장소표현 : ~에

리쥔

我一会儿带去。
Wǒ yíhuìr dài qù.

내가 이따 가져갈게.

왕웨이

好的，那一会儿见！
Hǎo de, nà yíhuìr jiàn!

좋아요, 그럼 이따 봐요!

리쥔

一会儿见，拜拜！
Yíhuìr jiàn, bàibai!

이따 봐, 바이바이!

PLUS　대상을 이끄는 전치사 把

把는 목적어를 동사 앞으로 이끌어내는 역할을 하는데, 주어의 동작을 강조할 때 사용해요.

- **我把门关上了。**　　나는 문을 닫았어요.
  Wǒ bǎ mén guān shàng le.

 낱말

工作 gōngzuò 일(하다) | 把 bǎ ~을(대상을 이끄는 전치사) | 瓶 píng 병(병에 담긴 것을 세는 단위)
红酒 hóngjiǔ 와인, 포도주 | 放 fàng 놓다, 풀어주다 | 冰箱 bīngxiāng 냉장고 | 里 lǐ(li) 안, 속

동사　在는 동사로 쓰여 '~에 있다'를 표현해요. 뒤에는 장소를 나타내는 말이 목적어로 옵니다.

李军在公司。
Lǐ Jūn zài gōngsī.

리쥔은 회사에 있어요.

부사　在는 술어 앞에서 부사로 쓰여 '~하는 중이다'라는 동작의 진행을 표현해요.

李军在工作。
Lǐ Jūn zài gōngzuò.

리쥔은 일하는 중이에요.

전치사 1　在는 장소를 나타내는 말과 함께 동사 앞에 쓰여 '~에서'를 표현해요.

王伟在家喝酒。
Wáng Wěi zài jiā hē jiǔ.

왕웨이는 집에서 술을 마셔요.

전치사 2　在는 장소를 나타내는 말과 함께 동사 뒤에 쓰여 '~에/~에다가'를 표현해요.

李军把红酒放在冰箱里了。
Lǐ Jūn bǎ hóngjiǔ fàng zài bīngxiāng li le.

리쥔은 와인을 냉장고 안에 넣었어요.

주어진 단어로 문장을 만들어 보세요.

① 남동생은 집에 없어요.

不 bù | 弟弟 dìdi | 家 jiā | 在 zài

② 아빠는 회사에서 일해요.

公司 gōngsī | 爸爸 bàba | 工作 gōngzuò | 在 zài

③ 수박이 냉장고 안에 있나요?

冰箱里 bīngxiāng li | 西瓜 xīguā | 放 fàng | 吗 ma | 在 zài

什么는 '무엇'이라는 뜻의 의문대사로,
이때는 문장 끝에 吗를 쓰지 않아요.

④ 당신 뭐 하고 있는 거예요?

干 gàn | 在 zài | 你 nǐ | 什么 shénme

낱말

干 gàn ~을 하다

* 不는 뒤에 오는 낱말에 따라 bù 혹은 bú로 발음해요.

정답

① 弟弟不在家。 ② 爸爸在公司工作。 ③ 西瓜放在冰箱里吗? ④ 你在干什么?

특수 의문 표현 말하기 1
(정반의문)

주어	有 술어	没 + 有 술어	목적어

당신	있나요	없나요	여자친구
你	**有**	**没有**	**女朋友?**
Nǐ	yǒu	méiyǒu	nǔ péngyou?

정반의문문

- 긍정형과 부정형을 결합해 만든 의문문을 정반의문문이라고 합니다.

- 일반동사는 물론 조동사, 有yǒu나 是shì 같은 특수동사도
  정반의문문으로 표현할 수 있습니다.

- 有yǒu정반의문문은 '있어요(有yǒu) + 없어요(没有méiyǒu)'이지만,
  그냥 '~인가요?'로 이해하면 됩니다.

- 문장 끝에 吗ma를 사용하지 않습니다.

쟝 리

对了，你有没有女朋友?
Duì le, nǐ yǒu méiyǒu nǚ péngyou?

참, 여자친구 있어요?

교제하는 여자친구를 말해요.
'여사친'은 女的朋友라고 해요.

리 친

女朋友? 你问我有没有女朋友?
Nǚ péngyou? Nǐ wèn wǒ yǒu méiyǒu nǚ péngyou?

여자친구? 나한테 여자친구
있냐고 물어보는 거야?

쟝 리

哦，对不起，对不起。
Ò, duìbuqǐ, duìbuqǐ.

아, 미안해요, 미안해요.

'교차하다'라는 뜻이지만,
남녀 사이에 사귀는 것을 나타내요.

왕웨이

那你想不想交女朋友?
Nà nǐ xiǎng bu xiǎng jiāo nǚ péngyou?

그럼
여자친구 사귀고 싶어요?

리 친

你们今天怎么了?
Nǐmen jīntiān zěnme le?

너희들 오늘 왜 그래?

想。
Xiǎng.

想不想처럼 조동사의 정반의문문에
대한 대답은 단독으로 가능해요.

사귀고 싶지.

PLUS

정반의문문에서 不의 성조는 경성으로 읽습니다.

想不想   **是不是**   **去不去**
xiǎng bu xiǎng   shì bu shì   qù bu qù

낱말

交 jiāo 사귀다

306

동사 有 동사 有의 긍정형과 부정형을 결합해 정반의문문을 만들어요.

你有没有女朋友?
Nǐ yǒu méiyǒu nǚ péngyou?

당신은 여자친구가 있나요? 없나요?

你有没有手机?
Nǐ yǒu méiyǒu shǒujī?

당신은 핸드폰이 있나요? 없나요?

일반동사 동사의 긍정형과 부정형을 결합해 정반의문문을 만들어요.

你是不是韩国人?
Nǐ shì bu shì Hánguó rén?

당신은 한국인인가요? 아닌가요?

他去不去中国?
Tā qù bu qù Zhōngguó?

그는 중국에 가나요? 안 가나요?

조동사 조동사의 긍정형과 부정형을 결합해 정반의문문을 만들어요.

你想不想交女朋友?
Nǐ xiǎng bu xiǎng jiāo nǚ péngyou?

당신은 여자친구를 사귀고 싶나요?
안 사귀고 싶나요?

你会不会说汉语?
Nǐ huì bu huì shuō Hànyǔ?

당신은 중국어를 말할 줄 아나요?
모르나요?

1 당신 시간 있어요?

时间 shíjiān | 你 nǐ | 没有 méiyǒu | 有 yǒu

2 이것은 당신의 교과서인가요?

不是 bu shì | 你的 nǐ de | 课本 kèběn | 这 zhè | 是 shì

3 당신은 훠궈가 먹고 싶은가요?

不想 bu xiǎng | 想 xiǎng | 你 nǐ | 吃 chī | 火锅 huǒguō

4 당신 헬스장 갈 거예요?

去 qù | 不去 bu qù | 健身房 jiànshēnfáng | 你 nǐ

낱말

课本 kèběn 교과서 | 火锅 huǒguō 신선로, 훠궈 | 健身房 jiànshēnfáng 헬스클럽

* 정반의문문에서 不는 bu로 발음해요.

정답

① 你有没有时间? ② 这是不是你的课本? ③ 你想不想吃火锅? ④ 你去不去健身房?

특수 의문 표현 말하기 2
(의문대사)

주어	술어	의문대사
그	~이다	누구
他	**是**	**谁?**
Tā	shì	shéi?

의문대사

- 谁shéi는 '누구'라는 뜻으로, 인물에 대한 의문문에 쓰입니다.

- 什么shénme는 '무엇', '어떤'이라는 뜻으로, 사물이나 상황을 물어볼 때 쓰입니다.

- 哪儿nǎr은 '어디'라는 뜻으로, 장소를 물을 때 쓰입니다. 哪儿nǎr과 那儿nàr(그곳)은 한자와 발음이 비슷하니 주의하세요!

- 谁shéi나 什么shénme, 哪儿nǎr 자체가 의문대사이므로, 문장 끝에 다시 吗ma를 쓰지 않습니다.

김미나

我的护照去哪儿了?
Wǒ de hùzhào qù nǎr le?

내 여권이 어디 갔지?

장 리

美娜，你在找什么呀?
Měinà, nǐ zài zhǎo shénme ya?

동사 앞에서 어떠한 상황이 진행 중에 있음을 나타내고 있어요.

미나야,
뭐 찾고 있어?

김미나

我的护照不见了，怎么办?
Wǒ de hùzhào bú jiàn le, zěnme bàn?

제 여권이 안 보이는데, 어쩌죠?

장 리

我帮你找。
Wǒ bāng nǐ zhǎo.

'돕다'나 '거들어 주다'라는 뜻이에요.

내가 찾는 거 도와줄게.

这是不是你的护照呀?
Zhè shì bu shì nǐ de hùzhào ya?

이거 네 여권 아니야?

김미나

是是是！
Shì shì shì!

사실을 확인하기 위해 정반의문 형식으로 물었어요.

맞아요, 맞아요, 맞아요!

장 리

诶，这是谁呀?
Éi, zhè shì shéi ya?

어, 이게 누구야?

这는 대개 사물, 상황을 가리키지만, 사람을 가리키기도 해요.

🐰 **낱말**

护照 hùzhào 여권 | 怎么办 zěnme bàn 어떻게 하다 | 帮 bāng 돕다 | 谁 shéi 누구

사람   谁는 '누구'라는 뜻으로, 사람을 물어보는 문장을 만들어요.

他是谁?
Tā shì shéi?

그는 누구인가요?

사물   什么는 '무엇'이라는 뜻으로, 사물/상황을 물어보는 문장을 만들어요.

这是什么?
Zhè shì shénme?

이것은 무엇인가요?

장소   哪儿은 '어디'라는 뜻으로, 장소를 물어보는 문장을 만들어요.

你去哪儿?
Nǐ qù nǎr?

당신은 어디 가나요?

시간   什么时候는 '어느 때'라는 뜻으로, 때/시각을 물어보는 문장을 만들어요.

她什么时候回来?
Tā shénme shíhou huí lái?

그녀는 언제 돌아오나요?

🔔 **낱말**

回来 huí lái 돌아오다

311

1 그는 누구예요?

是 shì ｜ 他 tā ｜ 谁 shéi

_____

2 당신은 뭐 먹고 싶어요?

吃 chī ｜ 想 xiǎng ｜ 什么 shénme ｜ 你 nǐ

_____

3 그의 집은 어디예요?

在 zài ｜ 他 tā ｜ 哪儿 nǎr ｜ 家 jiā

_____

4 우리 언제 돌아가요?

我们 wǒmen ｜ 回去 huí qù ｜ 什么 shénme ｜ 时候 shíhou

_____

① 他是谁?　② 你想吃什么?　③ 他家在哪儿?　④ 我们什么时候回去?

특수 의문 표현 말하기 3 (多의문)

주어	多	형용사	주어	나이

		(나이가)		
당신	얼마나	많은가요?	나	28세(이다)

A: **你** **多** **大?**　　B: **我** **二十八岁。**

Nǐ　duō　dà?　　　　Wǒ　èrshí bā suì.

의문부사 多

● 多duō는 '얼마나'라는 뜻의 의문사로, 대략적인 수치를 가늠해서 물어볼 때 쓰입니다.

● 多duō 뒤에 大dà(크다), 重zhòng(무겁다), 高gāo(높다), 长cháng(길다), 深shēn(깊다), 厚hòu(두껍다)와 같은 1음절 형용사 중 '더해지는' 의미가 있는 것을 함께 써서 의문문을 만듭니다.

● 우리말로는 '얼마나 ~하나요?'라는 뜻으로 해석합니다.

김미나

对了，你女儿今年多大了？
Duì le, nǐ nǚ'ér jīnnián duō dà le?

참, 딸이 올해 몇 살이에요?

> '아들'은 儿子 érzi예요.

장 리

她今年五岁，怎么了？
Tā jīnnián wǔ suì, zěnme le?

올해 5살인데, 왜 그래?

> 중국의 어린이날은
> 6월 1일이에요.

김미나

快到儿童节了嘛，我想送她礼物。
Kuài dào Értóng Jié le ma, wǒ xiǎng sòng tā lǐwù.

곧 어린이날이잖아요,
선물을 주고 싶어서요.

她多高、多重？
Tā duō gāo、duō zhòng?

> 사람의 외형을 표현할 때,
> 高는 키를, 重은 몸무게를 나타내요.

그녀는 키, 몸무게가
어떻게 돼요?

장 리

她一米一二，十七公斤。
Tā yì mǐ yī èr, shíqī gōngjīn.

112cm, 17kg이야.

> 나이, 몸무게, 키, 출신지역 등을 말할 때는
> 동사 是 없이 명사술어문으로 표현합니다.

PLUS 단위 표현

- 길이 단위: **毫米** 밀리미터(mm) **厘米** 센티미터(cm) **米** 미터(m) **公里** 킬로미터(km)
  háomǐ   límǐ   mǐ   gōnglǐ

- 무게 단위: **斤** 그램(g)   **公斤** 킬로그램(kg)
  jīn   gōngjīn

🦜 **낱말**

今年 jīnnián 올해 | 多大 duō dà (나이가) 몇 살이니? | 儿童节 Értóng Jié 어린이날 | 米 mǐ 미터(m)
公斤 gōngjīn 킬로그램(kg)

多는 '얼마나'라는 뜻의 의문사로, 뒤에 정도를 가늠할 수 있는 1음절 형용사를 함께 써서 의문문을 만들어요. '얼마나 ~하나요?'라는 뜻을 표현하죠.

주어   多   형용사   ?

A: 你多大?
Nǐ duō dà?

B: 我二十八岁。
Wǒ èrshí bā suì.

A: 당신은 몇 살인가요?
B: 저는 28세예요.

A: 你多重?
Nǐ duō zhòng?

B: 我五十二公斤。
Wǒ wǔshí èr gōngjīn.

A: 당신은 몸무게가 어떻게 되나요?
B: 저는 52kg이에요.

A: 你多高?
Nǐ duō gāo?

B: 我一米六三。
Wǒ yì mǐ liù sān.

A: 당신은 키가 어떻게 되나요?
B: 저는 1m 63이에요. (저는 163cm예요.)

A: 这支笔多长?
Zhè zhī bǐ duō cháng?

B: 这支笔十二厘米。
Zhè zhī bǐ shí'èr límǐ.

A: 이 펜은 얼마나 긴가요?
B: 이 펜은 12cm예요.

🍑 **낱말**

支 zhī 자루(막대로 된 것을 세는 단위) | 笔 bǐ 필기구, 붓 | 厘米 límǐ 센티미터(cm)

① 당신은 몇 살이에요? 大는 '크다'라는 뜻이지만, 나이를 물을 때도 쓰여요.

你 nǐ | 大 dà | 了 le | 多 duō

---

② 이 여행 짐은 얼마나 무겁나요?

这个行李 zhè ge xíngli | 重 zhòng | 多 duō

---

③ 오늘은 기온이 얼마나 높아요?

今天的气温 jīntiān de qìwēn | 高 gāo | 多 duō

---

④ 당신은 얼마나 (오래) 배웠어요? 长은 실제 길이 외에도 시간의 길이를 물을 때도 쓰여요.

你 nǐ | 长 cháng | 学了 xué le | 时间 shíjiān | 多 duō

낱말

行李 xíngli 여행 짐 | 气温 qìwēn 기온

정답

① 你多大了? ② 这个行李多重? ③ 今天的气温多高? ④ 你学了多长时间?

316

특수 부정 표현 말하기 1
(一点儿也不…)

주어	一点儿也不	형용사/심리동사/조동사
나	조금도 ~하지 않다	똑똑하다
我	**一点儿也不**	**聪明。**
Wǒ	yìdiǎnr yě bù	cōngming.

一点儿也不…

- 一点儿yìdiǎnr은 '조금'이라는 뜻으로 '~도 아니다'라는 뜻의
  也不yě bù와 결합해 어떠한 상황을 '강하게' 부인하는 형태로 쓰입니다.

- 一点儿也不…yìdiǎnr yě bù…는 '조금도 ~하지 않다'라는 표현이기
  때문에 부정을 강조하는 어감을 드러냅니다.

- 때로는 也yě 대신 都dōu를 써서 '모두 ~하지 않다'라는 완전한 부정을
  표현하기도 합니다.

김미나

我觉得我一点儿也不**聪明。**
Wǒ juéde wǒ yìdiǎnr yě bù cōngming.

저는 조금도 똑똑하지 않은 것 같아요.

'똑똑하다'라는 뜻이지만, 가끔은
'영악하다'라는 뜻으로도 쓰여요.

장 리

你怎么了? 学汉语很累吗?
Nǐ zěnme le? Xué Hànyǔ hěn lèi ma?

너 왜 그래?
중국어 공부하는 게 많이 힘들어?

'등'이라는 뜻도 있지만,
'외우다'라는 뜻으로도 쓰여요.

김미나

背单词一点儿也不**简单。**
Bèi dāncí yìdiǎnr yě bù jiǎndān.

단어 외우는 게
조금도 간단하지 않아요.

장 리

没事儿的。
Méishìr de.

'일이 없다'라는 뜻이지만, 관용적으로
'괜찮다'라는 뜻을 나타내요.

괜찮아.

🍈 **낱말**

聪明 cōngming 똑똑하다 | **学** xué 배우다 | **背** bèi 외우다 | **单词** dāncí 낱말

이 구문은 '조금'이라는 뜻을 가진 一点儿과 '~도, 또한'이라는 뜻을 가진 부사 也,
그리고 부정부사 不가 결합해 '조금도 ~하지 않다'라는 강한 부정을 나타내요.

주어   一点儿也不   형용사/심리동사/조동사

我一点儿也不**聪明**。
Wǒ yìdiǎnr yě bù cōngmíng.

나는 조금도 똑똑하지 않아요.

你一点儿也不**胖**。
Nǐ yìdiǎnr yě bú pàng.

당신은 조금도 뚱뚱하지 않아요.

我们一点儿也不**累**。
Wǒmen yìdiǎnr yě bú lèi.

우리는 조금도 피곤하지 않아요.

他一点儿也不**喜欢**我。
Tā yìdiǎnr yě bù xǐhuan wǒ.

그는 조금도 나를 좋아하지 않아요.

我觉得他一点儿也不**爱**我。
Wǒ juéde tā yìdiǎnr yě bú ài wǒ.

내 생각에 그는 조금도
나를 사랑하지 않는 것 같아요.

我一点儿也不**想出国留学**。
Wǒ yìdiǎnr yě bù xiǎng chū guó liú xué.

나는 조금도 외국으로 유학가고 싶지 않아요.

낱말

出国 chū guó 출국하다 │ 留学 liú xué 유학하다

① 당신의 키는 조금도 작지 않아요.

你的个子 nǐ de gèzi ｜ 一点儿 yìdiǎnr ｜ 矮 ǎi ｜ 也不 yě bù

---

② 노랫소리가 조금도 들리지 않아요.

一点儿 yìdiǎnr ｜ 歌声 gēshēng ｜ 听见 tīngjiàn ｜ 也不 yě bù

---

③ 당신은 조금도 철이 들지 않았네요. (당신은 정말 철이 없네요.)

懂事儿 dǒng shìr ｜ 你 nǐ ｜ 也不 yě bù ｜ 一点儿 yìdiǎnr

---

④ 그녀는 조금도 긴장하지 않아요.

她 tā ｜ 紧张 jǐnzhāng ｜ 一点儿 yìdiǎnr ｜ 也不 yě bù

낱말

矮 ǎi (키가) 작다 ｜ 歌声 gēshēng 노랫소리 ｜ 懂事儿 dǒng shìr 철이 들다 ｜ 紧张 jǐnzhāng 긴장하다

정답

① 你的个子一点儿也不矮。　② 歌声一点儿也不听见。　③ 你一点儿也不懂事儿。
④ 她一点儿也不紧张。

특수 부정 표현 말하기 2
(不…也不…)

주어	不	형용사 1	也不	형용사 2
이 옷	않다	크다	~도 않다	작다
这件衣服	**不**	**大**	**也不**	**小。**
Zhè jiàn yīfu	bú	dà	yě bù	xiǎo.

不…也不…

● 不bù…也不yě bù…는 '(이것도) 아니고, 또 (저것도) 아닌' 애매한 상황을 표현할 때 쓰입니다.

● 그래서 이 구문에는 서로 반대 의미를 가진 형용사가 쓰입니다.

김미나

啊，王伟！
Ā, Wáng Wěi!

아, 왕웨이!

왕웨이

美娜！
Měinà!

미나!

옷이나 사건 등을
세는 단위예요.

这件衣服怎么样？好看吗？
Zhè jiàn yīfu zěnmeyàng? Hǎokàn ma?

이 옷 어때? 멋져?

김미나

嗯……大小也正好，不大也不小。
Ńg……dàxiǎo yě zhènghǎo, bú dà yě bù xiǎo.

음…… 크기도 딱 적당해서,
크지도 않고 작지도 않네.

왕웨이

还有你的！ '그리고', '또'라는 뜻을 나타내요.
Hái yǒu nǐ de!

네 것도 있어!

김미나

是……情侣装吗？
Shì……qínglǚzhuāng ma?

커플룩……이야?

'가족룩'은 亲子装 qīnzizhuāng이에요.
'커플 시계'는 情侣表 qínglǚbiǎo,
'커플링'은 情侣戒指 qínglǚ jièzhǐ예요.

낱말

大小 dàxiǎo 크기 | 正好 zhènghǎo 딱 맞다 | 大 dà 크다 | 小 xiǎo 작다
情侣装 qínglǚzhuāng 커플룩

이 구문은 부정부사 不와 '~도, 또한'이라는 뜻을 가진 부사 也가 결합해, '~하지도 않고, ~하지도 않다'는 의미를 나타내는 패턴이에요. 이때, 형용사1과 형용사2는 서로 상반된 의미를 가진 낱말을 써야 해요.

(주어)　(不)　(형용사 1)　(也不)　(형용사 2)

这件衣服不大也不小。
Zhè jiàn yīfu bú dà yě bù xiǎo.

이 옷은 크지도 않고 작지도 않아요.

她的头发不长也不短。
Tā de tóufa bù cháng yě bù duǎn.

그녀의 머리카락은 길지도 않고 짧지도 않아요.

他不高也不矮。
Tā bù gāo yě bù ǎi.

그는 키가 크지도 않고 작지도 않아요.

今天不冷也不热。
Jīntiān bù lěng yě bú rè.

오늘은 춥지도 않고 덥지도 않아요.

🐾 낱말

矮 ǎi (키가) 작다 | 冷 lěng 춥다 | 热 rè 덥다
* 사람의 키를 얘기할 때는 低 dī(사물의 크기나 지위가 낮다)라고 하지 않아요.

① 가을은 춥지도 덥지도 않아요.

也不 yě bù | 秋天 qiūtiān | 热 rè | 不 bù | 冷 lěng

---

② 이 옷은 비싸지도 싸지도 않아요.

不 bù | 贵 guì | 这件衣服 zhè jiàn yīfu | 便宜 piányi | 也不 yě bù

---

③ 이 신발은 크지도 작지도 않아요.

这双鞋 zhè shuāng xié | 大 dà | 也不 yě bù | 小 xiǎo | 不 bù

---

④ 그는 공부하지도 않고 운동하지도 않아요.

他 tā | 运动 yùndòng | 不 bù | 学习 xuéxí | 也不 yě bù

🐦 **낱말**

双 shuāng 쌍(쌍을 이루는 것을 세는 단위) | 鞋 xié 신발 | 运动 yùndòng 운동(하다)

* 不는 뒤에 오는 낱말에 따라 bù 혹은 bú로 발음해요.

🏯 **정답**

① 秋天不冷也不热。 ② 这件衣服不贵也不便宜。 ③ 这双鞋不大也不小。④ 他不学习也不运动。

상태의 동시 존재 말하기
(又⋯又⋯)

주어	又	형용사 / 동사	又	형용사 / 동사
나	또	피곤하다	또	배고프다
我	**又**	**累**	**又**	**饿。**
Wǒ	yòu	lèi	yòu	è.

又⋯又⋯

- 又yòu⋯又yòu⋯는 두 가지 동작이나 상황이 동시에 공존하는 것을 표현할 때 쓰입니다. 그래서 '~하면서 ~하다'로 해석되죠.

- 공존을 나타내므로, 두 가지 상황이 똑같은 비중을 갖고 있다는 의미를 갖습니다.

김미나

他怎么还不来呀？
Tā zěnme hái bù lái ya?

'아직'이라는 뜻으로, 생각보다
늦어서 불만이라는 어감을 표현해요.

리쥔 씨는
왜 아직 안 오지?

장 리

我又累又饿。
Wǒ yòu lèi yòu è.

난 피곤하고 배고파.

김미나

我又热又渴。
Wǒ yòu rè yòu kě.

전 덥고 목말라요.

방향성이 포함된 낱말로,
'(밖에서 안으로) 들어가다'라는 뜻이에요.

왕웨이

我们先进去吧。
Wǒmen xiān jìn qù ba.

우리 먼저 들어가요.

김미나

好。
Hǎo.

그래.

장 리

好吧。
Hǎo ba.

그러자.

'~하는 편이 낫다'라는 뜻이에요.

리 쥔

我还是给他们打电话吧。
Wǒ háishi gěi tāmen dǎ diànhuà ba.

내가 그들한테 전화해 봐야겠다.

手机？
Shǒujī?

핸드폰이?

낱말

又 yòu 또, 다시 | 渴 kě 목마르다 | 进去 jìn qù 들어가다 | 他们 tāmen 그들

'또, 거듭'이라는 뜻을 가진 부사 又로 이루어진 패턴으로 두 가지 상태 혹은
동작이 동시에 존재함을 나타내요.

주어   又   형용사 동사   又   형용사 동사

我又累又饿。
Wǒ yòu lèi yòu è.

나는 피곤하고 배고파요.

他又聪明又帅。
Tā yòu cōngming yòu shuài.

그는 똑똑하고 잘생겼어요.

美娜又学汉语又学英语。
Měinà yòu xué Hànyǔ yòu xué Yīngyǔ.

미나는 중국어도 배우고 영어도 배워요.

我又喜欢唱歌又喜欢运动。
Wǒ yòu xǐhuan chàng gē yòu xǐhuan yùndòng.

나는 노래 부르는 것도 좋아하고 운동하는 것도 좋아해요.

 낱말

英语 Yīngyǔ 영어 | 唱歌 chàng gē 노래를 부르다

1 저는 기쁘면서도 긴장돼요.

又 yòu ｜ 又 yòu ｜ 紧张 jǐnzhāng ｜ 高兴 gāoxìng ｜ 我 wǒ

---

2 이 집은 깨끗하면서도 예뻐요.

又 yòu ｜ 这个房子 zhè ge fángzi ｜ 干净 gānjìng ｜ 又 yòu ｜ 漂亮 piàoliang

---

3 이 요리는 시면서도 매워요.

这道菜 zhè dào cài ｜ 又 yòu ｜ 又 yòu ｜ 辣 là ｜ 酸 suān

---

4 이 사과는 크고도 달아요.

又 yòu ｜ 又 yòu ｜ 大 dà ｜ 这个苹果 zhè ge píngguǒ ｜ 甜 tián

🔔 **낱말**

干净 gānjìng 깨끗하다 ｜ 酸 suān 시다 ｜ 辣 là 맵다 ｜ 甜 tián 달다

🏅 **정답**

① 我又高兴又紧张。　② 这个房子又干净又漂亮。　③ 这道菜又酸又辣。　④ 这个苹果又大又甜。

동작의 동시 진행 말하기
(一边…一边…)

주어	一边	동사(구)	一边	동사(구)
그	한편으로는	음악을 듣다	한편으로는	뛰다
他	**一边**	**听音乐，**	**一边**	**跑步。**
Tā	yìbiān	tīng yīnyuè,	yìbiān	pǎo bù.

一边…一边…

- 一边yìbiān…一边yìbiān…은 두 가지 동작이나 상황이 동시에 진행되고 있음을 표현합니다. 그래서 '~하면서 ~하고 있다'로 해석됩니다.

- 이때 一边yìbiān에 쓰인 一는 생략할 수 있어요.

- '잠을 자면서 논다'처럼 객관적으로 동시에 진행할 수 없는 동작이나 상황은 표현할 수 없습니다.

329

왕웨이

哎，对了，你们平时都喜欢做什么呀?
Āi, duì le, nǐmen píngshí dōu xǐhuan zuò shénme ya?

아, 참, 다들 평소에 뭐 하는 거 좋아해요?

리 쥔

我喜欢一边听音乐，一边跑步。
Wǒ xǐhuan yìbiān tīng yīnyuè, yìbiān pǎo bù.

난 음악 들으면서 달리는 거 좋아해.

왕웨이

我喜欢一边吃爆米花，一边看电影。
Wǒ xǐhuan yìbiān chī bàomǐhuā, yìbiān kàn diànyǐng.

전 팝콘 먹으면서 영화 보는 거 좋아해요.

장 리

我喜欢一边喝啤酒，一边看夜景。
Wǒ xǐhuan yìbiān hē píjiǔ, yìbiān kàn yèjǐng.

난 맥주 마시면서 야경 보는 거 좋아해.

김미나

我喜欢一边看电视剧，一边学习。
Wǒ xǐhuan yìbiān kàn diànshìjù, yìbiān xuéxí.

전 드라마 보면서 공부하는 거 좋아해요.

 낱말

平时 píngshí 보통 때 | 一边 yìbiān 한편으로는 | 跑步 pǎo bù 달리다 | 夜景 yèjǐng 야경, 밤 경치

'한편으로 ~하면서'라는 뜻을 가진 접속사 一边으로 이루어진 패턴으로, '한편으로 ~하면서 한편으로 ~한다'는 의미를 나타내요. 두 가지 동작이 동시에 발생 및 진행됨을 나타내요.

(주어) (一边) (동사(구)) (一边) (동사(구))

他一边听音乐，一边跑步。

Tā yìbiān tīng yīnyuè, yìbiān pǎo bù.

그는 음악을 들으면서, 뛰어요.

我喜欢一边吃爆米花，一边看电影。

Wǒ xǐhuan yìbiān chī bàomǐhuā, yìbiān kàn diànyǐng.

나는 팝콘을 먹으면서, 영화보는 것을 좋아해요.

他一边喝咖啡，一边看小说。

Tā yìbiān hē kāfēi, yìbiān kàn xiǎoshuō.

그는 커피를 마시면서, 소설을 봐요.

我们一边聊天儿，一边散步。

Wǒmen yìbiān liáotiānr, yìbiān sàn bù.

우리는 이야기하면서, 산책해요.

낱말

咖啡 kāfēi 커피 ┃ 小说 xiǎoshuō 소설 ┃ 聊天儿 liáotiānr 잡담하다 ┃ 散步 sàn bù 산책하다

❶ 그는 커피를 마시면서, 이야기를 해요.

一边 yìbiān | 一边 yìbiān | 喝咖啡 hē kāfēi | 他 tā | 聊天儿 liáotiānr

❷ 그는 식사하면서, TV를 봐요.

一边 yìbiān | 一边 yìbiān | 看电视 kàn diànshì | 吃饭 chī fàn | 他 tā

❸ 그녀는 춤을 추면서, 노래를 불러요.

一边 yìbiān | 一边 yìbiān | 她 tā | 跳舞 tiào wǔ | 唱歌 chàng gē

❹ 아들이 울면서, 고개를 끄덕여요.

一边 yìbiān | 一边 yìbiān | 哭 kū | 点头 diǎn tóu | 儿子 érzi

🔖 **낱말**

跳舞 tiào wǔ 춤을 추다 | 哭 kū 울다 | 点头 diǎn tóu 고개를 끄덕이다 | 儿子 érzi 아들

🏯 **정답**

① 他一边喝咖啡，一边聊天儿。　② 他一边吃饭，一边看电视。　③ 她一边跳舞，一边唱歌。
④ 儿子一边哭，一边点头。

부탁하는 말하기
(请)

请	동사(구)/문장
~하세요	앉다
请	**坐!**
Qǐng	zuò!

请

- 请qǐng은 본래 '청하다'라는 뜻으로, 중국어에서는 주로 문장 앞에 쓰여 상대에게 어떤 일을 부탁하거나 권할 때 사용해요.

- 높임말이 적은 중국어에서 예의를 갖춰 '~해 주세요'라고 말하는 표현이므로 잘 기억해 두세요!

회화 익히기 대화문을 통해 오늘의 학습 내용을 배워볼까요?

왕웨이
请坐，请坐！
Qǐng zuò, qǐng zuò!

> 손님을 맞을 때 자주 하는 표현이
> 请进! Qǐng jìn!(들어오세요!)이에요.

앉으세요, 앉으세요!

왕웨이
请美娜公主您等一下。
Qǐng Měinà gōngzhǔ nín děng yíxià.

미나 공주님 기다려주세요.

왕웨이
咖啡呀，马上就好。
Kāfēi ya, mǎshàng jiù hǎo.

> coffee를 한자로 음역해
> 만든 낱말이에요.

커피는요, 곧 돼요.

왕웨이
美娜公主请喝。
Měinà gōngzhǔ qǐng hē.

미나 공주님 드세요.

> 一点儿은 '조금', '약간'이라는 뜻으로,
> 一는 생략이 가능해요.

왕웨이
美娜公主，现在心情好点儿了吗？
Měinà gōngzhǔ, xiànzài xīnqíng hǎo diǎnr le ma?

미나 공주님, 지금 기분이 괜찮아졌어요?

왕웨이
请您告诉我，我做错了什么呀？
Qǐng nín gàosu wǒ, wǒ zuòcuò le shénme ya?

저에게 제가 뭘 잘못했는지 알려주시겠어요?

🐸 낱말

请 qǐng 청하다, ~해 주세요 | 公主 gōngzhǔ 공주 | 您 nín 당신(你를 높여 이르는 말)
一下 yíxià 좀 ~하다, 한번 ~해보다 | 咖啡 kāfēi 커피 | 心情 xīnqíng 마음, 기분
告诉 gàosu 알리다, 말하다

동사 请은 누군가에게 무언가를 부탁하거나 권할 때 쓰는 경어예요. 부탁하거나 권하는 문장 앞에 请을 더하면 예의를 갖춘 표현이 되지요.

请　　　　동사(구)/문장

请坐。

Qǐng zuò.

앉으세요.

请您等一下。

Qǐng nín děng yíxià.

좀 기다려주세요.

请您告诉我现在几点。

Qǐng nín gàosu wǒ xiànzài jǐ diǎn.

당신 저에게 지금 몇 시인지 알려주세요.

请您明天下午来我家。

Qǐng nín míngtiān xiàwǔ lái wǒ jiā.

당신 내일 오후에 우리 집에 오세요.

① 들어오세요.

请 qǐng │ 进 jìn

---

② 일어나지 마세요.

不要 bú yào │ 站起来 zhàn qǐlái │ 请 qǐng

---

③ 천천히 드세요!

慢用 màn yòng │ 请 qǐng

---

④ 잘 부탁드립니다!

多多 duōduō │ 请 qǐng │ 关照 guānzhào

낱말

慢用 màn yòng 천천히 드세요 │ 关照 guānzhào 돌보다, 보살피다

정답

① 请进。 ② 请不要站起来。 ③ 请慢用! ④ 请多多关照!

구체적인 시점 말하기
(···的时候)

동사(구) / 형용사(구)	的时候	
내가 공부하다	~(의) 때	스트레스가 크다
我学习	**的时候**	**压力很大。**
Wǒ xuéxí	de shíhou	yālì hěn dà.

···的时候

- 时候shíhou는 때, 시간을 뜻하는데, 주로 的de와 함께
  ···的时候de shíhou로 쓰이는 경우가 많습니다.

- 时候shíhou는 시제를 나타내기 때문에, 뒤 문장에는
  그 시간 대에 발생한 일이나 상황이 나옵니다.

- 时候shíhou는 儿er을 붙여 shíhour로 발음하는 경우가 많습니다.

김미나

你最近工作的时候压力大吗?
Nǐ zuìjìn gōngzuò de shíhou yālì dà ma?

너 요즘 일할 때 스트레스를 많이 받아?

'압력'이라는 뜻도 있고, '스트레스'라는 뜻으로도 쓰여요.

왕웨이

工作的时候压力不太大,
Gōngzuò de shíhou yālì bú tài dà,

'그다지 ~하지 않다'라는 뜻이에요.

일할 때는 스트레스를 그다지 많이 받지 않는데,

但是学习的时候压力很大。
dànshì xuéxí de shíhou yālì hěn dà.

공부할 때는 스트레스를 많이 받아.

김미나

学习? 学习什么?
Xuéxí? Xuéxí shénme?

공부한다고? 뭐 공부하는데?

'한국어'라는 뜻인데, '汉语 Hànyǔ(중국어)'와
발음이 비슷하니 주의하세요.

왕웨이

我最近在学习韩语。
Wǒ zuìjìn zài xuéxí Hányǔ.

나는 요즘 한국어를 공부하고 있어.

김미나

啊~那你现在说一句给我听!
Á~ Nà nǐ xiànzài shuō yí jù gěi wǒ tīng!

와~ 그럼 지금 한 마디 나에게 들려줘!

낱말

时候 shíhou 기간, 때, 동안 | 压力 yālì 압력, 스트레스 | 太 tài 너무, 몹시
韩语 Hányǔ 한국어 | 句 jù 문장(문장을 세는 단위)

'때, 시간'이라는 뜻을 가진 명사 时候가 관형어의 수식을 받고 있는 패턴이에요. 앞에는 동사(구), 형용사(구)가 주로 오는데, 동사(구), 형용사(구)가 오면 '~할/했을 때'로 해석해요.

동사(구) / 형용사(구)　　　　　的时候

我学习的时候，压力很大。
Wǒ xuéxí de shíhou, yālì hěn dà.

나는 공부할 때, 스트레스를 많이 받아요.

我运动的时候，喜欢听歌。
Wǒ yùndòng de shíhou, xǐhuan tīng gē.

나는 운동할 때, 노래 듣는 것을 좋아해요.

他上大学的时候，学习非常好。
Tā shàng dàxué de shíhou, xuéxí fēicháng hǎo.

그는 대학교 다닐 때, 공부를 굉장히 잘했어요.

她小的时候，特别可爱。
Tā xiǎo de shíhou, tèbié kě'ài.

그녀는 어릴 때, 특히 귀여웠어요.

① 제가 잠들었을 때 전화벨이 울렸어요.

睡觉 shuì jiào | 我 wǒ | 电话铃 diànhuàlíng | 响了 xiǎng le | 的时候 de shíhou

_____

② 날씨가 추울 때는 훠궈가 먹고 싶어요.

天气 tiānqì | 的时候 de shíhou | 就想 jiù xiǎng | 冷 lěng | 吃火锅 chī huǒguō

_____

③ 제가 젊었을 때는 술 마시는 걸 좋아했어요.

年轻 niánqīng | 很 hěn | 喜欢 xǐhuan | 我 wǒ | 的时候 de shíhou | 喝酒 hē jiǔ

_____

④ 저는 길을 걸을 때 자유로움을 느껴요.

走路 zǒu lù | 我 wǒ | 很自在 hěn zìzài | 感到 gǎndào | 的时候 de shíhou

_____

낱말

电话铃 diànhuàlíng 전화벨 | 响 xiǎng (소리가) 울리다 | 天气 tiānqì 날씨
火锅 huǒguō 신선로, 훠궈 | 走路 zǒu lù 길을 걷다 | 自在 zìzài 자유롭다 | 感到 gǎndào 느끼다

정답

① 我睡觉的时候，电话铃响了。　② 天气冷的时候，就想吃火锅。
③ 我年轻的时候，很喜欢喝酒。　④ 我走路的时候，感到很自在。

인과관계 말하기
(因为…, 所以…)

因为 원인 所以 결과

~ 때문에 　　 씽씽마트의 물건이 가장 저렴하다 　　 그래서 　　 나는 자주 이 마트에 간다

因为 　 **星星超市的东西最便宜，** 　 **所以** 　 **我常常去这家。**
Yīnwèi 　 Xīngxing chāoshì de dōngxi zuì piányi, 　 suǒyǐ 　 wǒ chángcháng qù zhè jiā.

因为…, 所以…

- 因为yīnwèi…, 所以suǒyǐ…는 원인과 결과를 나타내는 구문입니다.

- 因为yīnwèi는 '～이기 때문에'라는 뜻으로 '원인'의 내용을 이끌고,
  所以suǒyǐ는 '그래서'라는 뜻으로 '결과'를 설명합니다.

- 때로는 因为yīnwèi를 생략하고 所以suǒyǐ만 쓰이는 경우도 있는데,
  의미는 비슷하지만 因为yīnwèi를 생략하지 않으면 그 결과를 더
  강조하는 어감을 갖습니다.

- 때로는 因为yīnwèi나 所以suǒyǐ 둘 중 하나를 생략해도 됩니다.

김미나

张丽！你去哪儿啊？
Zhāng Lì! Nǐ qù nǎr a?

장리 씨! 어디 가세요?

장 리

super market의 뜻을
담아 만든 외래어예요.

我去星星超市。
Wǒ qù Xīngxing chāoshì.

나 씽씽마트 가.

'집'이라는 뜻이지만, 가정, 가게,
기업 등을 세는 단위로도 쓰여요.

김미나

你怎么每天都去那家超市呢？
Nǐ zěnme měitiān dōu qù nà jiā chāoshì ne?

왜 매일 그 마트에 가세요?

'어떻게'라는 뜻이지만, 이유를 물어볼 때도 사용해요.

장 리

因为星星超市的东西最便宜，
Yīnwèi Xīngxing chāoshì de dōngxi zuì piányi,

왜냐하면 씽씽마트 물건이 제일 싸서,

所以我常常去这家。
suǒyǐ wǒ chángcháng qù zhè jiā.

그래서 난 자주 이곳에 가.

PLUS 상점 비교

超市 마트, 슈퍼마켓 chāoshì	**市场** 시장 shìchǎng	**小卖部** 매점 xiǎomàibù

낱말

家 jiā 집(가정·가게·기업 따위를 세는 단위) ｜ 因为 yīnwèi ~ 때문에 ｜ 所以 suǒyǐ 그래서
常常 chángcháng 늘, 항상

'~ 때문에'라는 뜻을 가진 접속사 因为와 '그래서'라는 뜻을 가진 접속사 所以가 결합해 인과관계를 나타내는 패턴이에요. 因为 다음에는 원인이, 所以 다음에는 결과가 와요.

因为 원인 , 所以 결과

因为星星超市的东西最便宜，所以我常常去这家。
Yīnwèi Xīngxing chāoshì de dōngxi zuì piányi, suǒyǐ wǒ chángcháng qù zhè jiā.

씽씽마트의 물건이 가장 저렴하기 때문에, (그래서) 나는 자주 이 마트에 가요.

因为今天是星期五，所以我很开心。
Yīnwèi jīntiān shì xīngqīwǔ, suǒyǐ wǒ hěn kāixīn.

오늘은 금요일이기 때문에, (그래서) 나는 즐거워요.

因为明天有考试，所以我很紧张。
Yīnwèi míngtiān yǒu kǎoshì, suǒyǐ wǒ hěn jǐnzhāng.

내일은 시험이 있기 때문에, (그래서) 나는 긴장돼요.

因为她很听话，所以老师们都喜欢她。
Yīnwèi tā hěn tīng huà, suǒyǐ lǎoshīmen dōu xǐhuan tā.

그녀는 말을 잘 들어서, (그래서) 선생님들이 모두 그녀를 좋아해요.

낱말

紧张 jǐnzhāng 긴장하다 | 听话 tīng huà 말을 잘 듣다

① 날씨가 추워서, 저는 학교에 가지 않아요.

我 wǒ ｜ 因为 yīnwèi ｜ 天气 tiānqì ｜ 所以 suǒyǐ ｜ 不去学校 bú qù xuéxiào ｜ 很冷 hěn lěng

_____

② 나는 감기에 걸려서, 병원에 갔어요.

因为 yīnwèi ｜ 去医院了 qù yīyuàn le ｜ 感冒了 gǎnmào le ｜ 所以 suǒyǐ ｜ 我 wǒ

_____

③ 출근하지 않아서, 소득이 없어요.

没有收入 méiyǒu shōurù ｜ 不上班 bú shàng bān ｜ 所以 suǒyǐ ｜ 因为 yīnwèi

_____

④ 봄이 오니, 날씨가 따뜻해졌어요.

春天 chūntiān ｜ 暖和了 nuǎnhuo le ｜ 来了 lái le ｜ 因为 yīnwèi ｜ 所以 suǒyǐ ｜ 天气 tiānqì

_____

낱말

感冒 gǎnmào 감기(에 걸리다) ｜ 收入 shōurù 수입 ｜ 暖和 nuǎnhuo 따뜻하다

정답

① 因为天气很冷, 所以我不去学校。　② 因为我感冒了, 所以去医院了。
③ 因为不上班, 所以没有收入。　④ 因为春天来了, 所以天气暖和了。

344

전환관계 말하기
(虽然…, 但是…)

주어	虽然	이미 존재하는 사실	但是	변하지 않는 사실
밀크티	비록	(매우) 맛있다	그러나	건강하지 않다

奶茶 虽然 很好喝, 但是 不健康。

Nǎichá　suīrán　hěn hǎohē,　dànshì　bú jiànkāng.

虽然…, 但是…

- 虽然suīrán은 '비록 ~이지만'이라는 뜻으로, 뒤에 오는 상황을 강조하기 위한 전제로 쓰입니다.

- 그 다음 문장은 但是dànshì(그러나)로 시작해 본인이 강조하고자 하는 내용을 말합니다.

- 때로는 但是dànshì 대신 可是kěshì를 쓰기도 합니다.

- 앞 구문과 뒤 구문이 각기 다른 주어를 갖기도 해요.

장 리

美娜，你又喝奶茶呀。
Měinà, nǐ yòu hē nǎichá ya.

milk tea의 뜻을 이용해
만든 낱말이에요.

미나야,
너 또 밀크티 마시네.

김미나

奶茶好喝!
Nǎichá hǎohē!

밀크티는 맛있잖아요!

장 리

奶茶虽然很好喝，但是不健康。
Nǎichá suīrán hěn hǎohē, dànshì bú jiànkāng.

밀크티가 맛있긴 하지만,
건강에는 안 좋아.

김미나

我知道。
Wǒ zhīdào.

알죠.

장 리

你喝了几杯?
Nǐ hē le jǐ bēi?

10 이하의 수를 물어볼 때 쓰는 의문사예요.

너 몇 잔 마셨어?

김미나

就这一杯。
Jiù zhè yì bēi.

잔에 담긴 음료 종류를 세는 단위예요.

이거 한 잔이요.

장 리

嗯?
Ńg?

응?

김미나

两杯。
Liǎng bēi.

개수로 2개(두 개)는 二 대신 两을 써요.

두 잔.

장 리

少喝点。
Shǎo hē diǎn.

'少/多 + 동사 + 点'은 '적게/많이
좀 ~하다'라는 뜻이에요.

조금만 마셔.

 낱말

奶茶 nǎichá 밀크티 ｜ 好喝 hǎohē (음료수 따위가) 맛있다 ｜ 虽然 suīrán 비록 ~라도
健康 jiànkāng 건강(하다) ｜ 杯 bēi 잔(컵에 담긴 것을 세는 단위)

'비록 ~일지라도, ~이지만'이라는 뜻을 가진 접속사 虽然과 '그러나'라는 뜻을
가진 접속사 但是로 이루어진 패턴으로, 전환관계를 나타내요.

주어 　虽然　 이미 존재하는 사실 , 但是 　변하지 않는 사실

奶茶虽然很好喝，但是不健康。

Nǎichá suīrán hěn hǎohē, dànshì bú jiànkāng.

밀크티는 맛있지만, 건강하지 않아요.

虽然我喜欢他，但是他喜欢别人。

Suīrán wǒ xǐhuan tā, dànshì tā xǐhuan biéren.

비록 나는 그를 좋아하지만, 그러나 그는 다른 사람을 좋아해요.

앞뒤 문장에 각기 다른 주어가 올 때는 虽然, 但是 뒤에 주어를 씁니다.

虽然那家咖啡店很好，但是太远了。

Suīrán nà jiā kāfēi diàn hěn hǎo, dànshì tài yuǎn le.

비록 그 커피숍은 좋지만, 너무 멀어요.

汉语虽然很难，但是很有意思。

Hànyǔ suīrán hěn nán, dànshì hěn yǒuyìsi.

중국어는 어렵지만, 재미있어요.

낱말

难 nán 어렵다 ｜ 有意思 yǒuyìsi 재미있다

① (비록) 비가 오긴 하지만, 날은 어두워지지 않았어요.

下了雨 xià le yǔ | 天 tiān | 虽然 suīrán | 但是 dànshì | 没有 méiyǒu | 黑 hēi

② (비록) 사고 싶지만, 돈이 없어요.

想买 xiǎng mǎi | 虽然 suīrán | 没有 méiyǒu | 但是 dànshì | 钱 qián

③ (비록) 당신 병이 좋아지긴 했지만, 더 휴식을 해야 해요.

虽然 suīrán | 但是 dànshì | 好了 hǎo le | 要多 yào duō | 你的病 nǐ de bìng | 休息 xiūxi

④ 그는 (비록) 키가 크진 않지만, 힘은 세요.

他 tā | 力气 lìqi | 不高 bù gāo | 但是 dànshì | 很大 hěn dà | 虽然 suīrán

🔍 낱말

力气 lìqi 힘, 기운

📖 정답

① 虽然下了雨, 但是天没有黑。   ② 虽然想买, 但是没有钱。
③ 虽然你的病好了, 但是要多休息。   ④ 他虽然不高, 但是力气很大。

가정관계 말하기
(如果…的话, …)

如果   가정   的话

만약   당신이 복권 1등에 당첨되다   ~한다면,   무엇을 하고 싶나요?

如果 你中了头彩 的话，想做什么?

Rúguǒ   nǐ zhòng le tóucǎi   de huà,   xiǎng zuò shénme?

如果…的话

- 如果rúguǒ…的话de huà는 가정을 나타낼 때 쓰는 구문으로
  우리말로는 '만약 ~한다면'으로 해석됩니다.

- 如果rúguǒ 다음에는 조건과 상황이, 的话de huà 다음에는 전제된
  조건에 대한 결과가 옵니다.

- 如果rúguǒ나 的话de huà 둘 중 하나를 생략해도 됩니다.

김미나

王伟，如果你中了头彩的话，
Wáng Wěi, rúguǒ nǐ zhòng le tóucǎi de huà,

中은 '과녁의 한 가운데를 뚫다'라는 뜻이 있어요.
그러니 무엇에 당첨되는 것을 표현할 때 딱이죠?
발음은 zhòng이에요.

想做什么？
xiǎng zuò shénme?

왕웨이, 만약 복권 1등에 당첨된다면,

뭐 하고 싶어?

왕웨이

我想在韩国买套房子。
Wǒ xiǎng zài Hánguó mǎi tào fángzi.

세간이 갖춰진 집을 세는 단위예요.

나는 한국에
집을 사고 싶어.

김미나

在韩国？为什么？
Zài Hánguó? Wèishénme?

한국에? 왜?

이때 便은 biàn으로 발음해요.
便宜(싸다)를 말할 때는 pián이에요.

왕웨이

如果在韩国有房子的话，很方便嘛。
Rúguǒ zài Hánguó yǒu fángzi de huà, hěn fāngbiàn ma.

만약 한국에 집이 있다면,
편리하잖아.

김미나

哎呀，去看你就方便了！
Āiyā, qù kàn nǐ jiù fāngbiàn le!

와, 너를 보러 가는 게 편해지겠네!

왕웨이

是不是你男朋友最好？
Shì bu shì nǐ nán péngyou zuì hǎo?

남자친구가 가장 좋지?

김미나

是是是！
Shì shì shì!

맞아 맞아 맞아!

낱말

如果 rúguǒ 만일, 만약 ｜ 中 zhòng 맞히다, 당첨되다 ｜ 头彩 tóucǎi (복권 등의) 1등상
的话 de huà ～한다면 ｜ 套 tào 채, 세트(세트로 된 것을 세는 단위) ｜ 房子 fángzi 집, 건물
方便 fāngbiàn 편리하다

'만일, 만약'이라는 뜻을 가진 접속사 如果와 '~이면, ~하다면'의 뜻을 가진
조사 的话로 이루어진 패턴으로, 가정의 의미를 나타내요. 如果와 的话는 둘
다 단독으로도 사용 가능해요.

如果　　가정　　的话

如果你中了头彩的话，想做什么？
Rúguǒ nǐ zhòng le tóucǎi de huà, xiǎng zuò shénme?

만약 당신이 복권 1등에 당첨된다면, 무엇을 하고 싶어요?

如果在韩国有房子的话，很方便嘛。
Rúguǒ zài Hánguó yǒu fángzi de huà, hěn fāngbiàn ma.

만약에 한국에 집이 있다면, 편리하잖아요.

如果你累的话，回家休息吧。
Rúguǒ nǐ lèi de huà, huí jiā xiūxi ba.

만약에 당신이 피곤하다면, 집에 가서 쉬세요.

如果你也喜欢我的话，我们在一起吧。
Rúguǒ nǐ yě xǐhuan wǒ de huà, wǒmen zài yìqǐ ba.

만약에 당신도 내가 좋다면, 우리 사귀어요.

351

① 만약 일이 있다면, 오지 않아도 돼요.

不用来了 bú yòng lái le ┃ **如果** rúguǒ ┃ **的话** de huà ┃ **就** jiù ┃ **你有事** nǐ yǒu shì

_____

② 만약 당신이 좋아한다면, 제가 사 드릴게요.

如果 rúguǒ ┃ **给你** gěi nǐ ┃ **的话** de huà ┃ **我** wǒ ┃ **就** jiù ┃ **你喜欢** nǐ xǐhuan ┃ **买** mǎi

_____

③ 만약 가능하다면, 오후 3시에 저는 당신을 만나고 싶어요.

可能 kěnéng ┃ **如果** rúguǒ ┃ **的话** de huà ┃ **想见** xiǎng jiàn
下午三点 xiàwǔ sān diǎn ┃ **我** wǒ ┃ **你** nǐ

_____

④ 만약 눈이 오게 되면, 우리 스키장에 가요.

去滑雪场 qù huáxuěchǎng ┃ **下雪** xià xuě ┃ **的话** de huà ┃ **我们** wǒmen
吧 ba ┃ **如果** rúguǒ

_____

낱말

可能 kěnéng 가능하다 ┃ 滑雪场 huáxuěchǎng 스키장 ┃ 下雪 xià xuě 눈이 오다

정답

① 如果你有事的话，就不用来了。　② 如果你喜欢的话，我就给你买。
③ 如果可能的话，下午三点我想见你。　④ 如果下雪的话，我们去滑雪场吧。

미션톡
상황별
중국어 회화

마트에서 물건을 사면 어떻게 계산할까요?

또 식당에서는 어떻게 주문할까요?

이번 파트에서는 미션을 수행하는 미나와 함께

일상에서 마주하는 상황에서 쓰는 표현을 익히고,

중국인의 문화도 이해할 수 있어요.

자, 미션 수행하러 떠나볼까요!

버스 타기

> 처음으로 혼자 버스 타는 미나!
>
> 과연 미션을 성공할 수 있을까요?

미션
- ☐ 목적지까지 가는 버스 번호 물어보기
- ☐ 목적지까지 몇 정거장인지 물어보기

낱말
- ☐ **请问** qǐngwèn 말씀 좀 묻겠습니다, 실례합니다
- ☐ **坐** zuò (탈것에) 타다
- ☐ **路** lù (버스 번호) 번
- ☐ **要** yào (시간이) 걸리다, 소요되다

PLUS

- 버스 번호는 号hào가 아닌 路lù를 사용합니다.

- 정류장의 개수를 말할 때는 站zhàn을 씁니다.

☞ **목적지까지 가는 버스 번호 물어보기**

김미나

请问一下，去天坛公园要坐几路车？
Qǐngwèn yíxià, qù Tiāntán gōngyuán yào zuò jǐ lù chē?

실례지만, 천단공원에 가려면 몇 번 버스를 타야 하나요?

행 인

坐1路、98路、103路都能到。   1번, 98번, 103번 모두 가요.
Zuò yī lù、jiǔshí bā lù、yāo líng sān lù dōu néng dào.

天坛公园 Tiāntán gōngyuán 천단공원

1. 공손하게 질문하기

请问은 공손하게 물어볼 때 쓰는 말로, 특히 처음 보는 사람에게 무언가를 묻기 전에 사용해요. 뒤에 一下를 붙여서 표현하기도 해요.

请问一下，天坛公园怎么走？   실례지만, 천단공원은 어떻게 가나요?
Qǐngwèn yíxià, Tiāntán gōngyuán zěnme zǒu?

请问一下，天坛公园在哪儿？   실례지만, 천단공원은 어디에 있나요?
Qǐngwèn yíxià, Tiāntán gōngyuán zài nǎr?

2. 버스 번호 읽기

버스 번호는 号가 아닌 路로 말합니다. 번호는 일반적으로 수 읽듯이 말하지만, 번호가 세 자릿수 이상일 때는 숫자를 하나씩 떼어 읽습니다. 이때 숫자 1은 yāo로 읽습니다.

1路 yī lù 1번 버스

25路 èrshí wǔ lù 25번 버스

110路 yāo yāo líng lù 110번 버스

☞ **목적지까지 몇 정거장인지 물어보기**

김미나

请问，去天坛公园要坐几站车？
Qǐngwèn, qù Tiāntán gōngyuán yào zuò jǐ zhàn chē?

말씀 좀 여쭐게요, 천단공원까지 몇 정거장인가요?

행 인

好像是四站。
Hǎoxiàng shì sì zhàn.

아마 네 정거장일 거예요.

站 zhàn 역, 정거장 | 好像 hǎoxiàng 아마도, 마치 (~와 같다)

3. 시간이 걸리다

要는 '시간이 걸리다, 시간이 소요되다'는 의미의 동사로도 사용해요.

去故宫要三十分钟。
Qù Gùgōng yào sānshí fēnzhōng.

고궁에 가려면 30분이 걸려요.

去故宫，坐公交车要一个小时。
Qù Gùgōng, zuò gōngjiāochē yào yí ge xiǎoshí.

고궁에 가려면,
버스를 타고 1시간이 걸려요.

4. 탈것을 타다

'타다'라는 뜻을 가진 단어를 비교해 봅시다.

• 坐 '탑승하다'는 의미의 타다

我每天坐公交车去学校。
Wǒ měitiān zuò gōngjiāochē qù xuéxiào.

나는 매일 버스를 타고 학교에 가요.

• 骑 '기마자세로 타는' 탈것을 타다

我经常骑自行车去学校。
Wǒ jīngcháng qí zìxíngchē qù xuéxiào.

나는 항상 자전거를 타고 학교에 가요.

• 开 '운전하다'는 의미의 타다

我一般开车去学校。
Wǒ yìbān kāi chē qù xuéxiào.

나는 보통 운전해서 학교에 가요.

357

김미나

请问一下，❶ _____

Qǐngwèn yíxià,　qù Tiāntán gōngyuán yào zuò jǐ lù chē?

실례지만, 천단공원에 가려면 몇 번 버스를 타야 하나요?

행　인

坐1路、98路、103路都能到。　1번, 98번, 103번 모두 가요.

Zuò yī lù、jiǔshí bā lù、yāo líng sān lù dōu néng dào.

김미나

哦，是在这个车站坐吗？　아, 바로 이 정류장에서 타면 되나요?

Ó, shì zài zhè ge chēzhàn zuò ma?

행　인

不是，在对面儿车站坐。　아니요, 맞은편 정류장에서 타야 해요.

Bú shì, zài duìmiànr chēzhàn zuò.

김미나

哦，好的，谢谢！　오, 네, 감사합니다!

Ò, hǎo de, xièxie!

김미나

❷ _____，_____

Qǐngwèn,　qù Tiāntán gōngyuán yào zuò jǐ zhàn chē?

말씀 좀 여쭐게요, 천단공원까지 몇 정거장인가요?

행　인

好像是四站。　아마 네 정거장일 거예요.

Hǎoxiàng shì sì zhàn.

김미나

哦，好的，谢谢！　오, 네, 감사합니다!

Ò, hǎo de, xièxie!

🧅 낱말

都 dōu 모두, 다 ｜ 车站 chēzhàn 정류장, 역 ｜ 对面(儿) duìmiàn(r) 반대편, 맞은편

🏛 정답

① 去天坛公园要坐几路车？　② 请问, 去天坛公园要坐几站车？

358

지하철 타기

창잉역에서 지하철을 타고 동물원역에 가려는 미나!

우선 지하철 표부터 사야겠죠?

미션
- ☐ 목적지까지 몇 호선을 타야 하는지 물어보기
- ☐ 지하철 표 파는 곳 물어보기

낱말
- ☐ 号线 hàoxiàn (지하철 등의) 노선
- ☐ 地铁票 dìtiě piào 지하철 표
- ☐ 在 zài ~에서
- ☐ 哪儿 nǎr 어디

PLUS

- 중국의 지하철 노선번호를 말할 때는 우리나라와 마찬가지로 '숫자 + 号线hàoxiàn'으로 말해요. 9호선이면 '九号线 jiǔ hàoxiàn'이라고 하죠.

- 哪儿nǎr은 '어디'나 '어느 곳'과 같은 장소의 범칭으로 쓰입니다.

- 在zài는 사람이나 사물의 위치를 나타내는 동사로, 의문사 哪儿nǎr과 결합해서 '어디에 있나요?'라는 의문문을 만듭니다.

☑ 목적지까지 몇 호선을 타야 하는지 물어보기

김미나

你好，请问，去动物园坐几号线？
Nǐ hǎo, qǐngwèn, qù dòngwùyuán zuò jǐ hàoxiàn?
안녕하세요, 말씀 좀 여쭐게요, 동물원에 가려면 몇 호선을 타야 해요?

행 인

坐四号线。
Zuò sì hàoxiàn.
4호선을 타요.

김미나

到那儿需不需要换乘？
Dào nàr xū bu xūyào huàn chéng?
거기 가려면 환승해야 하나요?

动物园 dòngwùyuán 동물원 ｜ 需要 xūyào 필요로 하다 ｜ 换乘 huàn chéng 갈아타다

---

1. **~에 가려면**

到는 '도착하다'라는 뜻으로 뒤에 장소를 나타내는 낱말과 함께 쓰여 그곳에 가는 방법을 묻거나 길(방향)을 물을 때 씁니다. 到 대신 去(가다)를 써도 됩니다.

到那儿需不需要换乘？
Dào nàr xū bu xūyào huàn chéng?
거기 가려면 환승해야 하나요?

去动物园坐几号线？
Qù dòngwùyuán zuò jǐ hàoxiàn?
동물원에 가려면 몇 호선을 타야 하나요?

2. **환승하기**

'换(乘) + 숫자 + 노선'을 쓰면 '~호선으로 갈아타다'라는 뜻을 나타내요.

去动物园，要在西单站换乘四号线。
Qù dòngwùyuán, yào zài Xīdānzhàn huàn chéng sì hàoxiàn.
동물원에 가려면, 서단역에서 4호선으로 갈아타야 해요.

☑ 지하철 표 파는 곳 물어보기

你好，不好意思，请问，地铁票在哪儿买?
Nǐ hǎo, bù hǎoyìsi, qǐngwèn, dìtiě piào zài nǎr mǎi?

김미나

안녕하세요, 죄송한데요, 말씀 좀 여쭐게요, 지하철 표는 어디서 사나요?

从这个入口下去就有自动售票机。
Cóng zhè ge rùkǒu xiàqù jiù yǒu zìdòng shòupiàojī.

행인

여기 입구에서 내려가면 바로 자동 매표기가 있어요.

入口 rùkǒu 입구 | 自动 zìdòng 자동 | 售票机 shòupiàojī 티켓 발매기

3 어디에서 ~하나요?

'在 + 哪儿 + 동작'을 써서 '어디에서 ~을 하나요?'라고 물을 수 있어요.

公交车在哪儿坐?
Gōngjiāochē zài nǎr zuò?

버스는 어디에서 타나요?

地铁三号线在哪儿坐?
Dìtiě sān hàoxiàn zài nǎr zuò?

지하철 3호선은 어디에서 타나요?

💟 Tip

우리말 '전철(電鐵)'은 일본식 표현을 빌린 단어로, 중국에서는 '지하철'이라는 표현을 이용해 地铁 dìtiě라 말해요. 환승역은 换乘站 huànchéngzhàn이라 하는데, 여기서 站은 '역'이나 '정거장'이라는 뜻입니다. 참고로 중국에서는 지하철이나 기차를 탈 때도 공항처럼 보안검색을 해요.

김미나
你好，❶ _____，_____
Nǐ hǎo,   qǐngwèn,   qù dòngwùyuán zuò jǐ hàoxiàn?
안녕하세요, 말씀 좀 여쭐게요, 동물원에 가려면 몇 호선을 타야 해요?

행인1
坐四号线。   4호선을 타요.
Zuò sì hàoxiàn.

김미나
❷ _____   거기 가려면 환승해야 하나요?
Dào nàr xū bu xūyào huàn chéng?

행인1
到平安里换四号线，您要坐开往安河桥北方向的。
Dào Píng'ānlǐ huàn sì hàoxiàn, nín yào zuò kāiwǎng Ānhéqiáo Běi fāngxiàng de.
핑안리에서 4호선으로 환승해서, 안허치아오베이 방향으로 가는 걸 타야 해요.

김미나
哦，好的，谢谢！   오, 네, 감사합니다!
Ò, hǎo de, xièxie!

- -

김미나
你好，不好意思，❸ _____，_____
Nǐ hǎo, bù hǎoyìsi,   qǐngwèn,   dìtiě piào zài nǎr mǎi?
안녕하세요, 죄송한데요, 말씀 좀 여쭐게요, 지하철 표는 어디서 사나요?

행인2
从这个入口下去就有自动售票机。
Cóng zhè ge rùkǒu xiàqù jiù yǒu zìdòng shòupiàojī.
여기 입구에서 내려가면 바로 자동 매표기가 있어요.

낱말

换 huàn 바꾸다, 갈아타다 | 开往 kāiwǎng ～로 출발하다 | 方向 fāngxiàng 방향

정답

① 请问，去动物园坐几号线？ ② 到那儿需不需要换乘？ ③ 请问，地铁票在哪儿买？

택시 타기

오늘은 택시를 타고 이동할 거예요.

미나는 과연 기사에게 필요한 것을 요구할 수 있을까요?

 미션
- ☐ 트렁크 열어달라고 말하기
- ☐ 목적지 말하기
- ☐ 빠른 길로 가달라고 말하기

 낱말
- ☐ 师傅 shīfu 기사
- ☐ 帮 bāng 돕다
- ☐ 赶时间 gǎn shíjiān 시간이 촉박하다
- ☐ 路 lù 길, 도로

PLUS

- '택시기사'는 司机sījī라 하지만 직업 이름일 뿐, 통상적인 호칭은 중국에서는 师傅shīfu, 대만에서는 나이에 관계 없이 大哥dàgē라 부릅니다.

- 师傅shīfu는 본래 전문기술직에 종사하는 사람을 일컫는 말이었지만 중국에서는 택시기사를 부를 때 사용되고 있습니다.

- 赶gǎn은 '서두르다, 재촉하다'라는 뜻으로 时间shíjiān과 결합하면 '시간이 촉박하다'라는 뜻이 됩니다.

☑ 트렁크 열어달라고 말하고 목적지 말하기

김미나

师傅，能帮我开一下后备箱吗?
Shīfu, néng bāng wǒ kāi yíxià hòubèixiāng ma?

기사님, 트렁크 좀 열어주시겠어요?

택시기사

好的。您去哪儿?
Hǎo de. Nín qù nǎr?

네. 어디로 가세요?

김미나

我要去北京站。
Wǒ yào qù Běijīngzhàn.

베이징역으로 가주세요.

后备箱 hòubèixiāng 트렁크 │ 站 zhàn 역, 정거장

1. 저를 도와 ~해줄 수 있나요?

能帮我…吗?라는 구문으로 도움을 요청할 수 있어요.

你能帮我开一下电视吗?
Nǐ néng bāng wǒ kāi yíxià diànshì ma?

텔레비전 좀 켜줄 수 있어요?

你能帮我关一下空调吗?
Nǐ néng bāng wǒ guān yíxià kōngtiáo ma?

에어컨 좀 꺼줄 수 있어요?

2. ~하려고 해요

要는 '~하려고 하다, ~할 것이다'라는 뜻을 나타내는 조동사로도 쓰여요.

我要去王府井。
Wǒ yào qù Wángfǔjǐng.

저는 왕푸징에 가려고 해요.

师傅，我要在这儿下车。
Shīfu, wǒ yào zài zhèr xià chē.

기사님, 저 여기서 내릴게요.

☑ 빠른 길로 가달라고 말하기

김미나

师傅，我赶时间，走最快的路吧。
Shīfu, wǒ gǎn shíjiān, zǒu zuì kuài de lù ba.

기사님, 제가 시간이 촉박해서 그러는데, 가장 빠른 길로 가주세요.

택시기사

好的。
Hǎo de.

알겠습니다.

3. 吧의 쓰임

문장 끝에 吧를 써서 청유, 추측, 명령의 의미를 표현할 수 있어요.

师傅，我们走这条路吧。
Shīfu, wǒmen zǒu zhè tiáo lù ba.

기사님, 우리 이 길로 가요.

师傅，这是马场道吧？
Shīfu, zhè shì Mǎchǎngdào ba?

기사님, 여기가 마창다오죠?

师傅，在这儿停一下吧。
Shīfu, zài zhèr tíng yíxià ba.

기사님, 여기서 좀 세워주세요.

김미나　师傅，❶ _____
Shīfu, 　néng bāng wǒ kāi yíxià hòubèixiāng ma?

기사님, 트렁크 좀
열어주시겠어요?

택시기사　好的。您去哪儿?
Hǎo de. Nín qù nǎr?

네. 어디로 가세요?

김미나　❷ _____
Wǒ yào qù Běijīngzhàn.

베이징역으로 가주세요.

택시기사　好的。
Hǎo de.

알겠습니다.

김미나　师傅，❸ _____，_____
Shīfu, 　wǒ gǎn shíjiān, 　zǒu zuì kuài de lù ba.

기사님, 제가 시간이 촉박해서 그러는데, 가장 빠른 길로 가주세요.

택시기사　好的。
Hǎo de.

알겠습니다.

김미나　师傅，请您开一下后备箱，我拿一下行李。
Shīfu, qǐng nín kāi yíxià hòubèixiāng, wǒ ná yíxià xíngli.

기사님, 트렁크 좀 열어주세요, 짐 좀 꺼낼게요.

택시기사　好的。
Hǎo de.

네.

🌱 **낱말**

拿 ná (손에) 쥐다, 가지다　│　行李 xíngli 여행 짐

📖 **정답**

① 能帮我开一下后备箱吗? 　② 我要去北京站。　③ 我赶时间, 走最快的路吧。

식당에서 주문하기 1

식당에 온 미나, 혼밥을 하려는데요,

미나는 음식을 제대로 주문할 수 있을까요?

미션
- ☐ 음식 주문하기 (꿍바오지딩 덮밥&차가운 콜라)
- ☐ 냅킨 요구하기

낱말
- ☐ 服务员 fúwùyuán 종업원
- ☐ 来 lái ~ 주세요(음식 주문)
- ☐ 点菜 diǎn cài 음식을 주문하다
- ☐ 麻烦您 máfan nín 실례합니다
- ☐ 给 gěi (~을) 주다

PLUS

- 服务员fúwùyuán은 서비스직에 종사하는 사람을 일컫는 말로 직원을 부를 때 사용합니다.

- 우리가 음식점 등에서 '이모', '언니' 하고 부르듯이, 중국에서도 요즘에는 美女měinǚ(미녀), 帅哥shuàigē(미남) 등으로 부르는 추세입니다.

- 麻烦您máfan nín의 麻烦máfan은 '번거롭다'라는 뜻으로, 상대방에게 공손하게 부탁할 때 흔히 쓰는 표현입니다.

☑ 음식 주문하기

김미나

服务员，点菜。
Fúwùyuán, diǎn cài.
종업원, 주문할게요.

来一份宫保鸡丁盖饭和一听可乐。
Lái yí fèn gōngbǎojīdīng gàifàn hé yì tīng kělè.
꿍바오지딩 덮밥 하나, 콜라 한 캔 주세요.

可乐我要冰的。
Kělè wǒ yào bīng de.
콜라는 차가운 걸로요.

一份 yí fèn 1인분 │ 宫保鸡丁 gōngbǎojīdīng 꿍바오지딩 │ 盖饭 gàifàn 덮밥
和 hé ~와 │ 听 tīng 캔(tin) [깡통, 캔 등을 세는 단위] │ 冰的 bīng de 시원한 거

---

1. 주문하기

음식을 주문할 때는 먼저 点菜라고 말한 뒤, '来 + 음식 이름'으로 말해요.

服务员，来一碗米饭。
Fúwùyuán, lái yì wǎn mǐfàn.
종업원, 공기밥 하나 주세요.

服务员，来一瓶啤酒。
Fúwùyuán, lái yì píng píjiǔ.
종업원, 맥주 한 병 주세요.

服务员，来一杯绿茶。
Fúwùyuán, lái yì bēi lǜchá. 음식에 알맞은 양사를 쓰세요.
종업원, 녹차 한 잔 주세요.

2. ~ 주세요

무엇을 요청할 때는 要(~을/를 필요로 하다)를 쓰세요.

我要热的。
Wǒ yào rè de.
뜨거운 걸로 주세요.

我要常温的。
Wǒ yào chángwēn de.
상온의 것으로 주세요.

我要餐巾纸。
Wǒ yào cānjīnzhǐ.
냅킨 주세요.

☞ 냅킨 요구하기

김미나

服务员，麻烦您给我拿一包餐巾纸。
Fúwùyuán, máfan nín gěi wǒ ná yì bāo cānjīnzhǐ.

종업원, 실례지만 냅킨 한 팩 주세요.

종업원

好的。
Hǎo de.

네.

包 bāo 포, 봉지(봉지에 담긴 것을 세는 단위) ㅣ 餐巾纸 cānjīnzhǐ 종이 냅킨

3. 부탁할 때는 공손하게

'성가시게 하다, 귀찮게 하다'라는 뜻의 麻烦을 써서 공손하게 부탁할 수 있어요.

麻烦您**再给我拿一双筷子。**
Máfan nín zài gěi wǒ ná yì shuāng kuàizi.

번거로우시겠지만 젓가락 한 벌 더 주시겠어요.

麻烦您**擦一下桌子。**
Máfan nín cā yíxià zhuōzi.

번거로우시겠지만 탁자 좀 닦아 주시겠어요.

PLUS 음식점 필수 표현

菜单 메뉴판	点菜 주문하다	买单 계산서	结账 계산하다
càidān	diǎn cài	mǎidān	jiézhàng

• **服务员，**菜单**！我要**点菜**。**
Fúwùyuán, càidān! Wǒ yào diǎn cài.

종업원, 메뉴판이요! 주문할게요.

• **过一会儿请给我**买单**。**
Guò yíhuìr qǐng gěi wǒ mǎidān.

잠시 뒤에 계산서 가져다주세요.

• **老板，**结账**！**
Lǎobǎn, jiézhàng!

사장님, 계산할게요!

종업원 欢迎光临，您几位？
Huānyíng guānglín, nín jǐ wèi?

어서 오세요, 몇 분이세요?

김미나 我一个人。
Wǒ yí ge rén.

혼자요.

종업원 好的。
Hǎo de.

네.

김미나 ❶ _____，_____
Fúwùyuán,　　　diǎn cài.

종업원, 주문할게요.

❷ _____
Lái yí fèn gōngbǎojīdīng gàifàn hé yì tīng kělè.

꿍바오지딩 덮밥 하나,
콜라 한 캔 주세요.

可乐我要冰的。对了，不要放香菜！
Kělè wǒ yào bīng de. Duì le, bú yào fàng xiāngcài!

콜라는 차가운 걸로요.
맞다, 고수는 넣지 마세요!

종업원 宫保鸡丁不放香菜。
Gōngbǎojīdīng bú fàng xiāngcài.

꿍바오지딩에는 고수가 안 들어가요.

김미나 哦，好吧。
Ò, hǎo ba.

아, 네.

김미나 服务员，❸ _____
Fúwùyuán,　　máfan nín gěi wǒ ná yì bāo cānjīnzhǐ.

종업원, 실례지만
냅킨 한 팩 주세요.

종업원 好的。
Hǎo de.

네.

낱말

位 wèi 분, 명(사람을 세는 단위) ｜ 放 fàng 넣다 ｜ 香菜 xiāngcài 고수

정답

① 服务员，点菜。 ② 来一份宫保鸡丁盖饭和一听可乐。 ③ 麻烦您给我拿一包餐巾纸。

식당에서 재촉하기

혼자 먹어도 격식있게!

미나는 원하는 자리에서 식사를 할 수 있을까요?

 미션
- ☐ 창가 자리 요청하기
- ☐ (음식이 늦게 나온다면) 재촉하기
- ☐ 테이크아웃 요청하기

 낱말
- ☐ 靠窗 kào chuāng 창가에 붙다
- ☐ 位子 wèizi (식당 등의) 자리
- ☐ 上菜 shàng cài 음식을 내오다
- ☐ 稍等 shāo děng 잠깐 기다리다
- ☐ 打包 dǎ bāo 포장하다

PLUS

- 靠kào는 '기대다', '무엇과 가까이하다'라는 뜻으로 靠窗kào chuāng은 창가 쪽을 뜻합니다. 통로 쪽은 靠过道kào guòdào.

- 包bāo는 둘러싼 것을 뜻하는 명사로, 동작을 나타내는 打dǎ와 결합한 打包dǎ bāo는 '포장하다'라는 뜻으로 쓰입니다.

☑ 창가 자리 요청하고, 음식 재촉하기

김미나

有没有靠窗的位子?
Yǒu méiyǒu kào chuāng de wèizi?

창가 자리 있나요?

종업원

您这边请。
Nín zhèbiān qǐng.

이리로 오세요.

김미나

服务员，能快点儿上菜吗?
Fúwùyuán, néng kuài diǎnr shàng cài ma?

종업원, 좀 빨리 음식을 주실 수 있나요?

종업원

您稍等，已经开始做了。
Nín shāo děng, yǐjīng kāishǐ zuò le.

조금만 기다려 주세요, 이미 만들기 시작했습니다.

这边 zhèbiān 이곳, 이쪽 ｜ 已经 yǐjīng 이미, 벌써

---

1. ~ 있나요?

有의 정반의문문 有没有로 무엇이 있는지 물어볼 수 있어요.

啤酒有没有冰的?
Píjiǔ yǒu méiyǒu bīng de?

맥주 차가운 것 있나요?

= 啤酒有冰的吗?
Píjiǔ yǒu bīng de ma?

2. 빨리 (~하세요)

재촉할 때는 동작 앞에 快点儿을 붙여 말해 보세요.

你快点儿吃!
Nǐ kuài diǎnr chī!

어서 먹어!

我们快点儿走吧!
Wǒmen kuài diǎnr zǒu ba!

우리 어서 가자!

☑ 테이크아웃 요청하기

服务员，剩下的可以打包吗？
Fúwùyuán, shèngxià de kěyǐ dǎ bāo ma?

김미나

종업원, 남은 음식은 포장할 수 있나요?

打包盒一块钱一个。
Dǎbāohé yí kuài qián yí ge.

종업원

포장 용기는 하나에 1위안이에요.

剩下的 shèngxià de 남은 것

---

3. ~해도 될까요?

허락을 구할 때는 可以…吗?로 물어보세요.

这个现在可以吃吗？
Zhè ge xiànzài kěyǐ chī ma?

이거 지금 먹어도 돼요?

啤酒可以自己拿吗？
Píjiǔ kěyǐ zìjǐ ná ma?

맥주는 직접 가져와도 돼요?

 PLUS 테이크아웃

요즘 식당에 가면 먼저 듣게 되는 말이 있습니다.

종업원 **您是在这儿吃还是带走？**
Nín shì zài zhèr chī háishi dài zǒu?

여기서 드실 건가요, 아니면 포장해 가요?

A **在这儿吃。**
Zài zhèr chī.

여기서 먹을게요.

B **打包带走。**
Dǎ bāo dài zǒu.

포장해서 가져갈게요.

김미나 嗯……❶ _____
Ńg…… yǒu méiyǒu kào chuāng de wèizi?

음……창가 자리 있나요?

종업원 您这边请。
Nín zhèbiān qǐng.

이리로 오세요.

김미나 好的。
Hǎo de.

네.

김미나 服务员，❷ _____
Fúwùyuán, néng kuài diǎnr shàng cài ma?

종업원, 좀 빨리 음식을 주실 수 있나요?

종업원 您稍等，已经开始做了。
Nín shāo děng, yǐjīng kāishǐ zuò le.

조금만 기다려 주세요, 이미 만들기 시작했습니다.

김미나 好吧。
Hǎo ba.

알겠습니다.

김미나 服务员，❸ _____
Fúwùyuán, shèngxià de kěyǐ dǎ bāo ma?

종업원, 남은 음식은 포장할 수 있나요?

종업원 打包盒一块钱一个。
Dǎbāohé yí kuài qián yí ge.

포장 용기는 하나에 1위안이에요.

김미나 嗯，好。给我打包一个吧。
Ǹg, hǎo. Gěi wǒ dǎ bāo yí ge ba.

네, 좋습니다. 하나 포장해 주세요.

종업원 好的。
Hǎo de.

알겠습니다.

🏯 **정답**

① 有没有靠窗的位子？ ② 能快点儿上菜吗？ ③ 剩下的可以打包吗？

374

식당에서 주문하기 2

이번에는 중국식 패스트푸드점이에요.

바쁘다 바빠 현대사회에서 미나는 당황하지 않고

음식을 주문할 수 있을까요?

미션
- ☐ 음식 주문하기(또우지앙, 만두, 죽)
- ☐ '매장 식사'라고 말하기

낱말
- ☐ 套餐 tàocān 세트 메뉴
- ☐ 还是 háishi 아니면
- ☐ 带走 dài zǒu 가져가다

PLUS

● 套tào는 '세트'라는 뜻으로 '식사'라는
뜻의 餐cān과 결합하면 '세트 메뉴'를
의미합니다.

375

☑ 음식 주문하기

종업원

欢迎光临。您要点什么?
Huānyíng guānglín. Nín yào diǎn shénme?

어서 오세요. 무엇을 주문하시겠어요?

김미나

来一杯豆浆，还有一笼包子。
Lái yì bēi dòujiāng, hái yǒu yì lóng bāozi.

또우지앙 한 잔, 그리고 만두 한 판이요.

给我一碗小米粥。
Gěi wǒ yì wǎn xiǎomǐzhōu.

좁쌀죽 한 그릇 주세요.

点 diǎn 시키다, 주문하다 │ 豆浆 dòujiāng (중국식) 두유 │ 笼 lóng 찜통
包子 bāozi (소가 든) 찐빵(만두) │ 碗 wǎn 그릇(그릇에 담긴 것을 세는 단위)
小米粥 xiǎomǐzhōu 좁쌀죽

1. 한국 음식과 같은 듯 다른 중국 음식

다양한 중국 음식 이름을 알아보아요.

豆浆 중국식 두유
dòujiāng

油条 중국식 꽈배기
yóutiáo

包子 (소가 든) 찐빵(만두)
bāozi

饺子 (반달 모양) 만두
jiǎozi

馒头 (소 없는) 찐빵
mántou

 Tip

상점에서 많이 들을 수 있는 표현이 있어요. 들어오는 손님에게는 '欢迎光临! Huānyíng guānglín!'이라고
하는데 여기서 光临은 '후광을 비추며 온다'라는 뜻인데, '방문해 주셔서 감사합니다!'의 정중한
표현이에요. 나가는 손님에게는 '欢迎下次光临! Huānyíng xià cì guānglín!'이라고 인사한답니다.

종업원

您是在这儿吃还是带走?
Nín shì zài zhèr chī háishi dài zǒu?

여기서 드실 건가요, 아니면 포장하실 건가요?

김미나

在这儿吃。
Zài zhèr chī.

여기서 먹어요.

2. A인가요, 아니면 B인가요?

둘 중 하나를 고르는 질문을 할 때는 还是를 사용해보세요.

您要冰的还是热的?
Nín yào bīng de háishi rè de?

차가운 것 드릴까요, 아니면 따뜻한 것 드릴까요?

你要今天去还是明天去?
Nǐ yào jīntiān qù háishi míngtiān qù?

당신은 오늘 가나요, 아니면 내일 가나요?

3. 여기서 먹을게요

매장 내 식사, 혹은 테이크아웃을 물어볼 때는 이렇게 대답하세요.

我要在这儿吃。
Wǒ yào zài zhèr chī.

여기서 먹을게요.

我要带走。
Wǒ yào dài zǒu.

테이크아웃 할게요.

종업원
欢迎光临。您要点什么?
Huānyíng guānglín. Nín yào diǎn shénme?

어서 오세요.
무엇을 주문하시겠어요?

김미나
❶ _____, _____
Lái yì bēi dòujiāng,　　hái yǒu yì lóng bāozi.

또우지앙 한 잔,
그리고 만두 한 판이요.

종업원
您需要套餐吗? 套餐更便宜。
Nín xūyào tàocān ma? Tàocān gèng piányi.

세트 메뉴로 하시겠어요?
세트 메뉴가 더 싸요.

김미나
好。那我要套餐吧。
Hǎo. Nà wǒ yào tàocān ba.

네. 그럼 세트 메뉴로 할게요.

종업원
您是在这儿吃还是带走?
Nín shì zài zhèr chī háishi dài zǒu?

여기서 드실 건가요,
아니면 포장하실 건가요?

김미나
❷ _____
Zài zhèr chī.

여기서 먹어요.

❸ _____ 要带走。
Gěi wǒ yì wǎn xiǎomǐzhōu.　　Yào dài zǒu.

좁쌀죽 한 그릇 주세요.
포장할게요.

종업원
好的。
Hǎo de.

네.

정답

① 来一杯豆浆, 还有一笼包子。　② 在这儿吃。　③ 给我一碗小米粥。

카페에서 주문하기

식사 후 카페에 온 미나.

달콤한 후식을 제대로 주문해 먹을 수 있을까요?

 미션
- ☐ 주문하기(아이스 아메리카노&따뜻한 라떼&치즈 케이크)
- ☐ 얼음물 요구하기

 낱말
- ☐ 杯 bēi 컵, 잔
- ☐ 块儿 kuàir 조각
- ☐ 一共 yígòng 모두, 도합

PLUS

- 杯bēi는 '잔'을 뜻하거나 잔에 담긴 음료(술)를 세는 단위로 쓰입니다.

- '모두'를 뜻하는 都dōu와 一共yígòng은 쓰임에 차이가 있습니다.
  都dōu가 범위 안에 있는 '모두'를 뜻한다면, 一共yígòng은 분산된 수의
  '총 합계'를 나타내기 때문입니다.

- 块儿kuàir은 케이크나 빵 등 큰 덩어리로 된 것의 한 조각을 셀 때 쓰는
  단위입니다.

☑ **카페 메뉴 주문하기**

김미나

你好！来一杯冰美式、一杯热拿铁，
Nǐ hǎo! Lái yì bēi bīng měishì、yì bēi rè nátiě,

안녕하세요! 아이스 아메리카노 한 잔, 따뜻한 라떼 한 잔,

还有一块儿芝士蛋糕。
hái yǒu yí kuàir zhīshì dàngāo.

치즈 케이크 한 조각 주세요.

종업원

好的，一共六十六。
Hǎo de, yígòng liùshí liù.

네, 모두 66(위안)입니다.

冰美式 bīng měishì 아이스 아메리카노 ┃ 拿铁 nátiě 라떼

---

1. **알맞은 양사 사용하기**

물건을 세는 말을 '양사'라고 해요. 음식마다 알맞은 양사가 있어요.

来一杯冰奶茶。
Lái yì bēi bīng nǎichá.

아이스 밀크티 한 잔 주세요.

来一块儿奶油蛋糕。
Lái yí kuàir nǎiyóu dàngāo.

생크림 케이크 한 조각 주세요.

 PLUS　다양한 케이크 이름을 알아보아요.

奶油蛋糕　생크림 케이크
nǎiyóu dàngāo

戚风蛋糕　시폰 케이크
qīfēng dàngāo

千层蛋糕　크레이프 케이크
qiāncéng dàngāo

提拉米苏　티라미수
tílāmǐsū

慕斯蛋糕　무스 케이크
mùsī dàngāo

芝士蛋糕　치즈 케이크
zhīshì dàngāo

☑ 얼음물 요구하기

김미나
能给我一杯冰水吗?
Néng gěi wǒ yì bēi bīngshuǐ ma?

얼음물 한 잔 주실 수 있나요?

종업원
稍等。
Shāo děng.

기다려 주세요.

冰水 bīngshuǐ 얼음처럼 찬 물, 얼음물

2. 정중하게 부탁하기

能给我…吗?는 '저에게 ~해줄 수 있나요?'라는 뜻으로, 정중하게 부탁할 때는 이렇게 말해 보세요.

能给我三个叉子吗?
Néng gěi wǒ sān ge chāzi ma?

포크 세 개 주시겠어요?

能再给我一个杯子吗?
Néng zài gěi wǒ yí ge bēizi ma?

컵 하나 더 주시겠어요?

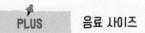 음료 사이즈

小杯 작은 컵(스몰 사이즈)
xiǎobēi

中杯 중간 컵(레귤러 사이즈)
zhōngbēi

大杯 큰 컵(라지 사이즈)
dàbēi

● **来一杯中杯的冰拿铁。** 레귤러 사이즈 아이스 라떼 한 잔 주세요.
Lái yì bēi zhōngbēi de bīng nátiě.

종업원 你好！欢迎光临。
Nǐ hǎo! Huānyíng guānglín.

안녕하세요! 어서 오세요.

김미나 你好！❶ _____、
Nǐ hǎo!   Lái yì bēi bīng měishì、

안녕하세요! 아이스 아메리카노 한 잔,

_____，_____
yì bēi rè nátiě,   hái yǒu yíkuàir zhīshì dàngāo.

따뜻한 라떼 한 잔, 치즈 케이크 한 조각 주세요.

종업원 好的，一共六十六。
Hǎo de, yígòng liùshí liù.

네, 모두 66(위안)입니다.

김미나 ❷ _____
Néng gěi wǒ yì bēi bīngshuǐ ma?

얼음물 한 잔 주실 수 있나요?

종업원 稍等。
Shāo děng.

기다려 주세요.

김미나 谢谢。
Xièxie.

감사합니다.

정답

① 来一杯冰美式、一杯热拿铁，还有一块儿芝士蛋糕。   ② 能给我一杯冰水吗？

마트에서 쇼핑하기 1

볼 것도 고를 것도 많은 마트에 온 미나!

미션지에 적힌 상품을 제대로 살 수 있을까요?

미션

☐ 상품 가격 읽기

☐ 컵라면 위치 물어보기

낱말

☐ 块 kuài 위안

☐ 问一下 wèn yíxià 좀 여쭐게요

☐ 这边 zhèbiān 이쪽

PLUS

- '은행(銀行)'이라는 말에서도 알 수 있듯이 옛날 중국에서는 은덩어리를 화폐로 사용했습니다. 그때 덩어리로 된 돈을 세는 단위로 块kuài가 쓰이면서 지금까지도 화폐의 단위로 쓰이고 있습니다.

- 가볍게 시도해 본다는 어감을 표현할 때는 一下yíxià를 씁니다.

☑ 상품 가격 읽기

김미나

湿巾，四块五。　　　　　　　　　　　　　물티슈, 4.5위안.
Shījīn, sì kuài wǔ.

趣多多饼干，五块五。　　　　　　　　　취뒤뒤 과자, 5.5위안.
Qùduōduō bǐnggān, wǔ kuài wǔ.

湿巾 shījīn 물티슈 ｜ 饼干 bǐnggān 과자, 비스킷

---

1. 가격 말하기

중국 화폐인 런민비(人民币 Rénmínbì)의 단위를 알아봅시다.

$$4 . 5 \quad 3$$

| 입말 | 块 kuài | 毛 máo | 分 fēn |
| 글말 | 元 yuán | 角 jiǎo | 分 fēn |

3.00元　三块 sān kuài

3.60元　三块六(毛) sān kuài liù (máo)

3.68元　三块六毛八(分) sān kuài liù máo bā (fēn)

3.08元　三块八分 sān kuài bā fēn ｜ 三块零八(分) sān kuài líng bā (fēn)

21.48元　二十一块四毛八(分) èrshí yī kuài sì máo bā (fēn)

일상적으로는 마지막 단위는 말하지 않고, 단위 앞의 2는 两 liǎng으로 표현해요.

150.00元　一百五(十)(块) yìbǎi wǔ(shí) (kuài)

2.00元　两块 liǎng kuài

☑ 컵라면 위치 물어보기

김미나

你好，麻烦您问一下，方便面在哪儿？
Nǐ hǎo, máfan nín wèn yíxià, fāngbiànmiàn zài nǎr?

안녕하세요, 죄송한데요, 라면은 어디에 있나요?

정 원

在这边。
Zài zhèbiān.

이쪽이요.

方便面 fāngbiànmiàn 인스턴트 라면

2. 물건 위치 물어보기

찾는 물건의 위치를 물어볼 때는 在哪儿을 써서 말해보세요.

麻烦您问一下，蔬菜(区)在哪儿？
Máfan nín wèn yíxià, shūcài(qū) zài nǎr?

실례합니다만, 채소 (코너)는 어디에 있어요?

麻烦您问一下，海鲜(区)在哪儿？
Máfan nín wèn yíxià, hǎixiān(qū) zài nǎr?

실례합니다만, 해산물 (코너)는 어디에 있어요?

PLUS 외국계 기업 이름

중국은 법적으로 모든 상호명을 한자로 표기합니다. 그래서 외국기업들도 중국식 상호명이 있어요.

全家 패밀리마트 Quánjiā	**七十一** 세븐일레븐 Qīshíyī	**罗森** 로손 Luósēn
麦当劳 맥도날드 Màidāngláo	**星巴克** 스타벅스 Xīngbākè	**必胜客** 피자헛 Bìshèngkè

김미나

湿巾，❶ _____   물티슈, 4.5위안.
Shījīn,   sì kuài wǔ.

趣多多饼干，❷ _____   취둬둬 과자, 5.5위안.
Qùduōduō bǐnggān, wǔ kuài wǔ.

热水壶，一百九十八。   전기포트, 198(위안).
Rèshuǐhú, yìbǎi jiǔshí bā.

你好，❸ _____，_____
Nǐ hǎo,   máfan nín wèn yíxià,   fāngbiànmiàn zài nǎr?

                                안녕하세요, 죄송한데요, 라면은 어디에 있나요?

在这边。   이쪽이요.
정 원 Zài zhèbiān.

哦，好的，谢谢！   오, 네, 감사합니다!
김미나 Ò, hǎo de, xièxie!

🐾 낱말

热水壶 rèshuǐhú 포트, 보온병

📋 정답

① 四块五。   ② 五块五。   ③ 麻烦您问一下, 方便面在哪儿?

마트에서 쇼핑하기 2

오늘은 마트에서 행사를 하네요.

미나가 저렴한 물건을 찾고, 물건 계산까지 잘해낼 수 있을까요?

미션
- □ 1+1 상품 찾기
- □ 봉투 요구하기
- □ 영수증 요구하기

낱말
- □ 买一送一 mǎi yī sòng yī 1+1
- □ 袋子 dàizi 봉지
- □ 现金 xiànjīn 현금
- □ 小票 xiǎopiào 영수증

PLUS

- 买一 mǎi yī(하나를 사면), 送一 sòng yī(하나를 드립니다)는
  우리의 '1+1 행사'를 중국식으로 표현한 것입니다.

- 중국에서 간단한 형태의 영수증이나 쿠폰은 小票 xiǎopiào라고 합니다.

☑ 1+1상품 찾고, 봉투 요구하기

김미나

这是买一送一吧?
Zhè shì mǎi yī sòng yī ba?

이거 1+1이죠?

점 원

是。
Shì.

네.

김미나

给我一个袋子。
Gěi wǒ yí ge dàizi.

봉투 하나 주세요.

1. 알뜰한 쇼핑 요령

1+1처럼 할인이나 증정을 알아볼 때는 이렇게 말하세요.

这个在打折吗?
Zhè ge zài dǎ zhé ma?

이거 할인 중인가요?

这个有赠品吗?
Zhè ge yǒu zèngpǐn ma?

이거 사은품 있나요?

2. 포장할 때

봉투가 필요할 때는 이렇게 말하세요.

给我一个大的袋子。
Gěi wǒ yí ge dà de dàizi.

큰 봉투 하나 주세요.

有小一点的袋子吗?
Yǒu xiǎo yìdiǎn de dàizi ma?

좀 작은 봉투 있나요?

김미나

付现金。请给我小票。
Fù xiànjīn. Qǐng gěi wǒ xiǎopiào.

현금으로 낼게요. 영수증 주세요.

점 원

好的。
Hǎo de.

네.

付 fù 주다, 지불하다

3 영수증

일반적으로 '영수증'은 小票이지만, 기관 제출용 영수증이 필요할 때는 收据라고 말하세요.

我要小票。
Wǒ yào xiǎopiào.

영수증 주세요.

我不要收据。
Wǒ bú yào shōujù.

영수증 필요 없어요.

📌
PLUS **알뜰하게 쇼핑하기**

할인, 혜택과 결제 방법에 관한 표현을 알아보아요.

大减价 폭탄세일
dàjiǎnjià

买一送一 1+1증정
mǎi yī sòng yī

满100减20 100위안에 20위안 할인
mǎn yìbǎi jiǎn èrshí

赠(品) 증정품
zèng(pǐn)

付现金 현금결제(현금을 지불하다)
fù xiànjīn

刷卡 카드결제(카드를 긁다)
shuā kǎ

手机支付 모바일결제
shǒujī zhīfù

389

김미나
❶ _____
Zhè shì mǎi yī sòng yī ba?

이거 1+1이죠?

점 원
是。
Shì.

네.

김미나
❷ _____
Gěi wǒ yí ge dàizi.

봉투 하나 주세요.

점 원
好的，大的五毛，小的三毛。您需要哪个？
Hǎo de, dà de wǔ máo, xiǎo de sān máo. Nín xūyào nǎ ge?

네, 큰 건 5마오, 작은 건 3마오예요. 어느 것이 필요하세요?

김미나
大的吧，谢谢。
Dà de ba, xièxie.

큰 거요, 감사합니다.

점 원
二十二块。
Èrshí èr kuài.

22위안입니다.

김미나
付现金。❸ _____
Fù xiànjīn.　Qǐng gěi wǒ xiǎopiào.

현금으로 낼게요. 영수증 주세요.

점 원
好的。
Hǎo de.

네.

🐰 **낱말**

哪个 nǎ ge 어느 (것), 어떤

🏛 **정답**

① 这是买一送一吧? ② 给我一个袋子。 ③ 请给我小票。

옷가게에서 쇼핑하기

새 옷을 장만하기 위해 옷가게에 온 미나.
자기에게 맞는 색깔과 사이즈를 찾을 수 있을까요?

미션
- ☐ 다른 컬러 있는지 물어보기
- ☐ 사이즈 말하기
- ☐ 착용 가능여부 물어보기

낱말
- ☐ 件 jiàn (옷 등의) 벌
- ☐ 号码 hàomǎ 사이즈, 크기
- ☐ 试穿 shì chuān 한번 입어보다
- ☐ 别的 biéde 다른 (것)
- ☐ 中号 zhōnghào M사이즈
- ☐ 款式 kuǎnshì 스타일, 디자인

PLUS

- 号码 hàomǎ는 '번호'라는 뜻 외에도 '사이즈(호수)'를 뜻하기도 합니다.

- 본래 이외의 것을 말할 때는 别的 biéde가 쓰입니다.

- 试 shì는 '시도하다'라는 의미가 있어서, 试穿 shì chuān은 '한번 입어보다'라는 뜻이 됩니다.

☑ 다른 컬러 있는지 물어보고 사이즈 말하기

김미나

你好，这件衣服有别的颜色吗?
Nǐ hǎo, zhè jiàn yīfu yǒu biéde yánsè ma?

안녕하세요, 이 옷 다른 색 있나요?

점　원

还有蓝的和红的。您穿什么号码?
Hái yǒu lán de hé hóng de. Nín chuān shénme hàomǎ?

파란색, 빨간색 있어요. 어떤 사이즈 입으세요?

김미나

我穿中号。
Wǒ chuān zhōnghào.

M사이즈요.

蓝 lán 남색, 푸르다 　|　红 hóng 붉다 　|　穿 chuān 입다

1. 다양한 색

색상을 물어볼 때는 다음과 같이 상세하게 말해 보세요.

有亮一点儿的颜色吗?
Yǒu liàng yìdiǎnr de yánsè ma?

좀 밝은 색 있나요?

有暗一点儿的颜色吗?
Yǒu àn yìdiǎnr de yánsè ma?

좀 어두운 색 있나요?

2. 사이즈 표현

옷 사이즈는 대개 이렇게 나누어 표현해요. 필요한 사이즈는 '我穿 + 본인 사이즈'로 말하세요.

小号 xiǎohào　스몰 사이즈　　中号 zhōnghào　미디엄 사이즈
大号 dàhào　　라지 사이즈　　特大号 tèdàhào　엑스라지 사이즈

有没有中号的?
Yǒu méiyǒu zhōnghào de?

미디엄 사이즈 있나요?

有没有比这件小一号的?
Yǒu méiyǒu bǐ zhè jiàn xiǎo yī hào de?

이거보다 한 사이즈 작은 거 있나요?

☑ **착용 가능여부 물어보기**

김미나

这件可以试穿吗?
Zhè jiàn kěyǐ shì chuān ma?

이 옷 입어봐도 될까요?

정 원

可以的。
Kěyǐ de.

됩니다.

③ **옷 입어보기**

옷을 살 때는 몸에 잘 맞는지 먼저 확인하는 것은 필수예요. 이렇게 물어보세요.

合不合身，我可以试试吗?
Hé bu hé shēn, wǒ kěyǐ shìshi ma?

몸에 맞는지, 제가 입어봐도 되나요?

A: 那个外套能试一下吗?
Nà ge wàitào néng shì yíxià ma?

저 외투 입어볼 수 있나요?

B: 当然可以。请到试衣间试一试。
Dāngrán kěyǐ. Qǐng dào shìyījiān shì yi shì.

당연히 됩니다. 탈의실 가서 입어보세요.

PLUS　　**탈의실 물어보기**

옷이 맞는지 입어보려면 탈의실이 어디 있는지 물어봐야겠죠?

• **试衣间在哪儿?**
Shìyījiān zài nǎr?

탈의실은 어디에 있나요?

• **试衣间在几楼?**
Shìyījiān zài jǐ lóu?

탈의실은 몇 층에 있나요?

점원 欢迎光临，您要找什么样的款式？
Huānyíng guānglín, nín yào zhǎo shénme yàng de kuǎnshì?

어떤 디자인 찾으세요?

김미나 嗯……我随便看看。
Ńg……wǒ suíbiàn kànkan.

음…… 좀 볼게요.

김미나 你好，❶ _____
Nǐ hǎo,   zhè jiàn yīfu yǒu biéde yánsè ma?

안녕하세요,
이 옷 다른 색 있나요?

점원 还有蓝的和红的。
Hái yǒu lán de hé hóng de.

파란색, 빨간색 있어요.

김미나 嗯，能给我看一下红的吗？
Ńg, néng gěi wǒ kàn yíxià hóng de ma?

음, 빨간색으로
보여주실 수 있나요?

점원 等一下，我去给您拿。您穿什么号码？
Děng yíxià, wǒ qù gěi nín ná. Nín chuān shénme hàomǎ?

기다리세요, 가져다드릴게요. 어떤 사이즈 입으세요?

김미나 ❷ _____
Wǒ chuān zhōnghào.

M사이즈요.

김미나 谢谢。❸ _____
Xièxie.   Zhè jiàn kěyǐ shì chuān ma?

감사합니다.
이 옷 입어봐도 될까요?

점원 可以的。
Kěyǐ de.

됩니다.

🔊 **낱말**

款式 kuǎnshì 양식, 스타일, 디자인 | 随便 suíbiàn 좋을대로 하다

📖 **정답**

① 这件衣服有别的颜色吗？   ② 我穿中号。   ③ 这件可以试穿吗？

394

신발가게에서 쇼핑하기

새 신을 사기 위해 신발가게에 온 미나.

자기 발에 맞는 크기의 신발을 살 수 있을까요?

미션
- ☐ 사이즈(호수) 있는지 물어보기
- ☐ 몇 퍼센트 세일 중인지 물어보기

낱말
- ☐ 双 shuāng (신발, 장갑의) 쌍
- ☐ 码 mǎ 사이즈(호수)
- ☐ 打折 dǎ zhé 할인하다

PLUS

- 양말이나 장갑, 신발 등과 같이 둘씩 쌍을 이루는 것을 세는 단위로는 双shuāng이 쓰입니다.

- 打折dǎ zhé는 '깎다'라는 뜻이지만, (깎은 뒤) 지급해야 할 금액을 표시하기 때문에 打八折dǎ bā zhé라고 하면 80퍼센트의 값만 받겠다는 뜻이 됩니다.

☞ 사이즈(호수) 있는지 물어보기

这双鞋有三十七码的吗?
Zhè shuāng xié yǒu sānshí qī mǎ de ma?

이 신발 37호 있나요?

김미나

请稍等，马上给您拿。
Qǐng shāo děng, mǎshàng gěi nín ná.

잠시만요, 곧 가져다 드릴게요.

정 원

鞋 xié 신발 | 码 mǎ 호수 | 拿 ná 잡다, 가지다

1. 사이즈 표현

신발 호수를 잘 모를 때는 신어보고 이렇게 물어보세요.

有没有比这双大一码的?
Yǒu méiyǒu bǐ zhè shuāng dà yī mǎ de?

이거보다 한 사이즈 큰 거 있나요?

有没有比这双小一码的?
Yǒu méiyǒu bǐ zhè shuāng xiǎo yī mǎ de?

이거보다 한 사이즈 작은 거 있나요?

Tip

중국의 신발사이즈는 우리와 달리 일정 호수로 표시해요.

225~230mm : 35호　　　230~235mm : 36호　　　235~240mm : 37호
240~245mm : 38호　　　245~250mm : 39호

☞ **몇 퍼센트 세일 중인지 물어보기**

김미나

这双打几折?
Zhè shuāng dǎ jǐ zhé?

이 신발 얼마나 세일하죠?

정원

打七折。
Dǎ qī zhé.

30퍼센트요.

2. **할인율 표현**

打折는 '할인하다'라는 뜻으로, 할인율은 '打 + 숫자 + 折'로 나타내요. 이때 숫자는 한 개씩 읽어요.

打八折 80% 가격으로 판매
dǎ bā zhé

打七五折 75% 가격으로 판매
dǎ qī wǔ zhé

중국과 한국은 할인율 표현이 달라요. 한국은 할인된 금액을 백분율로 표시하지만, 중국은 지급해야 할 금액을 할푼리*로 표시해요. (*백분율을 소수처럼 표기하는 방법)

한국식	중국식
표기된 만큼 깎아줌.	표기된 금액만 받음.
20% 세일	打八折 80%만 받음 dǎ bā zhé
25% 세일	打七五折 75%만 받음 dǎ qī wǔ zhé

점 원
欢迎光临，您要找什么样的款式？
Huānyíng guānglín, nín yào zhǎo shénme yàng de kuǎnshì?

어서 오세요, 어떤
디자인 찾으세요?

김미나
嗯……这个牌子打折吗？
Ňg……zhè ge páizi dǎ zhé ma?

음…… 이 브랜드 세일하나요?

점 원
是的。
Shì de.

네.

김미나
① _____
Zhè shuāng xié yǒu sānshí qī mǎ de ma?

이 신발 37호 있나요?

점 원
请稍等，马上给您拿。
Qǐng shāo děng, mǎshàng gěi nín ná.

잠시만요, 곧 가져다 드릴게요.

김미나
谢谢！
Xièxie!

감사합니다!

김미나
② _____
Zhè shuāng dǎ jǐ zhé?

이 신발 얼마나 세일하죠?

점 원
打七折。
Dǎ qī zhé.

30퍼센트요.

🐦 낱말

牌子 páizi 상표

📖 정답

① 这双鞋有三十七码的吗？ ② 这双打几折？

기념품 구입하기

> 오늘은 미나가 기념품을 사려고 해요.
>
> 특색 있고 효과 좋은 선물을 잘 살 수 있을까요?

 미션
- ☐ 차 구입하기
- ☐ 차의 효능 물어보기
- ☐ 선물 세트 요구하기

 낱말
- ☐ 欢迎光临 huānyíng guānglín 어서 오세요
- ☐ 送礼 sòng lǐ 선물을 하다
- ☐ 礼品 lǐpǐn 선물
- ☐ 推荐 tuījiàn 추천하다
- ☐ 套装 tàozhuāng 세트 포장

PLUS

- 送礼sòng lǐ는 '주다'의 送sòng과 '선물'이라는 뜻의 礼lǐ가 결합해 '선물을 주다'라는 뜻이 되었습니다.

- '세트 포장'이나 '슈트(suit)'라는 뜻의 套装tàozhuāng은 하나의 체계를 이루고 있는 것을 뜻하는 套tào와 '갖추다'라는 뜻의 装zhuāng이 결합되어 만들어진 단어입니다.

☑ 차 구입하기

정 원

欢迎光临，您有什么想要的吗？
Huānyíng guānglín, nín yǒu shénme xiǎng yào de ma?

어서 오세요. 원하시는 거 있으세요?

김미나

我想送礼，有什么好推荐的吗？
Wǒ xiǎng sòng lǐ, yǒu shénme hǎo tuījiàn de ma?

선물하려고요. 추천하는 게 있나요?

정 원

普洱茶怎么样？普洱茶是中国十大名茶之一。
Pǔ'ěrchá zěnmeyàng? Pǔ'ěrchá shì Zhōngguó shídà míngchá zhī yī.

보이차 어떠세요? 보이차는 중국 10대 명차 중의 하나예요.

想要 xiǎng yào ~하려고 하다 │ 普洱茶 pǔ'ěrchá 보이차(푸얼차)
名茶 míngchá 좋은 차, 명차 │ 之一 zhī yī ~(중)의 하나

1. 의견을 물어볼 때

물건의 종류를 잘 모를 때는 有什么好…吗?(~할 만한 것이 있나요?)라고 물어보세요.

这儿有什么好送人的吗？
Zhèr yǒu shénme hǎo sòng rén de ma?

여기 선물할 만한 것이 있나요?

这儿有什么好送长辈的吗？
Zhèr yǒu shénme hǎo sòng zhǎngbèi de ma?

여기 어르신에게 드릴 만한 것이 있나요?

2. ~ 중의 하나

여럿 중 하나를 표현할 때는 之一를 써서 표현해 보세요.

这是中国最有名的特产之一。
Zhè shì Zhōngguó zuì yǒumíng de tèchǎn zhī yī.

이건 중국에서 가장 유명한 특산품 중 하나예요.

普洱茶是中国最有名的茶之一。
Pǔ'ěrchá shì Zhōngguó zuì yǒumíng de chá zhī yī.

보이차는 중국에서 가장 유명한 차 중 하나예요.

☑ 차의 효능 물어보고, 선물 세트 요구하기

김미나

普洱茶有什么功效?
Pǔ'ěrchá yǒu shénme gōngxiào?

보이차는 어떤 효과가 있어요?

정 원

普洱茶对减肥有一定的效果。
Pǔ'ěrchá duì jiǎnféi yǒu yídìng de xiàoguǒ.

보이차는 다이어트에 상당한 효과가 있어요.

김미나

好，那我要一盒普洱茶，有礼品套装吗?
Hǎo, nà wǒ yào yì hé pǔ'ěrchá, yǒu lǐpǐn tàozhuāng ma?

네, 그럼 보이차 한 박스 주세요, 선물 세트가 있나요?

정 원

有，稍等，马上给您准备。 있어요, 기다려주세요, 곧 준비할게요.
Yǒu, shāo děng, mǎshàng gěi nín zhǔnbèi.

功效 gōngxiào 효능, 효과 | 减肥 jiǎnféi 다이어트 | 效果 xiàoguǒ 효과

3. ~에 좋아요

'~에 좋다(안 좋다)'라고 말할 때는 전치사 对를 써서 말해요.

普洱茶对减肥很好。
Pǔ'ěrchá duì jiǎnféi hěn hǎo.

보이차는 다이어트에 좋아요.

玫瑰茶对女生很好。
Méiguīchá duì nǚshēng hěn hǎo.

장미차는 여성에게 좋아요.

咖啡对孩子不好。
Kāfēi duì háizi bù hǎo.

커피는 아이들에게 좋지 않아요.

欢迎光临，您有什么想要的吗？
Huānyíng guānglín, nín yǒu shénme xiǎng yào de ma?

정 원

어서 오세요,
원하시는 거 있으세요?

我想送礼，❶ _____
Wǒ xiǎng sòng lǐ, yǒu shénme hǎo tuījiàn de ma?

김미나

선물하려고요,
추천하는 게 있나요?

普洱茶怎么样？❷ _____
Pǔ'ěrchá zěnmeyàng? Pǔ'ěrchá shì Zhōngguó shídà míngchá zhī yī.

정 원

보이차는 어떠세요? 보이차는 중국 10대 명차 중의 하나예요.

哦，普洱茶有什么功效？
Ó, pǔ'ěrchá yǒu shénme gōngxiào?

김미나

어, 보이차는
어떤 효과가 있어요?

❸ _____
Pǔ'ěrchá duì jiǎnféi yǒu yídìng de xiàoguǒ.

정 원

보이차는 다이어트에
상당한 효과가 있어요.

好，那我要一盒普洱茶，❹ _____
Hǎo, nà wǒ yào yì hé pǔ'ěrchá,   yǒu lǐpǐn tàozhuāng ma?

김미나

네, 그럼 보이차 한 박스 주세요, 선물 세트가 있나요?

有，稍等，马上给您准备。
Yǒu, shāo děng, mǎshàng gěi nín zhǔnbèi.

정 원

있어요, 기다려주세요,
곧 준비할게요.

好的，谢谢！
Hǎo de, xièxie!

김미나

네, 감사합니다!

📙 낱말

盒 hé 통(상자에 든 것을 세는 단위) | 准备 zhǔnbèi 준비하다

📙 정답

① 有什么好推荐的吗？ ② 普洱茶是中国十大名茶之一。 ③ 普洱茶对减肥有一定的效果。
④ 有礼品套装吗？

가격 흥정하기

> 미나가 사려는 기념품의 가격이 비싼가봐요.
>
> 미나는 당황하지 않고 물건값을 흥정할 수 있을까요?

미션

- □ 더 저렴한 물건이 있는지 물어보기
- □ 가격 흥정하기
- □ 안 깎아주면 다른 곳에 가겠다고 하기

낱말

- □ 便宜 piányi 싸다
- □ 把 bǎ 개(손잡이가 있는 물건을 세는 단위)
- □ 怎么样 zěnmeyàng 어떻게, 어떻다
- □ 不行 bù xíng 안 된다

PLUS

- 便宜는 piányi로 읽을 때는 '가격이 저렴하다'라는 뜻이지만 biànyí로 읽게 되면 '편리하다'라는 뜻이 됩니다.

- 把bǎ는 우산이나 칼, 수저 등과 같이 손잡이가 있는 물건을 세는 단위로 쓰입니다.

☑ 더 저렴한 물건이 있는지 물어보기

김미나

有便宜点儿的吗?
Yǒu piányi diǎnr de ma?

좀 싼 거 있어요?

사장님

这种便宜, 八十可以给你。
Zhè zhǒng piányi, bāshí kěyǐ gěi nǐ.

이 종류는 싼데, 80(위안)에 줄 수 있어요.

种 zhǒng 종류

1. 흥정 표현

물건 살 때 흥정하려면, 이렇게도 말해 보세요.

太贵了, 便宜点儿吧。
Tài guì le, piányi diǎnr ba.

너무 비싸요, 좀 싸게 해주세요.

买得多, 可以便宜点儿吗?
Mǎi de duō, kěyǐ piányi diǎnr ma?

많이 사면, 좀 싸게 해줄 수 있나요?

这个可以给我打折吗?
Zhè ge kěyǐ gěi wǒ dǎ zhé ma?

이거 할인해줄 수 있나요?

两个加起来算五十吧。
Liǎng ge jiā qǐlái suàn wǔshí ba.

두 개 합해서 50(위안)으로 해주세요.

我买了这么多, 没赠品吗?
Wǒ mǎi le zhème duō, méi zèngpǐn ma?

이렇게 많이 샀는데, 사은품 없어요?

这个搞活动吗?
Zhè ge gǎo huódòng ma?

이거 이벤트 하나요?

💟 Tip

흥정이 가능한 시장에 가면 가장 많이 들리는 말이 있는데요. 바로 怎么卖 zěnme mài입니다. 怎么 zěnme는 '어떻게', 卖 mài는 '팔다'라는 뜻이니까, 怎么卖는 '어떻게 팔아요?'라는 뜻이죠.
상인이 제시한 가격이 마음에 안 들 때는 便宜点儿。이라고 말해보세요. 그래도 더 깎고 싶을 때는 再便宜点儿。이라고 말하면 됩니다.

☞ 가격 흥정하고, 안 깎아주면 다른 곳에 가겠다고 하기

김미나

我要六把。一把六十怎么样?
Wǒ yào liù bǎ. Yì bǎ liùshí zěnmeyàng?
저 6개 필요한데요. 한 개에 60(위안) 어때요?

一把六十不行的话,我去别的店看看。
Yì bǎ liùshí bù xíng de huà, wǒ qù biéde diàn kànkan.
1개에 60(위안)이 아니면, 다른 가게에 가서 볼게요.

사장님

嗯⋯⋯行了行了,给你吧。 음⋯⋯ 알겠어요 알겠어요, 가져가세요.
Ńg⋯⋯xíng le xíng le, gěi nǐ ba.

行 xíng 되다, 가능하다

---

2. 어때요?

상대의 의견을 물을 때 흔히 쓰는 표현이 바로 怎么样입니다.

周末我们一起去爬山吧,怎么样? 주말에 우리 같이 등산 가자, 어때?
Zhōumò wǒmen yìqǐ qù páshān ba, zěnmeyàng?

这件衣服怎么样? 이 옷 어때?
Zhè jiàn yīfu zěnmeyàng?

3. 그렇다면

흥정할 때 가정 표현을 써서 말해 보세요.

不行的话,我去别的店看看。 안 되면, 다른 가게에 가서 볼게요.
Bù xíng de huà, wǒ qù biéde diàn kànkan.

不满意的话,你不买也行。 불만이면, 안 사도 돼요.
Bù mǎnyì de huà, nǐ bù mǎi yě xíng.

💬 Tip

怎么样 zěnmeyàng은 기본적으로 '어때?'라는 의문사로 쓰이지만, 앞에 부정형 不를 더해 不怎么样.
이라 하면 '그저 그래.', '별로야.'라는 뜻이 됩니다.

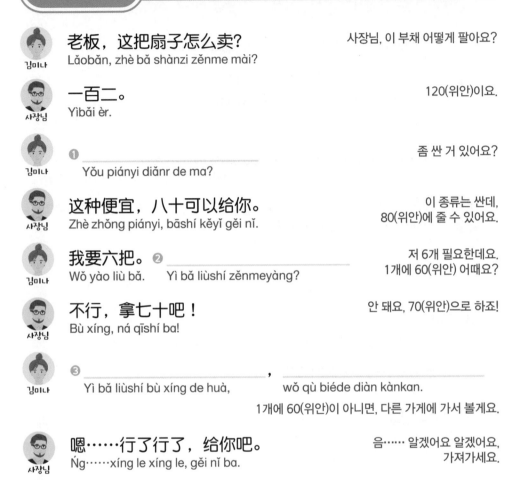

김미나
老板，这把扇子怎么卖?
Lǎobǎn, zhè bǎ shànzi zěnme mài?

사장님, 이 부채 어떻게 팔아요?

사장님
一百二。
Yībǎi èr.

120(위안)이요.

김미나
❶ _____
Yǒu piányi diǎnr de ma?

좀 싼 거 있어요?

사장님
这种便宜，八十可以给你。
Zhè zhǒng piányi, bāshí kěyǐ gěi nǐ.

이 종류는 싼데,
80(위안)에 줄 수 있어요.

김미나
我要六把。 ❷ _____
Wǒ yào liù bǎ.   Yì bǎ liùshí zěnmeyàng?

저 6개 필요한데요.
1개에 60(위안) 어때요?

사장님
不行，拿七十吧！
Bù xíng, ná qīshí ba!

안 돼요, 70(위안)으로 하죠!

김미나
❸ _____ , _____
Yì bǎ liùshí bù xíng de huà,   wǒ qù biéde diàn kànkan.

1개에 60(위안)이 아니면, 다른 가게에 가서 볼게요.

사장님
嗯……行了行了，给你吧。
Ńg……xíng le xíng le, gěi nǐ ba.

음…… 알겠어요 알겠어요,
가져가세요.

김미나
谢谢！
Xièxie!

감사합니다!

🐾낱말

老板 lǎobǎn 상점의 주인, 지배인 │ 扇子 shànzi 부채

정답

① 有便宜点儿的吗? ② 一把六十怎么样? ③ 一把六十不行的话, 我去别的店看看。

406

교환 및 환불하기

미나는 지난번에 산 옷이 마음에 들지 않나봐요.

원하는 색으로 바꿀 수 있을까요?

 □ 교환, 환불 가능여부 물어보기

□ 교환, 환불하기

 □ **退换货** tuìhuàn huò 물건을 교환/환불하다

□ **问题** wèntí 문제

□ **不想** bù xiǎng ~하고 싶지 않다

□ **要** yào 필요하다

PLUS

● 退(货)tuì(huò)는 '(원래대로) 무르다', 换(货)huàn(huò)는 '바꾸다'라는 뜻입니다. 그래서 退换tuìhuàn은 물건을 무르고 돈으로 환불하는 것과 샀던 물건을 다른 것으로 교환하는 것을 포함하는 낱말입니다.

● 想xiǎng은 '원하다'나 '바라다'를 뜻하기 때문에 부정형 不bù를 더한 不想bù xiǎng은 '~하고 싶지 않다'라는 뜻으로 쓰입니다.

☑ **교환, 환불 가능여부 물어보기**

김미나

请问，这儿可以退换货吗?
Qǐngwèn, zhèr kěyǐ tuìhuàn huò ma?

실례지만, 여기서 교환 환불 되나요?

점 원

衣服有什么问题吗?
Yīfu yǒu shénme wèntí ma?

옷에 어떤 문제가 있나요?

1. **환불하기**

물건을 환불하려면 이렇게 물어보세요.

这家店可以退换货吗?
Zhè jiā diàn kěyǐ tuìhuàn huò ma?

이 가게는 교환 환불이 되나요?

这件衣服可以退吗?
Zhè jiàn yīfu kěyǐ tuì ma?

이 옷은 환불이 되나요?

可以…吗는 상대방에게
허락을 구하는 표현입니다.

 Tip

어느 나라나 마찬가지지만 중국에서 물건을 구입할 때는 영수증을 잘 챙겨놓는 것이 좋아요. 영수증이
없으면 대부분 환불을 해주지 않고, 영수증이 있다고 해도 현금으로는 환불해 주지 않기 때문이에요.
그러니 물건을 구입하실 때는 신중히 고민한 후에 결정하세요.

☞ **교환, 환불하기**

김미나

我昨天买了两件。
Wǒ zuótiān mǎi le liǎng jiàn.

제가 어제 옷 두 벌을 샀어요.

这件我想换颜色, 这件我不想要了。
Zhè jiàn wǒ xiǎng huàn yánsè, zhè jiàn wǒ bù xiǎng yào le.

이 옷은 색깔을 바꾸고 싶고, 이 옷은 필요가 없어서요.

昨天 zuótiān 어제 | 件 jiàn 옷 등을 세는 양사

 교환하기

물건이 마음에 들지 않는다면 다른 것으로 바꿔보세요.

这件衣服可以换颜色吗?
Zhè jiàn yīfu kěyǐ huàn yánsè ma?

이 옷은 색깔을 바꿀 수 있나요?

这双鞋我想换号。
Zhè shuāng xié wǒ xiǎng huàn hào.

이 신발 사이즈를 바꾸고 싶어요.

PLUS 색깔 이름

자주 쓰는 색깔 이름을 알아보아요.

黑色 검은색
hēisè

白色 흰색
báisè

灰色 회색
huīsè

棕色 갈색
zōngsè

粉红色 핑크색
fěnhóngsè

米色 베이지색
mǐsè

김미나

你好。
Nǐ hǎo.

안녕하세요.

정 원

欢迎光临，您要找什么样的款式？
Huānyíng guānglín, nín yào zhǎo shénme yàng de kuǎnshì?

어서 오세요, 어떤
디자인 찾으세요?

김미나

请问，❶ _____
Qǐngwèn,　zhèr kěyǐ tuìhuàn huò ma?

실례지만,
여기서 교환 환불 되나요?

정 원

衣服有什么问题吗？
Yīfu yǒu shénme wèntí ma?

옷에 어떤 문제가 있나요?

김미나

我昨天买了两件。
Wǒ zuótiān mǎi le liǎng jiàn.

제가 어제 옷 두 벌을 샀어요.

❷ _____，_____
Zhè jiàn wǒ xiǎng huàn yánsè,　zhè jiàn wǒ bù xiǎng yào le.

이 옷은 색깔을 바꾸고 싶고, 이 옷은 필요가 없어서요.

정 원

您想换什么颜色？
Nín xiǎng huàn shénme yánsè?

어떤 색깔로 바꾸고 싶어요?

김미나

嗯……我想换蓝色。
Ńg……wǒ xiǎng huàn lánsè.

음…… 파란색으로 바꾸려고요.

정 원

好的，请稍等。
Hǎo de, qǐng shāo děng.

네, 기다리세요.

김미나

谢谢。
Xièxie.

감사합니다.

🔊 낱말

蓝色 lánsè 파란색

📖 정답

① 这儿可以退换货吗？　② 这件我想换颜色，这件我不想要了。

410

길 묻기

이화원 근처에 도착한 미나.

미나는 제대로 잘 찾아갈 수 있을까요?

미션
- ☐ 이화원까지 가는 길 물어보기
- ☐ 이화원까지의 거리 물어보기

낱말
- ☐ **不好意思** bù hǎoyìsi 실례합니다
- ☐ **怎么走** zěnme zǒu 어떻게 가나요?
- ☐ **往** wǎng ~로 향해서
- ☐ **过马路** guò mǎlù 길을 건너다
- ☐ **离** lí ~에서(부터)

PLUS

- 누군가에게 도움을 요청할 때 흔히 쓰이는 말로는 **不好意思**bù hǎoyìsi와 **打扰一下**dǎrǎo yíxià가 있습니다.

- **不好意思**bù hǎoyìsi는 '실례합니다'라는 뜻 외에 '미안합니다'라는 뜻이 있지만, 자신의 잘못을 사과하는 **对不起**duìbuqǐ와는 달리 가볍게 미안함을 표현하는 낱말입니다.

☑ 이화원까지 가는 길 물어보기

김미나

请问一下，您知道去颐和园怎么走吗？
Qǐngwèn yíxià, nín zhīdào qù Yíhéyuán zěnme zǒu ma?
말씀 좀 여쭐게요, 이화원에는 어떻게 가는지 아세요?

행 인

一直往前走，到公交站，过马路就是。
Yìzhí wǎng qián zǒu, dào gōngjiāozhàn, guò mǎlù jiù shì.
쭉 앞으로 걷다가, 버스정류장에 도착해서 길을 건너면 됩니다.

颐和园 Yíhéyuán 이화원 | 公交(车)站 gōngjiāo(chē)zhàn 버스정류장

1. 길 물기

자세하게 물어보기 전에 대략적으로 물어볼 때는 知道…吗?를 사용해 보세요.

你知道去天安门坐几号线吗？ 천안문에 가려면 몇 호선을 타야 하는지 아나요?
Nǐ zhīdào qù Tiān'ānmén zuò jǐ hàoxiàn ma?

你知道去天坛公园坐几路车吗？
Nǐ zhīdào qù Tiāntángōngyuán zuò jǐ lù chē ma?
천단공원에 가려면 몇 번 버스를 타야 하는지 아나요?

PLUS   길 묻기

怎么走는 목적지까지 가는 길(방향 등)을 물어보는 표현이고, 怎么去는 버스나 전철 등
이동 수단을 물어보는 표현입니다.

Ⓐ 动物园站怎么走？   동물원역은 어떻게 가요?
Dòngwùyuánzhàn zěnme zǒu?

Ⓑ 往右拐就是。   오른쪽으로 돌면 바로예요.
Wǎng yòu guǎi jiù shì.

Ⓐ 怎么去颐和园？   이화원은 어떻게 가요?
Zěnme qù Yíhéyuán?

Ⓑ 坐地铁最方便。   지하철을 타는 게 가장 편해요.
Zuò dìtiě zuì fāngbiàn.

☞ 이화원까지의 거리 물어보기

김미나

离这儿远吗?
Lí zhèr yuǎn ma?

여기서 먼가요?

행 인

不远，五分钟就到了。
Bù yuǎn, wǔ fēnzhōng jiù dào le.

안 멀어요. 5분이면 도착해요.

2. 거리 표현

'~로부터 멀다/가깝다'를 표현할 때는 离를 써서 이렇게 말해 보세요.

天安门离公交车站很近。
Tiān'ānmén lí gōngjiāochēzhàn hěn jìn.

천안문은 버스정류장에서 가까워요.

天安门离我家很远。
Tiān'ānmén lí wǒ jiā hěn yuǎn.

천안문은 우리 집에서 멀어요.

3. 시간 표현

시간의 양은 分钟과 小时로 표현해요.

五分钟 wǔ fēnzhōng 5분(간)   五分은 '5분'을 말해요.

三个小时 sān ge xiǎoshí 3시간   三点은 '3시'를 말해요.

413

미션문장 확인   빈칸에 오늘 배운 미션 문장을 써보세요.

 김미나

你好！不好意思，请问一下，
Nǐ hǎo! Bù hǎoyìsi, qǐngwèn yíxià,

❶ _____

nín zhīdào qù Yíhéyuán zěnme zǒu ma?

안녕하세요! 실례지만, 말씀 좀 여쭐게요, 이화원에는 어떻게 가는지 아세요?

 행 인

一直往前走，到公交站，过马路就是。
Yìzhí wǎng qián zǒu, dào gōngjiāozhàn, guò mǎlù jiù shì.

쭉 앞으로 걷다가, 버스정류장에 도착해서 길을 건너면 됩니다.

김미나

哦， ❷ _____   아, 여기서 먼가요?
Ó,   lí zhèr yuǎn ma?

행 인

不远， ❸ _____   안 멀어요, 5분이면 도착해요.
Bù yuǎn,   wǔ fēnzhōng jiù dào le.

김미나

哦，好的，谢谢！   오, 알겠습니다, 감사합니다!
Ò, hǎo de, xièxie!

 정답

① 您知道去颐和园怎么走吗？   ② 离这儿远吗？   ③ 五分钟就到了。

관광지에서 표 사기

> 미나가 관광지에서 구경하려고 해요.
> 학생 할인을 받아 입장권을 살 수 있을까요?

 미션
- ☐ 매표소 찾아가기
- ☐ 표 구매하기
- ☐ 사진 찍어달라고 부탁하기

 낱말
- ☐ 优惠 yōuhuì 우대
- ☐ 半价 bànjià 반값
- ☐ 拍 pāi 찍다
- ☐ 学生证 xuéshengzhèng 학생증
- ☐ 照片 zhàopiàn 사진

PLUS

- 优惠yōuhuì는 특정 상황에서의 '우대'나 '특혜'를 뜻합니다.

- 价jià는 가격을 뜻하는 명사로, 여기에 '절반'이란 뜻의 半bàn이 결합한 半价bànjià는 '절반 가격'을 뜻합니다.

- 拍pāi는 '찍다'라는 뜻을 가진 동사로, '사진'이라는 뜻의 照片zhàopiàn과 결합하면 '사진을 찍다'가 됩니다.

☞ **매표소 찾아가서 표 구매하기**

您好，不好意思，请问，售票处在哪儿?

Nín hǎo, bù hǎoyìsi, qǐngwèn, shòupiàochù zài nǎr?

안녕하세요, 실례지만, 말씀 좀 여쭐게요, 매표소가 어디에 있나요?

김미나

在入口右边。

Zài rùkǒu yòubian.

입구 오른쪽이요.

행 인

您好，门票多少钱? 有学生优惠吗?

Nín hǎo, ménpiào duōshao qián? Yǒu xuésheng yōuhuì ma?

안녕하세요. 입장료 얼마예요? 학생 할인 있나요?

김미나

有，半价，二十块。

Yǒu, bànjià, èrshí kuài.

있어요, 반값, 20위안이요.

매표원

售票处 shòupiàochù 매표소 ┃ 右边 yòubian 오른쪽, 우측 ┃ 门票 ménpiào 입장권
多少钱 duōshao qián 얼마예요?

---

1. 안내판 읽기

관광지에서 볼 수 있는 안내판을 알아보아요.

售票处   매표소
shòupiàochù

检票处   검표소
jiǎnpiàochù

旅客询问处   관광객 안내소
lǚkè xúnwènchù

纪念品商店   기념품샵
jìniànpǐn shāngdiàn

2. 우대 할인

우대 할인에는 학생 할인, 단체 할인, 경로 할인 외에도 카드사 할인도 있어요.

我可以买团体票吗?   단체표를 살 수 있나요?
Wǒ kěyǐ mǎi tuántǐpiào ma?

用中国银行卡可以打折吗?   중국은행 카드로 할인되나요?
Yòng Zhōngguó yínháng kǎ kěyǐ dǎ zhé ma?

☑ 사진 찍어달라고 부탁하기

김미나

您好，不好意思，请问，您可以帮我拍张照片吗？
Nín hǎo, bù hǎoyìsi, qǐngwèn, nín kěyǐ bāng wǒ pāi zhāng zhàopiàn ma?

안녕하세요, 죄송한데, 말씀 좀 여쭐께요, 사진 좀 찍어주시겠어요?

행 인

可以。
Kěyǐ.

네.

김미나

嗯，好的，谢谢。
Ňg, hǎo de, xièxie.

와, 네, 감사합니다.

---

3. **사진 촬영 요청**

사진을 찍어달라고 요청할 때는 拍照片을 써서 이렇게 말하세요.

你可以跟我拍张照吗？
Nǐ kěyǐ gēn wǒ pāi zhāng zhào ma?

저랑 사진 찍을래요?

你能帮我拍一张吗？
Nǐ néng bāng wǒ pāi yì zhāng ma?

사진 좀 찍어 주실래요?

张은 종이나 종이처럼 평평하고
넓은 것을 세는 단위예요.

💝 **Tip**

우리가 흔히 '셀피'나 '셀카'라고 하는 것은 영어의 selfie에서 유래한 말이죠. 중국에서는 이 뜻을 이용해
自拍 zìpāi, '자신을 찍다'라고 표현해요.
좀 더 넓은 화각으로 셀피를 찍기 위해서는 '이 도구'가 필요하죠. 흔히 '셀카봉'은 自拍杆 zìpāigǎn
이라고 해요. 여기서 杆 gǎn은 '막대기'라는 뜻이에요.

您好，不好意思，请问， ❶ _____
Nín hǎo, bù hǎoyìsi, qǐngwèn, shòupiàochù zài nǎr?

안녕하세요, 실례지만, 말씀 좀 여쭐게요, 매표소가 어디에 있나요?

在入口右边。
Zài rùkǒu yòubian.

입구 오른쪽이요.

哦，好的，谢谢。
Ò, hǎo de, xièxie.

아, 네, 감사합니다.

您好，门票多少钱？ ❷ _____
Nín hǎo, ménpiào duōshao qián? Yǒu xuésheng yōuhuì ma?

안녕하세요, 입장료 얼마예요? 학생 할인 있나요?

有，半价，二十块。你有学生证吗？
Yǒu, bànjià, èrshí kuài. Nǐ yǒu xuéshengzhèng ma?

있어요, 반값, 20위안이요.
학생증 있어요?

我带学生证了，这儿。
Wǒ dài xuéshengzhèng le, zhèr.

저 학생증 가져왔어요,
여기요.

您好，不好意思，请问，
Nín hǎo, bù hǎoyìsi, qǐngwèn,

안녕하세요, 죄송한데, 말씀 좀 여쭐게요,

❸ _____
nín kěyǐ bāng wǒ pāi zhāng zhàopiàn ma?

사진 좀 찍어주시겠어요?

可以。
Kěyǐ.

네.

嗯，好的，谢谢。
Ǹg, hǎo de, xièxie.

와, 네, 감사합니다.

정답

① 售票处在哪儿？ ② 有学生优惠吗？ ③ 您可以帮我拍张照片吗？

418

잃어버린 물건 찾기

어머나, 미나가 지갑을 잃어버렸어요.

직원에게 상황을 설명하고 도움을 받을 수 있을까요?

 미션
- ☐ 지갑 본 적 있는지 물어보기
- ☐ 지갑 찾으면 연락 달라고 부탁하기

낱말
- ☐ 丢 diū 잃어버리다
- ☐ 一会儿 yíhuìr 이따가
- ☐ 跟…联系 gēn…liánxì ~와 연락하다
- ☐ 留号码 liú hàomǎ 번호를 남기다

PLUS

- 중국어에서 丢diū는 '잃다'나 '버리다'라는 뜻으로 쓰입니다.

- 최대 30분 이내의 짧은 시간대는 一会儿yíhuìr로 표현합니다.

- 留liú는 '남기다', '머물다'라는 뜻이므로, 留号码liú hàomǎ는
  '전화번호를 남기다'라는 뜻이 됩니다. '메모를 남기다'는
  留字条liú zìtiáo.

☑ 지갑 본 적 있는지 물어보기

김미나

我刚才在这儿丢了钱包。请问您有没有看到?
Wǒ gāngcái zài zhèr diū le qiánbāo. Qǐngwèn nín yǒu méiyǒu kàndào?

제가 방금 여기서 지갑을 잃어버려서요. 실례지만 못 보셨나요?

종업원

没看到。
Méi kàndào.

못 봤어요.

刚才 gāngcái 지금 막, 방금 | 钱包 qiánbāo 지갑

---

1. 물건 분실

물건을 잃어버렸을 때는 주위에 이렇게 물어보세요.

我刚才在这儿丢了手机，请问您有没有看到?
Wǒ gāngcái zài zhèr diū le shǒujī, qǐngwèn nín yǒu méiyǒu kàndào?

제가 방금 핸드폰을 잃어버렸는데요, 보셨나요?

您看到一个丢失的手机了吗?

잃어버린 핸드폰 보셨나요?

Nín kàndào yí ge diūshī de shǒujī le ma?

2. '보았다'와 '보였다'

결과보어로 자주 쓰이는 到와 见은 의미가 약간 달라요. 到는 의도한 목적을 달성했음을 나타내고, 见은 감각으로 느낄 수 있는 것을 감지했음을 나타내요.

看**到**了 kàndào le 보려고 하는 목적을 달성했음.

看**见**了 kànjiàn le 의도하지 않았으나 보였음.

420

☑ 지갑 찾으면 연락 달라고 부탁하기

김미나

如果一会儿有人捡到的话，请跟我联系，好吗?
Rúguǒ yíhuìr yǒu rén jiǎndào de huà, qǐng gēn wǒ liánxì, hǎo ma?

만약에 이따가 어떤 사람이 주웠다고 하면, 저한테 연락해주시겠어요?

好的，您留一下您的号码。　　　　　　네, 번호 남겨주세요.
Hǎo de, nín liú yíxià nín de hàomǎ.

종업원

捡到 jiǎndào 줍다

---

3. 분실 시 도움 요청

잃어버린 물건을 되찾으면 연락 달라고 부탁해 보세요.

找到了，请跟我联系，好吗?　　　　찾으면, 저에게 연락해 주실래요?
Zhǎodào le, qǐng gēn wǒ liánxì, hǎo ma?

找到了，请您马上给我打电话，好吗?
Zhǎodào le, qǐng nín mǎshàng gěi wǒ dǎ diànhuà, hǎo ma?

　　　　　　　　　　　　　찾으면, 바로 저에게 전화해 주실래요?

　연락 번호

电话号码 전화번호
diànhuà hàomǎ

手机号码 핸드폰번호
shǒujī hàomǎ

 Tip

나라마다 긴급전화 번호는 조금씩 다릅니다. 화재신고는 119 yāo-yāo-jiǔ로 우리와 같지만, 중국에서 의료구급 번호는 120 yāo-èr-líng으로 분리되어 있습니다. 또 경찰신고는 한국이 112, 중국은 110 yāo-yāo-líng이죠.

您好，不好意思，❶ _____
Nín hǎo, bù hǎoyìsi,　　　wǒ gāngcái zài zhèr diū le qiánbāo.

안녕하세요, 죄송한데, 제가 방금 여기서 지갑을 잃어버려서요.

실례지만 못 보셨나요?

_____
Qǐngwèn nín yǒu méiyǒu kàndào?

没看到，是什么颜色的？　　　　　　　　못 봤어요, 어떤 색이죠?
Méi kàndào, shì shénme yánsè de?

嗯……粉色的，里边有我的身份证。　　　음…… 핑크색이고,
Ńg……fěnsè de, lǐbian yǒu wǒ de shēnfènzhèng.　안에 제 신분증이 있어요.

不好意思，没有看到。　　　　　　　　　죄송하지만, 못 봤어요.
Bù hǎoyìsi, méiyǒu kàndào.

❷ _____，_____，_____
Rúguǒ yíhuìr yǒu rén jiǎndào de huà,　qǐng gēn wǒ liánxì,　hǎo ma?

만약에 이따가 어떤 사람이 주웠다고 하면, 저한테 연락해주시겠어요?

好的，您留一下您的号码。　　　　　　　네, 번호 남겨주세요.
Hǎo de, nín liú yíxià nín de hàomǎ.

好。　　　　　　　　　　　　　　　　　네.
Hǎo.

这里。　　　　　　　　　　　　　　　　여기요.
Zhèli.

🐦 낱말

粉色 fěnsè 분홍색 ｜ 里边 lǐbian 안(쪽), 내부 ｜ 身份证 shēnfènzhèng 신분증

🏮 정답

① 我刚才在这儿丢了钱包。请问您有没有看到？
② 如果一会儿有人捡到的话，请跟我联系，好吗？

중국인 친구 사귀기

다행히 미나는 지갑도 찾고 좋은 친구도 알게 되었어요.
미나는 고마움과 친근함을 잘 표현할 수 있을까요?

미션
- ☐ 고마움 표현하기
- ☐ 위챗 친구 추가하기

낱말
- ☐ 找回 zhǎohuí 되찾다
- ☐ 有空 yǒu kòng 시간이 나다
- ☐ 请 qǐng 초대하다
- ☐ 加微信 jiā Wēixìn 위챗에 추가하다

PLUS

- '찾다'와 '되돌아오다'를 결합해 '되찾다'라는 뜻은 找回zhǎohuí라고 말해요.

- 请qǐng은 '청하다'라는 정중한 표현으로 중국에서는 상대방을 초대한다는 뜻으로 쓰입니다.

- 感谢gǎnxiè와 谢谢xièxie는 둘 다 '감사합니다'라는 뜻이지만 感谢gǎnxiè가 좀 더 정중한 표현이고, 글에서 많이 쓰입니다.

☑ 고마움 표현하기

김미나

您好，请问，您是王小姐吗?
Nín hǎo, qǐngwèn, nín shì Wáng xiǎojiě ma?

안녕하세요, 실례지만, 왕 샤오지에인가요?

왕샤오지에

我是，您是金美娜吗?
Wǒ shì, nín shì Jīn Měinà ma?

네, 당신이 김미나 씨죠?

김미나

对对，谢谢您帮我找回了钱包。
Duì duì, xièxie nín bāng wǒ zhǎohuí le qiánbāo.

맞아요 맞아요, 지갑 찾아줘서 고마워요.

1. 감사 표현

고마움을 표현해 보세요.

非常感谢，您真是个好人。　대단히 고마워요, 당신은 정말 좋은 사람이네요.
Fēicháng gǎnxiè, nín zhēn shì ge hǎorén.

太感谢您了，你帮了我大忙。　너무나 고맙습니다, 당신이 큰 도움을 주었어요.
Tài gǎnxiè nín le, nǐ bāng le wǒ dà máng.

 Tip

小姐는 젊은 여성을 부르는 호칭이에요. 최근에는 중국어도 외래어의 영향을 많이 받아 호칭에도 변화가 일고 있습니다. 이전에는 아줌마를 阿姨 āyí라 불렀지만 지금은 欧巴桑 ōubāsāng이라고도 해요. 이는 대만에서 유행하던 일본식 발음에서 유래한 호칭이에요.

형이나 오빠도 哥哥 gēge라 했지만, 요즘 여학생들은 欧巴 ōubā라 해요. 이는 한국어 '오빠'에서 유래한 것입니다.

☞ **위챗 친구 추가하기**

김미나

你明天有空吗？我想请你吃饭。
Nǐ míngtiān yǒu kòng ma? Wǒ xiǎng qǐng nǐ chī fàn.

내일 시간 있으세요? 식사를 대접하고 싶어서요.

왕샤오지에

有啊，那我们加个微信吧。 (시간) 있어요, 우리 위챗 추가해요.
Yǒu a, nà wǒmen jiā ge Wēixìn ba.

2. 초대하기

'请 + 대상 + 동사'로 초대하는 표현을 할 수 있어요.

我想请你喝咖啡。
Wǒ xiǎng qǐng nǐ hē kāfēi.

제가 커피를 대접하고 싶어요.

我想请你看电影。
Wǒ xiǎng qǐng nǐ kàn diànyǐng.

제가 영화를 보여주고 싶어요.

3. 연락처 추가하기

새 친구를 사귀었을 때는 이렇게 연락처를 물어 보세요.

那你给我留个电话吧。
Nà nǐ gěi wǒ liú ge diànhuà ba.

그럼 전화(번호)를 남겨주세요.

那你给我留个联系方式吧。
Nà nǐ gěi wǒ liú ge liánxì fāngshì ba.

그럼 연락처를 남겨주세요.

🐾 Tip

위챗(微信 Wēixìn)은 중국인들이 가장 많이 사용하는 메신저 프로그램입니다. 우리의 카카오톡과 같은 인지도를 가지고 있는데요. 요즘 중국에서는 이 메신저 프로그램을 이용한 QR코드 결제가 대세입니다. 가장 대표적인 것으로는 시장의 55% 이상을 차지하는 알리페이(支付宝 Zhīfùbǎo)와 38% 점유율의 위챗이 있습니다.

김미나
您好，请问，您是王小姐吗？
Nín hǎo, qǐngwèn, nín shì Wáng xiǎojiě ma?

안녕하세요, 실례지만,
왕 샤오지에인가요?

왕 샤오지에
我是，您是金美娜吗？
Wǒ shì, nín shì Jīn Měinà ma?

네, 당신이 김미나 씨죠?

김미나
对对，❶ _____
Duì duì,　xièxie nín bāng wǒ zhǎohuí le qiánbāo.

맞아요 맞아요,
지갑 찾아줘서 고마워요.

왕 샤오지에
不谢不谢，你是韩国人吗？
Bú xiè bú xiè, nǐ shì Hánguó rén ma?

괜찮아요 괜찮아요, 한국인이에요?

김미나
是。
Shì.

네.

왕 샤오지에
哇，你中文说得很好啊！
Wā, nǐ Zhōngwén shuō de hěn hǎo a!

와, 중국어 잘하네요!

김미나
没有啊，你明天有空吗？我想请你吃饭。
Méiyǒu a, nǐ míngtiān yǒu kòng ma? Wǒ xiǎng qǐng nǐ chī fàn.

아니에요, 내일 시간 있으세요? 식사를 대접하고 싶어서요.

왕 샤오지에
有啊，❷ _____
Yǒu a,　nà wǒmen jiā ge Wēixìn ba.

(시간) 있어요,
우리 위챗 추가해요.

김미나
好的。
Hǎo de.

네.

🔊 낱말

小姐 xiǎojiě 아가씨 ｜ 不谢 bú xiè 별말씀을요 ｜ 中文 Zhōngwén 중국어
说得 shuō de 말하는 정도

정답

① 谢谢您帮我找回了钱包。　② 那我们加个微信吧。

426

약국에서 약 사기

이런, 미나가 배가 많이 아픈가 봐요.

미나는 약국에서 증상을 설명하고 약을 제대로 살 수 있을까요?

 Quiz 중국약국은 ○○도 가능하다?!

힌트!! 어플 하나면 편리하게 이걸 할 수 있어요!

 미션
☐ ○○약 있는지 물어보기
☐ 증상 말하기

 낱말
☐ 消食片 xiāoshípiàn 소화제

☐ 舒服 shūfu 편안하다 ☐ 次 cì 번

☐ 片儿 piànr 알(작은 조각 등을 세는 단위)

PLUS

- 片儿 piànr은 작은 조각을 일컫는 말로 작은 알약을 세는 단위로도 쓰입니다.

- 次 cì가 양사로 쓰일 때는 '번', '차례'라는 뜻을 갖습니다.

- '상품을 보내다'라는 뜻의 送货 sòng huò와 '방문'이라는 上门 shàng mén이 결합한 送货上门 sòng huò shàng mén은 '집 앞까지 배달하다'라는 뜻입니다.

☑ 소화제 있는지 물어보기

김미나

有消食片吗?　　　　　　　　　　　　소화제 있나요?
Yǒu xiāoshípiàn ma?

약 사

怎么了? 你哪里不舒服?　　무슨 일이세요? 어디가 불편하세요?
Zěnme le? Nǐ nǎli bù shūfu?

哪里 nǎli 어디, 어느 곳

1. 약 이름

다양한 약의 이름을 알아보아요.

感冒药 감기약
gǎnmào yào

止泻药 지사제
zhǐxiè yào

通便药 변비약
tōngbiàn yào

创可贴 밴드, 반창고
chuāngkětiē

消炎药 소염제
xiāoyán yào

解热镇痛药 해열진통제
jiěrè zhèntòng yào

酒精 알코올
jiǔjīng

红药水 빨간약
hóngyàoshuǐ

Tip

사회주의 색채가 강하던 시기 중국에서는 군병원이 가장 좋았었습니다. 이러한 병원들은 지금도 301과 같은 숫자로 불립니다. 물론 지금은 민간병원의 수준도 높아지고 있어요. 진료과는 내과-内科 nèikē, 외과-外科 wàikē, 안과-眼科 yǎnkē, 이비인후과-耳鼻喉科 ěrbíhóukē 등으로 나뉘어져 있어 우리와 크게 다르지 않습니다.

☑ 증상 말하기

김미나

我胃不舒服，吃不下饭。
Wǒ wèi bù shūfu, chībuxià fàn.

속이 거북하고, 입맛이 없어요.

약 사

嗯，好。这个效果很好。一天两次，一次两片儿。
Ǹg, hǎo. Zhè ge xiàoguǒ hěn hǎo. Yì tiān liǎng cì, yí cì liǎng piànr.

음, 네. 이게 효과가 좋아요. 하루에 두 번, 한 번에 두 알이요.

胃 wèi 위 | 吃不下 chībuxià 먹을 수 없다

2. 증상 표현

아플 때는 이렇게 말해 보세요. 또 다양한 증상 표현도 알아두세요.

我肚子不舒服。
Wǒ dùzi bù shūfu.

배가 아파요.

我头不舒服。
Wǒ tóu bù shūfu.

머리가 아파요.

感冒 감기(에 걸리다)
gǎnmào

胃溃疡 위궤양
wèikuìyáng

扁桃腺炎 편도선염
biǎntáoxiàn yán

花粉过敏症 꽃가루 알레르기
huāfěn guòmǐnzhèng

3. 신체 부위

아플 때 신체 부위의 이름을 알면 도움이 되겠죠?

胳膊 팔
gēbo

手 손
shǒu

腿 다리
tuǐ

脚 발
jiǎo

眼睛 눈
yǎnjing

鼻子 코
bízi

嘴巴 입
zuǐba

耳朵 귀
ěrduo

① _____

Yǒu xiāoshípiàn ma?

소화제 있나요?

怎么了？你哪里不舒服？

Zěnme le? Nǐ nǎli bù shūfu?

무슨 일이세요?
어디가 불편하세요?

② _____ , _____

Wǒ wèi bù shūfu, chībuxià fàn.

속이 거북하고,
입맛이 없어요.

嗯，好。这个效果很好。

Ǹg, hǎo. Zhè ge xiàoguǒ hěn hǎo.

음, 네. 이게 효과가 좋아요.

③ _____ , _____

Yì tiān liǎng cì, yí cì liǎng piànr.

하루에 두 번,
한 번에 두 알이요.

哦，对了，请问，这儿可以送货上门吗？

Ó, duì le, qǐngwèn, zhèr kěyǐ sòng huò shàng mén ma?

아, 맞다,
여기 배달도 되나요?

可以呀!

Kěyǐ ya!

됩니다!

哇，那用一般的外卖APP就可以吧？

Wā, nà yòng yìbān de wàimài APP jiù kěyǐ ba?

와, 그럼 일반적인 배달 앱으로 하면 되는 거 맞죠?

是是是的！

Shì shì shì de!

네 네 네!

哇，是吗？好方便啊！谢谢！

Wā, shì ma? Hǎo fāngbiàn a! Xièxie!

아, 그래요? 정말 편리하네요!
감사합니다!

🔑 **낱말**

送货上门 sòng huò shàng mén 집 앞까지 배달하다 | 外卖 wàimài 배달 음식 | 方便 fāngbiàn 편리하다

📖 **정답**

① 有消食片吗？ ② 我胃不舒服，吃不下饭。 ③ 一天两次，一次两片儿。

마사지샵 가기

미나는 오늘 마사지샵에 가서 하루의 피로를 풀려고 해요.

그녀는 원하는 마사지를 잘 받을 수 있을까요?

미션
 발마사지 받는다고 말하기
 살살 해달라고 말하기

낱말
□ 按摩 ànmó 마사지, 안마
□ 足疗 zúliáo 발마사지
□ 轻 qīng 가볍다, 약하다

□ 项目 xiàngmù 메뉴
□ 疼 téng 아프다

PLUS

● 疼téng과 痛tòng은 큰 구별없이 쓰이기도
하지만, 약한 강도의 아픔은 疼téng으로
좀 더 강한 강도의 아픔은 痛tòng으로
분류하기도 합니다.

● '가볍다'라는 뜻의 轻qīng은 세기를 나타낼
때는 '약하다'라는 뜻으로 쓰이기도 합니다.

☑ 발마사지 받는다고 말하기

现在可以做按摩吗?
Xiànzài kěyǐ zuò ànmó ma?

지금 마사지 받을 수 있나요?

김미나

您要做什么项目?
Nín yào zuò shénme xiàngmù?

어떤 거 하시겠어요?

종업원

我想做足疗。
Wǒ xiǎng zuò zúliáo.

발마사지 할게요.

김미나

1. 마사지 받기

중국에서는 마사지가 보편적이에요. 마사지를 받을 때는 이렇게 말해 보세요.

我想做肩颈按摩。
Wǒ xiǎng zuò jiānjǐng ànmó.

어깨와 목 마사지 받을래요.

我想做全身按摩。
Wǒ xiǎng zuò quánshēn ànmó.

전신 마사지 받을래요.

Tip

지압을 하는 형식의 안마는 按摩 ànmó라 하고 전신마사지는 全身按摩 quánshēn ànmó, 발 부위만 하는 안마는 足疗 zúliáo로 구분합니다.

432

☑ 살살 해달라고 말하기

마사지사

这样疼吗?
Zhèyàng téng ma?

아프세요?

김미나

有点儿疼，请您轻一点儿。
Yǒudiǎnr téng, qǐng nín qīng yìdiǎnr.

조금 아파요. 살살해주세요.

2. 악력 세기 요청하기

나에게 맞는 마사지 세기를 요청해 보세요.

请您重一点儿。
Qǐng nín zhòng yìdiǎnr.

조금 세게 해주세요.

请您轻一点儿。
Qǐng nín qīng yìdiǎnr.

조금 약하게 해주세요.

💮 Tip

긴 여행의 마지막을 발마사지로 마무리하는 것도 좋은 계획 중 하나입니다. 발마사지는 대략 50~60분
간 진행되는데요. 처음에는 아픔이 느껴지지만 점점 피로가 풀리고 소화가 되는 것을 느낄 수 있습니다.
열심히 마사지를 해주신 분에게는 끝나고 팁을 드리는 것도 좋습니다.

종업원
欢迎光临，请问您有预约吗？
Huānyíng guānglín, qǐngwèn nín yǒu yùyuē ma?

어서 오세요, 예약하셨나요?

김미나
没有，现在可以做按摩吗？
Méiyǒu, xiànzài kěyǐ zuò ànmó ma?

아니요, 지금 마사지 받을 수 있나요?

종업원
您要做什么项目？
Nín yào zuò shénme xiàngmù?

어떤 거 하시겠어요?

김미나
① _____
Wǒ xiǎng zuò zúliáo.

발마사지 할게요.

종업원
好的，请这边来。
Hǎo de, qǐng zhèbiān lái.

네, 이쪽으로 오세요.

마사지사
这样疼吗？
Zhèyàng téng ma?

아프세요?

김미나
② _____, _____
Yǒudiǎnr téng, qǐng nín qīng yìdiǎnr.

조금 아파요. 살살해주세요.

마사지사
这样行吗？
Zhèyàng xíng ma?

이렇게 하면 될까요?

김미나
嗯，很好，谢谢。
Ňg, hěn hǎo, xièxie.

네, 좋아요, 감사합니다.

낱말

预约 yùyuē 예약하다 │ 这样 zhèyàng 이렇다, 이와 같다

정답

① 我想做足疗。 ② 有点儿疼，请您轻一点儿。

434

부록

필수
여행 회화

중국 여행을 떠날 때 꼭 알아두어야 할

여행 회화문을 연습해요.

간결한 핵심 패턴으로 쉽고 빠르게 익혀봐요!

请给我 … 。
Qǐng gěi wǒ … .

~ 좀 주세요.

请给我矿泉水。
Qǐng gěi wǒ kuàngquánshuǐ.

생수 좀 주세요.

请给我筷子。
Qǐng gěi wǒ kuàizi.

젓가락 좀 주세요.

请给我创可贴。
Qǐng gěi wǒ chuāngkětiē.

반창고 좀 주세요.

请 … 。
Qǐng … .

~해 주세요.

请再说一遍。
Qǐng zài shuō yí biàn.

다시 한 번 말해주세요.

请帮我拍张照片。
Qǐng bāng wǒ pāi zhāng zhàopiàn.

사진 좀 찍어주세요.

请到这个地址。
Qǐng dào zhè ge dìzhǐ.

이 주소로 가주세요.

可以 … 吗?
Kěyǐ … ma?

~해도 되나요?

可以试试吗?
Kěyǐ shìshi ma?

입어 봐도 되나요?

可以换个位子吗?
Kěyǐ huàn ge wèizi ma?

자리를 바꿔도 되나요?

可以在这里拍照吗?
Kěyǐ zài zhèli pāi zhào ma?

여기에서 사진 촬영해도 되나요?

… 怎么 … ?
… zěnme … ?

~은 어떻게 ~해요?

地铁站怎么走?
Dìtiězhàn zěnme zǒu?

지하철역은 어떻게 가요?

这个怎么用?
Zhè ge zěnme yòng?

이건 어떻게 사용해요?

这个用汉语怎么说?
Zhè ge yòng Hànyǔ zěnme shuō?

이거 중국어로 어떻게 말해요?

在哪儿 … ?
Zài nǎr … ?

어디에서 ~하나요?

在哪儿买票?
Zài nǎr mǎi piào?

어디에서 표를 사나요?

在哪儿换车?
Zài nǎr huàn chē?

어디에서 환승하나요?

在哪儿上车?
Zài nǎr shàng chē?

어디에서 차를 타나요?

什么时候 … ?
Shénme shíhou … ?

언제 ~하나요?

什么时候开门?
Shénme shíhou kāi mén?

언제 문을 열어요?

什么时候到(达)?
Shénme shíhou dào(dá)?

언제 도착해요?

什么时候结束?
Shénme shíhou jiéshù?

언제 끝나요?

可以帮我 … 吗? ~해 주실 수 있나요?
Kěyǐ bāng wǒ … ma?

可以帮我叫一辆出租车吗? 택시를 불러 주실 수 있나요?
Kěyǐ bāng wǒ jiào yí liàng chūzūchē ma?

可以帮我预订一下饭馆儿吗? 식당을 예약해 주실 수 있나요?
Kěyǐ bāng wǒ yùdìng yíxià fànguǎnr ma?

可以帮我寄存一下行李吗? 짐을 보관해 주실 수 있나요?
Kěyǐ bāng wǒ jìcún yíxià xíngli ma?

 我想 … 。 ~하고 싶어요.
Wǒ xiǎng … .

我想买这个。 이걸 사고 싶어요.
Wǒ xiǎng mǎi zhè ge.

我想去故宫。 고궁에 가고 싶어요.
Wǒ xiǎng qù Gùgōng.

我想预订一个房间。 방을 예약하고 싶어요.
Wǒ xiǎng yùdìng yí ge fángjiān.

MEMO